Paul Busson

Der Seelenwanderer

Paul Busson

Der Seelenwanderer

Die Wiedergeburt des Melchior Dronte

GRASMÜCK

Mysterium des Übersinnlichen
Bd. 3
Hrsg. Jürgen Grasmück

Die Deutsche Bibliothek - CIP-Einheitsaufnahme

Busson, Paul:
Der Seelenwanderer : die Wiedergeburt des Melchior Dronte ; Roman / Paul Busson. - 2. Aufl.. -
Altenstadt : Grasmück, 2001
(Mysterium des Übersinnlichen ; Bd. Nr. 3)
ISBN 3-931723-00-3

DER SEELENWANDERER
Originaltitel: Die Wiedergeburt des Melchior Dronte
erschienen 1921 im Rikola Verlag, Wien

VERLAG A.K.GRASMÜCK, 63674 Altenstadt
1. Auflage 1996
2. Auflage 2001

Herausgeber: Jürgen Grasmück
Lektorat und Bearbeitung: Jürgen Grasmück
Titelbild: H.G. Leiendecker
Umschlaggestaltung und Innenillustration: Maria Anna Schmitt
Druck: Kossuth AG, Ungarn

ISBN 3-931723-00-3

Der Magier: *„O Scheich, ich gehe ins Jenseits; verschaffe mir ein Recht im Jenseits!"*

Der Scheich: *„Einen Rat kann ich dir geben; befolgst du ihn, so ist es zu deinem Heile."*

Türkische Legende

„Wenn der Todesengel dein Herz berührt, verläßt die Seele ihr enges Haus, schneller als der Blitz. Vermag sie Erinnerung mit sich zu nehmen, so bleibt sie ihrer Sünden bewußt. Dies ist der Weg zur Reinheit und der des Eingangs zu Gott."

Geheimlehre der Bektaschi

Vorwort

Der 'Melchior Dronte' war vor mehr als 30 Jahren das erste Erwachsenen-Buch, das ich las. Damals wußte ich noch nicht, welches Gewicht es in meinem Leben darstellen würde und damit mein persönlicher Maßstab für esoterische Literatur für immer geeicht war.

Heute wage ich zu sagen: Kein anderer Roman dieses Genres reicht an das Werk heran, das Sie hier in Händen halten.

Ganz abgesehen davon, daß esoterisches Wissen in vollendeter Form dargeboten wird, hat der Autor Paul Busson auch ein angeborenes Talent für Dramaturgie. Kein anderer kann Szenen, kann Spannung so hinreißend aufbauen und auflösen, kein anderer gleichzeitig die Seele und das 'Alter Ego' so ansprechen und aktivieren

Paul Busson ist es auch zuzuschreiben, wenn ich bei Büchern der 'ganz normalen' Unterhaltungsliteratur nicht über die ersten 20 Seiten hinauskam, weil dieses damals zum ersten Mal so intensiv erlebte Gefühl von Mitleben und Fiebern nicht erzeugt werden konnte.

Um den 'Dronte' zu lesen und zu genießen, muß man weder vorgebildeter Esoteriker noch Anhänger von Religionsphilosophien sein. Es werden in jedem Fall alle Anforderungen und Erwartungen, die ein anspruchsvoller Leser an ein Buch stellt, erfüllt.

Ich möchte Sie auch noch auf ein Phänomen vorbereiten, das nicht nur mir selbst sondern allen mir persönlich bekannten Lesern dieses Buches widerfahren ist: Dieses Buch wird zum Hinweis- und Zeichenlieferant in Ihrem Leben werden.

Tatsächlich haben alle Menschen, die in meinem Leben eine wichtige und gute Rolle gespielt haben, dieses Werk bereits besessen und geliebt, oder seinen Stellenwert sehr schnell erkannt. Symptomatisch ist, daß keiner, der den ‚Dronte' als zu phantastisch abtat oder von vornherein achtlos weglegte, sich heute noch in meinem Umfeld befindet. Eine Form der natürlichen Selektion, könnte man denken ...

Allen meinen Vortrags-Hörern und Schülern habe ich den ‚Dronte' empfohlen, wobei es in den letzten Jahren immer schwerer wurde, dieser Empfehlung nachzukommen, weil das Buch schlichtweg nicht mehr aufzutreiben war.

Umsomehr freut es mich, daß es nun ausgerechnet oder logischerweise mein alter Freund Jürgen Grasmück ist, der das Werk wieder allgemein zugänglich macht.

Meine Freude und Glückwünsche begleiten ihn und diese Edition.

München, im August 1995

Penny McLean

Was ich hier niederschreibe, hoffend, daß es nach dem Willen Gottes in die richtigen Hände gelange, habe ich, Sennon Vorauf, in jenem körperlichen Dasein erlebt, das meinem jetzigen Leben vorausging. Diese Erinnerungen sind mir durch eine besondere Begnadung über jene Verwandlung hinaus, die man Tod nennt, geblieben.

Bevor ich dies erkannte, litt ich unter ihnen und hielt sie für unerklärliche, qualvolle Arten von Träumen. Nebenbei hatte ich aber auch im Leben des Tages allerlei Erschütterungen ungewöhnlicher Art durchzumachen. Es geschah zum Beispiel, daß mich der Stundenschlag einer alten Uhr, der Anblick einer Landschaft, ein Duft, die Weise eines Liedes oder auch nur eine Wortverbindung auf das heftigste mit dem Gedanken überfielen, ich hätte dies ganz bestimmt schon einmal gehört, gesehen, eingeatmet, irgendwie erlebt, ich sei an diesem oder jenem Ort, den ich im jetzigen Leben zum erstenmal erblickte, schon einmal gewesen. Ja, häufig genug wurde ich im Gespräch mit neuen Bekannten auf das stärkste von der Vorstellung ergriffen, daß ich mit ihnen schon einmal in ganz besonderen Beziehungen gestanden sein müsse. Da es mir vor dem Eintreten der Erkenntnis unmöglich war, für solche unbeschreiblich erregende Gemütsbewegungen aus scheinbar nichtigen Anlässen eine natürliche Erklärung zu finden, verfiel ich zum Kummer meiner Eltern oft in stundenlange Grübeleien, deren unbekannte Ursache sie nicht wenig beunruhigte. Aber durch die häufige Wiederholung und immer schärfer werdende Bildhaftigkeit der Geschichte wurde mir bereits im Knabenalter bewußt, daß sie nichts anderes als Spiegelbilder von Schicksalen seien, die meine Seele in einem anderen Leibe erlitten hatte, und zwar vor der Geburt meines jetzigen Körpers; zudem stellten diese „Träume" Erlebnisse dar, die meinem jetzigen Gedankenkreis völlig fremdartig und erschreckend fernstehend waren. Nie hatte ich dergleichen gehört oder auch nur irgendwo gelesen oder sonstwie erfahren. Ich begann von selbst diese „Träume" aufzuzeichnen und erreichte dadurch, daß fortan in gewissen günstigen Augenblicken auch des sogenannten Wachseins sich solche Erinnerungen mit außerordentlicher Genauigkeit einstellten.

Immer deutlicher und zusammenhängender ergab sich aus diesen „Klar-Träumen" (wie ich sie bei mir nannte) das Gesamtbild eines Lebens, das ich vor diesem unter dem Namen eines deutschen Edelmannes (ich will ihn hier Melchior Freiherr von Dronte nennen) geführt und beendigt hatte, als der Leib der Umwandlung verfiel und die jetzt in Sennon Vorauf wohnende Seele, meine Seele, frei wurde.

In das friedliche und mit innerer Ruhe gesegnete Leben, das ich führe, brach störend, verwirrend und erschreckend die Rückschau auf das wilde und abenteuerliche Dasein Melchior von Drontes ein. Was er verschuldet, war meine Schuld, und wenn er sühnte, so sühnte er für die Seele, die wiederkam, für seine und also meine Seele.

Ich bin mir zwar vollständig bewußt, daß viele dieses Buch mit ungläubigem Lächeln, ja stellenweise vielleicht mit Ekel und Abscheu lesen werden. Aber ich hoffe zugleich, daß die Zahl der Menschen von tieferem Empfinden groß genug ist, um diese Niederschrift nicht untergehen zu lassen. Denen, die sich an Einzelheiten aus früheren Daseinsformen zu erinnern vermögen, die sich also eines vorhergegangenen Lebens bewußt sind, möchte ich dieses Buch zueignen.

Ebenso wie ich den wirklichen Namen, den ich führte, durch „Dronte“ ersetzte, habe ich verschiedene Personen, deren Nachkommen leben, mit erfundenen Namen bedacht. Zudem streife ich hier die Tatsache, daß ich Menschen in diesem Leben wiederfand, die ich aus der Zeit vor meinem Tode kannte. Die meisten von ihnen waren sich eines früheren Daseins keineswegs bewußt. Dennoch gab es im Zusammensein mit ihnen Augenblicke und Gelegenheiten, die deutlich erkennbar blitzartige Erinnerungen, sekundenrasches, gleich wieder zerfließendes Wiedererkennen in ihnen aufflackern ließen, ohne daß es ihnen gelungen wäre, solche beunruhigende Gefühle zu bestimmen oder Entgleitendes festzuhalten. Damit sage ich denen, die gleich mir Teile eines früheren Bewußtseins in das neue Leben hinübergerettet haben, gewiß nichts Neues.

Die rohe, derbe und oft grobsinnliche Art der folgenden Lebensbilder konnte ich schon aus Wahrheitsliebe nicht mildern, so unerfreulich und verletzend manches wirken mag. Es war mir nicht darum zu tun, durch beschönigende und geglättete Form die furchtbare Deutlichkeit zu verschleiern, mit der die Erinnerungen in mir auftauchten, und so ein angenehm lesbares Buch zu schreiben. Es mußte alles so bleiben, wie es war und wie es eine Zeit formte, deren Geist von dem der unsern verschieden war.

Aus tiefstem, eigenstem Gefühl soll aber dieses Buch die Unsterblichkeit der Seele bekennen und dieses Bekenntnis womöglich in anderen erwecken Vor allem beseelt mich die Hoffnung, daß denen, die an die Wanderung der Seele nach dem Tode des Leibes glauben, in diesem Buche nicht ganz wertlose Fingerzeige gegeben werden. Anderen, die auf dem Wege, den ich gegangen bin, noch nicht fortgeschritten sind, mag es wenigstens um seines bunten Inhaltes willen nicht verhaßt sein.

Das Leben des Melchior von Dronte

Ich erinnere mich sehr genau an einen Vorfall aus meinem fünften Lebensjahre.

Man hatte mich, wie immer, ausgekleidet und in mein rosa lackiertes, muschelförmiges Kinderbett gelegt. Der warme Sommerabendwind trug das Zirpen vieler Insekten in das Zimmer, und die in einem silbernen Leuchter steckende Wachskerze flackerte. Sie stand auf einem niedrigen Kasten neben dem Glassturz, unter dem der „Mann aus dem Morgenlande", oder der „Ewli", wie man ihn auch nannte, sich befand.

Dies war eine spannenhohe, sehr schön gebildete Figur, die ein Verwandter, der einem vornehmen Venezianer Dienste geleistet, von dort als Geschenk des Nobile mitgebracht hatte. Es war die in Wachs bossierte Gestalt eines mohammedanischen Mönchs oder Derwisches, wie ein alter Diener mir oft sagte. Das Gesicht hatte für mich den lieblichsten Ausdruck. Es war völlig faltenlos, hellbräunlich und von sanften Zügen. Zwei schöne dunkle Augen glänzten unter einem tiefschwarzen Turban, und über den weichgeschwungenen roten Lippen war ein kleiner schwarzer Bart zu sehen. Der Leib stak in einer braunroten Kutte mit langen Ärmeln, und um den Hals trug der Derwisch eine Kette aus winzigen Bernsteinperlen. Die beiden feinen Wachshände waren an herabhängenden Armen mit den Handflächen nach vorne gekehrt, gleichsam bereit, jeden, der nahen sollte, aufzunehmen und willkommen zu heißen. Dieses ungemein zart und kunstvoll in Wachs und Stoffen ausgeführte Bildnis war in meiner Familie hochgeschätzt, und schon deshalb zum Schutze gegen Staub und ungeschickte Hände unter eine Glaskuppel gestellt worden.

Stundenlang saß ich oft vor diesem mir aus unbekannten Gründen so teuren Figürchen, und mehr als einmal hatte ich die Empfindung, als beseele sich im Alleinsein mit mir das dunkle Auge, als ziehe ein leises, gütiges Lächeln seine schwache Spur um die Lippen.

An diesem Abend nun konnte ich nicht einschlafen. Vom Brunnen im Hofe her klang das Plätschern des Wassers und das Lachen der Mägde, die sich wuschen und gegenseitig bespritzten und mit ähnlichem Schabernack einander neckten. Auch schrillten die Zikaden und Grillen auf den Wiesen, die das Herrenhaus umgaben, überlaut. Dazwischen klangen dumpf die Töne eines Waldhorns, auf dem einer der Waidjungen einen Ruf übte.

Ich kletterte aus meinem Bett und ging im Zimmer umher. Dann aber begann ich mich vor dem Augenblick zu fürchten, der die alte Margaret zum Lichtlöschen, falls ich eingeschlafen sei, allabendlich ins Zimmer führte, und ging in mein Bett zurück.

Gerade als ich im Begriffe war, mit meinen nackten Beinchen den Rand der Bettmuschel zu überklettern, war es mir, als hätte eine Stimme leise meinen Namen gerufen. Ich sah mich erschrocken um. Mein Blick fiel auf den Mann aus dem Morgenlande. Ganz deutlich sah ich, wie er einen Arm unter der Glasglocke hob und mir winkte.

Ich begann vor Schreck zu weinen, unverwandt die kleine Figur ansehend.

Da sah ich es ganz deutlich zum andernmal: er winkte mir sehr hastig und befehlend mit der Hand.

Zitternd vor Angst gehorchte ich; dabei rannen mir unaufhaltsam die Tränen über das Gesicht.

Am liebsten hätte ich laut geschrien. Aber das wagte ich nicht, aus Furcht, den kleinen Mann, der nun auf einmal lebendig war und immer heftiger winkte, in Zorn zu versetzen, wie etwa meinen Vater, dessen kurzer einmaliger Wink nicht nur für mich, sondern für alle Hausbewohner ein Befehl war, der schnurstracks befolgt werden mußte.

So ging ich denn, lautlos weinend, dem Kasten zu, auf dem der winkende Derwisch stand.

Ich hatte ihn beinahe, trotz meiner bange zögernden Schritte, erreicht, als etwas Furchtbares geschah. Mit entsetzlichem Dröhnen und Prasseln, in einer Wolke von Staub, Schutt und Splittern stürzte die Zimmerdecke über meinem Muschelbett ein.

Ich fiel zu Boden und schrie. Etwas flog sausend durch die Luft und schmetterte den Glassturz und den winkenden Mann aus Wachs in tausend Scherben und Stücke. Ein Ziegel, der über mich hinweggeflogen war.

Ich schrie aus Leibeskräften. Aber es schrie im ganzen Hause, draußen am Brunnen und überall, und die Hunde im Zwinger heulten auf.

Arme packten mich, rissen mich von der Erde auf. Blut rann mir in die Augen, und ich fühlte, wie man ein Tuch auf meine Stirne drückte. Ich hörte die scheltende, aufgeregte Stimme meines Vaters, das Jammern der alten Margaret und das Stöhnen eines Dieners. Mein Vater schlug ihn mit einem Stock und schrie: „Er Esel, warum hat Er nicht gemeldet, daß Sprünge im Plafond waren? Ich haue Ihn krumm und lahm...!“

Da schrie ich so laut, daß mein Vater von ihm abließ.

„Die Kröte kann es nicht vertragen, wenn man die Kanaille züchtigt“, sagte er ärgerlich, „wird sein Tage kein rechter Kerl!“ Sporenklirrend ging er hinaus.

Vor diesem Klirren fürchtete ich mich mehr als vor allem anderen.

Dann gab man mir Konfekt und streichelte mich

Eine junge Magd küßte meine nackten Waden. „Süßer Bub!“ sagte sie.

In einem Spiegel zeigten sie mir, wie mich ein Glassplitter an der Nasenwurzel getroffen und einen kleinen Schnitt quer zwischen den Brauen gerissen hatte.

Es blieb eine Narbe davon.

Ich spielte im Garten mit meiner kleinen Base Aglaja, die ich sehr lieb hatte. Aus schwarzen, glänzenden Kugelbeeren hatte ich einen Kranz geflochten, den setzte ich wie eine dunkle Krone auf ihr kupferfarbenes Haar, das golden in der Sonne leuchtete. Sie war die Königstochter, verzaubert in Dornenhecken, und ich schickte mich an, sie zu erlösen. Den Drachen, der sie bewachte, mußte die schwarze Diana spielen. Mit klugen Augen wartete der Hund auf das neue Spiel.

Da kam in Begleitung einer Magd eilig der Bader mit dem Messingbecken durch den Garten, und in der Haustüre erschien ein Diener, es war der Stephan, der rief ihm zu, er möge sich beeilen.

Aglaja warf ihren Beerenkranz zur Erde, und beide liefen wir hinterdrein, bis in das Zimmer des Großvaters, das wir sonst nur mit seiner besonderen Erlaubnis betreten durften. Solche Besuche waren immer sehr feierlich und fanden nur an den großen Festtagen des Jahres oder an Geburtstagen statt, wobei wir kleine Gedichte aufsagen mußten und dafür Näschereien erhielten.

Es erschien uns beiden als ein großes Wagnis, ungebeten in das Zimmer des strengen alten Herrn einzutreten, aber die Neugierde trieb uns vorwärts.

Der Großvater saß ganz ruhig in seinem Schlafstuhl. Er trug wie immer eine grauseidene Ärmelweste mit gestickten Rosensträußchen, schwarze Hosen, weiße Strümpfe und Schuhe mit breiten Silberschnallen. An seiner Uhrkette hing ein Bündel von goldenen, farbigen und glitzernden Dingen, geschliffenen Steinen, Korallen und Siegeln, mit denen ich manchmal hatte spielen dürfen.

Vor ihm stand mit gesenktem Haupt mein Vater, und er bemerkte uns Kinder gar nicht. Als der hagere, in einen geflickten Rock gekleidete Bader näher trat, faßte er ihn am Arm, ward rot im Gesicht und sagte halblaut: „Das nächstemal lauf Er schneller, verdammter Kujon, wenn man Ihm die Ehre erweist!“

Der armselige Bader stotterte etwas, packte mit fliegenden Händen seine roten Binden und Springmesser aus, schob Großvaters Ärmel in die Höhe, berührte mit dem Finger die Lider der verdrehten Augen, tat dann am Arm herum, wobei er das Becken unterhielt. So wartete er eine Weile, dann sagte er schüchtern: „Es nützet nichts, freiherrliche Gnaden – das Blut will nimmermehr fließen!“ Da wandte sich der Vater um und blieb mit zur Wand gekehrtem Gesicht stehen.

Der Stephan schob Aglaja und mich sanft zur Türe hinaus und flüsterte: „Seine Gnaden sind zu dero Vätern eingegangen.“ Und als wir ihn fragend anblickten, da wir dies nicht zu verstehen vermochten, sagte er: „Der Herr Großvater ist tot.“

Wir gingen wieder in den Garten und lauschten dem Rumoren, das alsbald im Hause anhub. Rechts im Flur war eine geräumige Kammer, in der ich als ganz kleines Kind, wie ich mich wohl entsann, meine Mutter zwischen vielen Lichtern hatte liegen sehen. Diese Kammer, in der sonst allerlei Gerät stand, räumten sie nun aus und schleppten große Ballen schwarzen Tuches herbei, das häßlich roch.

Die Aglaja hatte der Großvater lieber gehabt als mich und ihr öfter Leckereien und Zuckerzeug gegeben als mir. Diese guten Sachen hatte er in einer Schildkrotdose verwahrt, die nach Zimt und Muskat duftete. Sie weinte ein wenig, die Aglaja, weil sie daran dachte, daß das nun vorüber sei, wenn der Großvater fortkäme. Dann aber erinnerten wir uns beide an die andere Dose, die er hatte und die uns nur höchst selten zu beschauen verstattet war. Das war seine goldene Schnupftabakdose, die ihm der Herzog von Braunschweig geschenkt hatte. Aber auf dieser schönen, funkelnden Dose, auf ihrem Deckel, war noch ein zweites Deckelchen, und wenn dieses aufsprang, erschien ein ganz kleines Vögelein, blitzend von grünen, roten und violetten Steinen, das wippte mit den Flügeln und flötete trillernd wie eine Nachtigall. Wir konnten uns an ihm kaum satt sehen und hören, aber der Großvater schob es in die Tasche, sobald nach einer kurzen Weile das Deckelchen von selbst zuklappte, und hieß uns zufrieden sein.

Ich sagte zur Aglaja, nun könnten wir wohl das Vögelchen genau betrachten und sogar befühlen, da der Großvater ja tot sei. Sie fürchtete sich anfangs, hinaufzugehen, aber ich faßte sie an der Hand und zog sie hinter mir her.

Niemand war auf dem Gange, und auch das Zimmer war leer. Leer stand der breite Lehnstuhl da, in dem der Großvater zuletzt auch die Nächte verbracht hatte. Auf dem Tischchen daneben standen noch die Flaschen mit den langen Zetteln.

Wir wußten, daß der Großvater die Dose immer aus der mittleren Lade eines Schubkästchens geholt hatte. Dieser Kasten war aus bunten Hölzern, mit Schiffen, Städten und Kriegsleuten aus alter Zeit verziert, und auf der Lade, die wir öffnen wollten, waren zwei dicke Holländer zu sehen, die Pfeife rauchten und von knienden Mohren bedient wurden. Ich zog an den Ringen; aber erst, als mir die Aglaja half, gelang es uns, die Lade aufzuziehen.

Da lagen Großvaters Spitzenjabots und Tüchlein, eine Rolle Golddukaten, eine große, mit Gold eingelegte Pistole, viele Briefe in Bündeln, Schuhschnallen und Rasiermesser und auch das Döschen mit dem Vogel.

Ich nahm es heraus, und wir versuchten, das Deckelchen springen zu lassen. Aber es gelang uns nicht. Bei dem Herumarbeiten aber ging der große Deckel auf, und von diesem löste sich eine dünne Platte nach innen, die für gewöhnlich etwas verbarg. Es war ein kleines Bild, das in feinen Schmelzfarben gemalt war. Ein Bild, aus dem wir nicht klug wurden und das uns das Vöglein ganz vergessen ließ.

Auf einem kleinen Sofa lag eine Dame mit ganz emporgeschobenen Röcken, und ganz bei ihr war ein Herr mit Degen und Perücke, dessen Kleider ebenfalls in seltsamer Unordnung waren. Sie taten etwas, was uns ebenso komisch wie unheimlich vorkam. Zudem ging auf den Mann ein kleines, geflecktes Hündchen los, worüber die liegende Dame zu lachen schien. Auch wir lachten. Aber dann stritten wir sehr aufgeregt, was dies sei.

„Sie sind verheiratet", sagte Aglaja und wurde ganz rot.

„Woher weißt du das?" fragte ich, und mein Herz klopfte sehr stark.

„Ich glaube, es sind Götter... „„ flüsterte Aglaja. „Ich habe ein Bild gesehen, da tun die Götter so. Aber sie hatten keine Kleider an."

Auf einmal war uns, als ob im Nebenzimmer, in dem der tote Großvater lag, die Diele knarre. Wir fuhren zusammen, und Aglaja schrie auf. Da warf ich die Dose rasch in die Lade, drückte diese zu und zog meine Base aus dem Zimmer. Wir schlichen in den Garten.

„Aglaja ... „„ sagte ich und faßte nach ihrer Hand. „Wollen wir auch so heiraten...?"

Da sah sie mich erschrocken an, riß sich los und lief ins Haus zurück. Betreten und verwirrt ging ich zum Stephan, der Rosen von den Stöcken schnitt und sie in einem Korb sammelte.

„Ja, junger Herr!" sagte er. „So geht es mit uns aller dahin!"

Neben mir saßen Phöbus Merentheim und Thilo Sassen Wir drei waren die vornehmsten. Hinter uns hockte Klau Jägerle, der Prügelknabe. Er durfte mit uns lernen, bekam zu essen, und wenn wir etwas nicht wußten, wurde an ihm die Strafe vollzogen. Seine Mutter war eine Waschfrau, und der Vater flocht Körbe, obschon er nur einen Arm hatte. Der andre war von einem feindlichen Reiter durchhauen worden, als er den schwerverwundeten Vater Thilos mit seinem Leibe schützte. Dafür durfte Klaus mit uns lernen und reihum zu Mittag an den Gesindetisch kommen. Der Klaus war sehr fleißig, schüchtern und bedrückt, und mußte alles erdulden, was seine Mitschüler ausheckten, wenn sie übermütiger Laune waren. Es erging ihm fast noch schlimmer als dem buckligen Sohn des Krämers Isaaksohn, den sie einmal an die Türe gestellt hatten und ihm einer nach dem andern ins Gesicht spuckten, so daß ihm der eklige Saft, vermischt mit seinen Tränen, über das neue Rokelor rann.

Ich war in großer Angst, weil ich nichts gelernt hatte. Denn vor mir stand der kleine, giftige Lehrer des Französischen in seinem tintenbespritzten, tabakfarbenen Rock mit den verbogenen Bleiknöpfen, den Gänsekiel hinter dem Ohr, durch die spaniolgefüllte Nase sprechend. Sein blasses Gesicht war voll von Sommersprossen und zuckte unaufhörlich. In der linken Hand hielt er ein grüngebundenes Buch, und mit dem schwarzgeränderten knotigen Zeigefinger der rechten Hand fuchtelte er vor meinem Gesicht herum.

So machte er es immer. Ganz plötzlich, nachdem er eine Weile hämisch unsere Gesichter studiert hatte, fuhr er wie ein Stoßgeier auf einen der Schüler los und fand stets den Unsichersten heraus. Es war seine Gewohnheit, zu Beginn der Stunde das Vocabulaire zu prüfen, das heißt, er schleuderte dem Opfer einige französische Wörter ins Gesicht, die sofort übersetzt werden mußten.

Diesmal hatte er mich auserwählt.

„Allons, Monsieur–", zischte er. „Emouchoir – Tonte – Méan. – Sofort! Rasch!"

Ich war erschrocken und stammelte:

„Emouchoir – der Fliegenwedel, tonte – die Schafschur – méan... méan, das ist – das heißt –"

Er wieherte vor Freude.

„Ah – Sie wissen es nicht, cher Baron?"

„Méan –, das ist – –"

„Assez! Setzen Sie sich!“

Er meckerte, und seine kleinen schwarzen Augen sprühten vor Vergnügen. Langsam nahm er eine Prise aus seiner runden Horndose, fuhr mit zwei Fingern unter der spitzen Nase hin und her und stach dann mit der Dose nach meinem Nachbarn.

„Monsieur Sassen! – Auch nicht? – Merentheim? Ebenfalls nicht? – Jägerle, steh Er auf und sag Er es!“

Der arme Klaus fuhr wie von einer Feder geschnellt in die Höhe und sagte mit dünner Stimme:

„Méan – , so nennet man bei den Salzteichen am Meere das fünfte Behältnis, in welches man das Seewasser zur Gewinnung des Salzes einfließen läßt.“

„Gut“, nickte der Lehrer und lächelte boshaft. „Er selbsten weiß es zwar, aber als Anhängsel der Noblesse in dieser Schule nenne ich Ihn sot, paresseux et criminel! Heraus mit Ihm aus der Bank, damit Er bekommt, was Ihm als dem Stellvertreter der unwissenden Noblesse gebührt!“

Ich ward blaß vor Wut. Dieses Übermaß von Ungerechtigkeit gegen den armen Jungen, den einzigen, der das seltene und kaum gebräuchliche Wort kannte, erschien mir himmelschreiend. Ich stieß Sassen an, aber er zuckte nur die Achseln, und Phöbus sah in die Luft, als ginge ihn das nichts an.

Zögernd kam Klaus Jägerle aus der Bank hervor. Dicke Tränen standen ihm in den Augen. Glührot vor Scham nestelte er an seinem Hosenbund...

„Schneller! Entblöße Er seinen derrière!“ kreischte der Schulfuchs und wippte mit dem vierkantigen Lineal, „auf daß Ihm an Stelle der Noblesse sein ordentlicher Schilling zuteil werde!“

Entsetzt sah ich, wie Klaus ergeben die Hose fallen ließ. Zwei arme, magere Beine kamen zum Vorschein, ein graues, zerfranstes Hemd. Der Lehrer griff mit gespreizter Klaue nach ihm.

Da sprang ich aus meiner Bank.

„Sie werden den Jägerle nicht schlagen, Monsieur!“ schrie ich. „Ich dulde es nicht...“

„Ei, ei!" lachte der Mensch, „dies wird sich ja allsogleich zeigen..." Er drückte den willigen Kopf des armen Jungen nieder und holte zum Schlage aus.

Da sprang ich dem Lehrer an die Kehle. Er schrie keuchend und stieß mit den Füßen nach mir. Wir fielen zu Boden. Die Bank stürzte um, Tinte floß über uns. Die andern Schüler jauchzten vor Freude und trampelten mit den Füßen. Ich fühlte plötzlich einen starken Schmerz in der rechten Hand. Er hatte mich gebissen, mit seinen häßlichen, schwarzen Zahnstumpen gebissen. Ich schlug ihn mit der Faust ins Gesicht. Blut und Speichel spritzten aus seinem Mund.

Eine Hand packte mich am Kragen und riß mich in die Höhe. Ich sah in ein grobes, gutmütiges Gesicht unter einer zausigen grauen Perücke. Der Rektor.

„Verrückt geworden, Domine? – Erheben Sie sich, Monsieur!" rief er den blutenden Lehrer an.

„Er will mir ans Leben!" kreischte der.

„Baron Dronte, Sie verlassen sofort die Schule!" sagte der Rektor und wies auf die Türe.

Klaus Jägerle stand noch immer mit demütig gesenktem Kopf und seinen dünnen, zitternden Beinen da, und wagte es nicht, ohne Erlaubnis die Hose hinaufzuziehen.

Schlimm erging es mir, als der Vater den Reitknecht mit dem Fuße vor den Leib stieß und auf ihn, der sich auf dem Boden krümmte und wimmerte, mit der Hetzpeitsche einhieb. In einem Anfall von Mitleid riß ich die Peitsche aus des Vaters Hand und schleuderte sie weit weg.

Dafür saß ich nun in einer Dachkammer unseres Hauses bei Wasser und Brot. In der Kammer war nichts als eine Schütte Stroh im Winkel und ein Schemel, auf dem ich sitzen konnte. Jeden Morgen kam mein Vater, gab mir eine wuchtige Ohrfeige und zwang mich, mit lauter Stimme einen Bibelvers zu sprechen:

„Denn der Grimm des Mannes eifert und schonet nicht zur Zeit der Rache. Und siehet keine Person an, die da versöhne, und nimmt's nicht an, ob du viel schenken wolltest."

Wenn ich den Vers gesprochen hatte, bekam ich eine zweite Ohrfeige. Ich ließ alles über mich ergehen und war voll von Haß.

Heute war der fünfte und letzte Tag der Strafe.

Leise drehte sich ein Schlüssel im Türschloß. Ich wußte, daß es nicht der Vater sein konnte.

Es war Aglaja. Mein Trotz gegen alle Welt hinderte mich, der süßen Freude nachzugeben, die ich bei ihrem Anblick empfand. Hold und errötend trat sie in ihrem weißen, blaugeblümten Kleidchen über die Schwelle des düsteren und staubigen Dachraumes. Ihr Gesicht war kindlich und von unbeschreiblichem Reiz. Milchweiß leuchtete ihre fleckenlose Haut, gehoben vom metallenen Rot der Haare. Ich wußte wohl, wie lieb sie mich hatte, und auch ich dachte in meiner Einsamkeit und Not nur an sie, Tag und Nacht. Aber in mir war Böses genug, um den Wunsch aufkommen zu lassen, auch sie in Leid zu versenken.

„Was willst du hier?" knurrte ich. „Geh doch zu meinem Herrn Vater – mach dich lieb Kind bei ihm! Du kannst dich sogleich fortscheren, du!"

Ihre Wimpern zitterten, und ihr kleiner Mund begann zu zucken.

„Ich wollte dir ja nur meinen Kuchen bringen...", sagte sie ganz leise und hielt mir ein großes Stück Torte hin.

Ich riß es ihr aus der Hand, warf es auf die Erde und trat mit dem Fuße drauf.

„So!" sagte ich. „Geh, und erzähle es der Frau Muhme, oder meinem Vater, wenn du willst!"

Sie stand ganz regungslos, und ich sah, wie langsam zwei Tränen aus ihren schönen grauen Augen rannen. Dann ging sie in die Ecke, setzte sich auf das Strohlager und weinte bitterlich.

Ich ließ sie weinen, indes mir selbst das Herz in der Brust zerspringen wollte. Aber dann hielt ich es nicht mehr aus. Ich kniete mich zu ihr hin und streichelte ihr Haar.

„Liebe, liebe Aglaja...“, stammelte ich, „verzeih mir – du bist ja die einzige hier, die ich lieb habe...“

Da lächelte sie unter Tränen, nahm meine rechte Hand in die ihre und führte sie an ihre junge Brust. Und ich dachte daran, wie ich einmal des Nachts, in einem dunklen, angstvollen Trieb, in ihr Zimmer geschlichen war und beim Schein der Nachtlampe ihre Decken gehoben hatte, um ihren Körper ein einziges Mal zu sehen. Sie war erwacht und hatte mich starr angesehen, bis ich aus dem Zimmer geschlichen war, von Reue und Furcht erfaßt.

Als hätte sie erraten, woran ich dachte, sah sie mich plötzlich an und flüsterte:

„Du darfst es nie mehr tun, Melchior!“

Ich nickte stumm und hielt noch immer eine ihrer kleinen Brüste umfaßt. In stoßenden Wellen ging mein Blut.

„Ich will dich gerne küssen –“, sagte sie dann und hielt mir ihre süßen, weichen Lippen hin.

Ich küßte sie ungeschickt und heiß, und meine Hände verirrten sich.

„Nicht – o nicht –“, stammelte sie und schmiegte sich doch fest in meine Arme.

Da ging irgendwo im Hause eine Türe und schlug knallend zu. Sporen klirrten. Wir fuhren auseinander.

„Wirst du mich immer lieben, Aglaja –?“ flehte ich.

„Immer“, sagte sie und sah mir gerade in die Augen. Und auf einmal begann sie wieder zu weinen.

„Warum weinst du?“ drang ich in sie.

„Ich weiß es nicht – vielleicht ist es wegen des Kuchens –“, sagte sie und lächelte vor sich hin.

Ich nahm das zertretene und beschmutzte Gebäck vom Boden auf und aß es.

„Vielleicht ist es auch – weil ich nimmer lang bei dir sein werde –."

Wie ein Hauch kamen die Worte aus ihrem Munde

Ich sah sie bestürzt an. Ich verstand sie nicht.

„Gib nicht acht auf mich", lachte sie plötzlich. „Wenn es auch sein sollte – ich komme immer wieder zu dir!"

Einen raschen Kuß drückte sie noch auf meinen Mund, glättete ihre Kleider und lief rasch aus dem Dachzimmer.

„Aglaja! Bleib bei mir!" rief ich in jäher Angst.

Mir war auf einmal so bang. Aber ich hörte nur mehr das harte Klappern ihrer hohen Stöckel auf der Treppe.

Eine Herbstfliege summte an dem kleinen, spinnwebverhangenen Fenster ruhelos. In den verrußten, zerrissenen Netzen hingen ausgesogene Käfer, leere Schmetterlinge, Insektenleichen aller Art. – Die Fliege zappelte. Der summende Ton ward hoch. Langsam kroch aus einem dunklen Loch eine haarige Spinne mit langen Beinen, faßte die Fliege, senkte ihre giftigen Kiefer in den weichen Leib. – Das Summen wurde ganz hoch – der Todesschrei eines kleinen Wesens. Plötzlich sah ich, daß die Spinne ein fürchterliches Gesicht hatte.

Ich lief zur Tür und polterte mit beiden Fäusten an das Holz.

„Aglaja!" schrie ich. „Aglaja!"

Niemand hörte mich.

Wir hatten unter dem blauen Himmel, in ganz warmem, tiefem Sonnenschein geholfen, die Obsternte des großen Angers hinter dem Hause einzubringen. Die Pflaumen troffen vor Süße. Wie Wein schmeckten sie. Wir konnten nicht genug bekommen. Die Reineclauden, an die wir gerieten, waren noch köstlicher. Sie zerschmolzen im Munde.

Am Abend schrie Aglaja vor Schmerzen.

Um Mitternacht war sie tot.

Das Haus war von Jammergeschrei erfüllt. Der Vater hatte sich in sein Schreibzimmer eingeschlossen. Die Mägde heulten in ihre Schürzen.

Aglaja war tot.

Ich ging nur so hin und her, nahm Dinge in die Hand, ohne zu wissen, was ich da ergriffen hatte, lehnte lange, ohne irgend etwas zu denken, mit dem Kopfe an einem geschnitzten Türpfosten, bis mich der Schmerz weckte, trank Wasser aus einer Gießkanne.

Die Tage, die Tage gingen. Ohne Anfang oder Ende. Überall weinte es. Ich sah zu, wie sie aus der Kammer im Flur die Habersäcke ausräumten und die schwarzen Tücher brachten. Wie sie Astern und Herbstrosen schnitten und zu Kränzen wanden, aufschluchzend und mit erdigen Händen die nassen Gesichter beschmierend. Ich streichelte die Klinke der Kammer, eine vom vielen Gebrauch dünn geschliffene Klinke, an der man sich weh tat, wenn man unachtsam war. Aber als sie drinnen die Tücher an die Wände nagelten und die Leuchter aus der Silberkammer brachten, als die Schritte von Leuten, die etwas Schweres trugen, die Treppe herunterkamen, lief ich in den Blätterfall des Gartens.

Nebel zogen und es tropfte. Die schöne Zeit war dahin. Der letzte Tag vorbei. Ich sah einen blauen Laufkäfer und trat nach ihm. Gelbliche Eingeweide quollen aus seinem kleinen Leib, die Beine zuckten, zogen sich still und steif zusammen. So tat ich nicht anders, als mein Vater tat, wenn er Leute schlug. Ich mußte weinen, ganz allein auf einer Bank aus kaltem Stein. Einmal im Sommer war der Stein so heiß gewesen, daß Aglaja und ich versucht hatten, wer länger die Hand auf ihm halten könne. So fein war ihre weiße Hand gewesen, daß sie eine Brandblase bekam. – Ein kalter Tropfen fiel vom Himmel auf meine Stirn.

Ich ging wieder zurück. Dunkelgelbes Licht fiel aus der Kammer; ein Sarg stand auf schwarzverhangenen Böcken, auf dem war ein Kreuz aus Silber, und eine hohe Totenkrone, mit Flittern, buntem Glas und Spiegelchen behängt. Das Wachs rann und tropfte, die Kerzen flackerten. Die Blumen rochen nach Erde. Die Muhme kniete am Sarg.

„O mein Aglajele! Mein Aglajele!“ rief sie. „Und daß ihr Gesichtlein nimmer zum kennen ist! – Regnet's schon?“ fragte sie mich und wandte mir ihre verschwollenen Augen zu.

„Weiß nicht –“

Und dann kam aus mir ein Aufschrei und ein so wildes Weinen, daß mich die Muhme um die Schultern nahm und mir zusprach.

„Mußt nicht, Bub, mußt nicht – es kommen schon die Leut’!“

Man hörte Füße trappen. Menschen kamen, murmelten. Der Fink im Hausflur sprang in seinem Käfig von Sprosse zu Sprosse und schrie immerfort: „Sieh – sieh – sieh – den Reitzug!“

Ich stand auf.

Der Pfarrer kam. Er hatte den Schnupfen und zog oft das Taschentuch. Er hatte Aglaja getauft und eingesegnet.

Wagen fuhren vor: die Sassens kamen, die Zochte, die Merentheirn, die Kürassiere aus der Stadt, der Doktor Zeidlow, die alte Gräfin Trettin, die Hohentrapps.

Eine Glocke läutete im Dorf; schwang; bing - beng - bing - beng. Schulkinder.

Die Muhme winkte dem Lehrer. Ich hörte, wie sie schluchzend sagte: „Er läßt mir dasselbige Lied singen wie bei meinem seligen Hänschen, wenn sie auch schon eingesegnet war. Aber sie ist in weißer Unschuld, gleichsam wie ein neugeborenes Kindlein – O Gott, o Gott!“

Die Ursula Sassen und die Gisbrechte Hohentrapp umfaßten sie und führten sie.

Dann hoben die Diener den Sarg auf und trugen ihn in den Regen hinaus.

Es war nicht weit zum Friedhof. Krähen saßen in den Trauerweiden. Schiefe alte Kreuze verneigten sich zu beiden Seiten des kiesbestreuten Weges. Das eiserne Tor des Erbbegräbnisses stand offen mit rostroten Innenseiten. Darüber war aus Marmor ein Totenkopf mit zwei gekreuzten Knochen. In seinem offengähnenden Maul hatten Vögel ein Nest gebaut. Es stand leer und verlassen. Oben auf dem Kopf wuchs Moos wie wolliges Haar. Alles sah ich.

Sie stellten den Sarg zur Erde, und die Schule sang wieder. Wie die Muhme es gewollt hatte, ein Lied, das man sonst nur bei ganz kleinen Kindern singt. Mein Vetter Hans war zwei Jahre alt gewesen, als er starb.

Wenn kleine Himmelserben
In ihrer Unschuld sterben,
So büßt man sie nicht ein.
Sie werden nur dort oben
Vom Vater aufgehoben,
Damit sie unverloren sein.

Dann sprach der Pfarrer, schneuzte sich, schneuzte sich und sprach. Der alte Mann weinte. Die achtzigjährige Gräfin Trettin führte ihr Spitzentüchlein empor.

„Staub zu Staub –“, sagte der Pfarrer.

Sie trugen den Sarg hinunter. Die Schritte klangen hohl, es gab einen schrecklichen Widerhall. Stimmen kamen aus der Tiefe. Etwas fiel polternd um da drunten in der Finsternis.

Der Regen rauschte immer stärker. Die Wagen fuhren in Wasserlachen. Die Männer banden rote Taschentücher über die Hüte, die Weiber schlugen die Röcke über den Kopf, als sie draußen waren

Mein Vater sah streng nach allen Seiten. Der Küster brachte ihm den Schlüssel der Gruft.

„Da – trink Er eins!“ sagte mein Vater, und der Küster, naß und mit den Zähnen klappernd, verbeugte sich tief. Er schnitt ein Gesicht und fuhr mit der Hand nach der Schulter. Er litt am Gliederfluß.

„Die Aglaja friert –“, sagte eine trostlose Stimme in mir. „Die Aglaja –“

Das große Haus war leer, als ich heimkam, die Gänge still. In den Ecken wisperte es, und die Uhren tickten. Die Treppe krachte in der Nacht, und der Wind weinte im Kamin. Es war ein ganz fremdes Haus. So groß und so leer.

Auf dem dunklen Flur des ersten Stockwerks war eine Holländeruhr mit blankem Zifferblatt, auf dem Mond, Sonne und Sterne sich bewegten. Darüber gingen die verschnörkelten Zeiger ihren Gang. Mit dumpfem und tiefdrohendem Ton schwang das Pendel hin und her, wumm - wumm. Nach jeder Viertelstunde ließ das Schlagwerk wie aus weiter Ferne seinen Dreiton hören: Gling-glang-glong. Nach Ablauf jeder Stunde kündeten Glockenschläge ihre Zahl. Dann öffnete sich oberhalb des Zifferblattes eine Türe, und aus ihr glitt ein kleiner brauner Hahn, der mit ächzendem Geräusch die hölzernen Flügel bewegte. Seine Stimme war verlorengegangen. Immer nahm ihn eine unsichtbare Kraft zurück und schloß das Türchen wieder. Um die Mittagsstunde erschien jedoch statt des Hahnes ein Engel aus Porzellan mit blauem, goldgerändertem Gewande und hob in drei steifen Rucken einen grünen Palmzweig.

Des Nachts um zwölf Uhr jedoch sollte ein Tödlein an Stelle des Engleins erscheinen. So erzählte man uns Kindern, als die Aglaja noch lebte.

Auf diesem Flur stand ich eines Nachts. Es roch nach Äpfeln und nach den fremden Hölzern der breiten Wäscheschränke an der Wand. Aus Holz geschnitzte Hirschhäupter hingen da. Sie hielten weiße Rüben im Äser und trugen Geweihe, die der Vater und der Großvater erbeutet hatten. Gewiß hundert solcher Hirschhäupter waren im ganzen Hause verteilt. Einer von den Hirschen war zahm im Gatter gehalten und dann freigelassen worden. Später hatte er einen Futterknecht zu Tode geforkelt, und die Mägde sagten, daß das Blut des Knechtes noch am Geweih klebe. Von den Augäpfeln des Holzkopfes war die Farbe abgeblättert, und so sah er schauerlich weißen und blinden Blickes auf mich herunter.

Die alte Margaret, die mit ihrem Stock durch die Gänge schlurfte und das Gnadenbrot genoß, hatte mir gesagt, daß um die Mitternachtsstunde des Sterbetages die Toten in dem Hause umgingen, in dem sie bei Lebzeiten gerne gewesen seien. Ich hielt in meiner Hand einen Leuchter mit einem der Wachslichter, die vor einem Jahre an Aglajas Sarg gebrannt hatten, und wartete, daß sie käme.

Die Schränke knackten, es pochte in der Wand, dann war es wie ein Seufzen. Der Wind ging übers Dach, daß die Schindeln rasselten. Da hob die Uhr an –

Als der Stundenschlag beginnen sollte, klappte die Tür über dem Zifferblatt auf, und wirklich kam ein kleines Tödlein mit Sanduhr und Hippe hervor, drehte sein Gerippe einmal rechts und einmal links und hob die winzige Sense zum Hieb. „Wumm – wumm –“, machte das Pendel in den Pausen des heiseren Glockenschlages.

„Aglaja“ rief ich leise und spähte den Gang hinunter.

Da öffnete sich lautlos die Türe des Schrankes, an dem ich gerade stand, und im unsicheren Lichte der Kerze glaubte ich eine uralte Frau mit ganz verrunzeltem, braunem Gesicht und einer großen weißen Haube zu sehen. Ich taumelte an die Wand, aber als ich mich mit allem Mut zwang, noch einmal hinzublicken, konnte ich nichts wahrnehmen als die geschlossene Türe.

Dann hüstelte es, und Schritte schlurften. Etwas Graues und Gebücktes. Der Leuchter klirrte in meiner Hand.

Aber es war nur die alte Margaret, die Angst um mich hatte und nachsehen kam, ob ich wirklich heroben sei. Wie ein Kind hielt ich mich an ihrem Ärmel fest und erzählte ihr, was mir begegnet war. Sie kicherte und nickte.

„Die alte Frau war's –. Die Urgroßmutter von der Aglaja – die Aglaja Starke, die Tochter vom Bürgermeister, die ihnen den Stammbaum verungeniert hat – die Krämerische. Hast schon recht gesehen, mein Melchior, schon recht. Ist halt sie gekommen, statt der Jungen.“ Sie faßte mich am Rock.

Ich riß mich los und stolperte die Stiegen hinunter.

Am Nachmittag wurde der Heiner Feßl hingerichtet. Er hatte den Amtmann belauscht, wie er seiner Frau zusetzte, und da er merkte, daß die Frau dem mächtigen Manne nachgab, war er aus der Werkstatt ins Zimmer gerannt und hatte dem Amtmann ein glühendes Eisen, das im Feuer lag, durch den Leib gestoßen, so daß der Gestrenge elendiglich umkommen und verenden mußte. Grausam hatte er ihn zugerichtet und ebenso die Frau. Sie liege im Sterben, sagten die Leute. – Mächtige Helfer, die sich seiner angenommen hätten, waren nicht da, und so brachen sie ihm das Stäblein.

In der Morgenfrühe war der Angstmann auf das Feld gegangen und hatte es den Raben angesagt, daß Armesünderfleisch zu haben wäre vor Sonnenuntergang. So saßen des Henkers Tauben auf allen Dächern und warteten.

Der Vater hieß mich, den seidenen, lavendelgrauen Rock anzutun und mit ihm gehn.

„Du bist ein Schlappschwanz und Jammerlappen, aber kein Dronte", sagte er. „Ich werde dich nunmehr in die Kur nehmen, Bürschlein!"

Mir ward übel vor Angst, als ich von weitem den dumpfen Trommelschlag und das Brausen der Menge hörte. Alle Gassen waren voll. Den Feßl hatten sie auf des Henkers Karren überall herumgefahren, und nun sollte er zurückkommen.

Zu meinem Trost mußten wir in ziemlicher Entfernung vom Gerüst stehenbleiben, da die Menge nicht wich und keine Rücksicht auf den Rang meines Vaters nahm.

„Da siehst du, wie keck die Kanaille ist, wenn ihrer viele beisammen sind", sagte mein Vater laut und zornig. Er ward aber besänftigt, als uns der Bäck, der gerade da seinen Laden hatte, eilfertig zwei Stühle brachte, damit wir einstweilen ruhen konnten.

„Es ist sehr heilsam für dich, was du sehen wirst", sagte mein Vater nach einer Weile. „Die Gerechtigkeit arbeitet nicht mit Rosenwasser und Zuckerplätzchen. Wäre das, so könnten wir Edelleute Schotter schlagen an den Straßen und unser Hab und Gut dem Gepövel überantworten."

Auf den Bäumen, die vor uns standen und den Platz umsäumten, saßen viele Menschen. Gerade vor uns hockte ein abscheulicher Kerl, nach Art der hessischen Viehhändler gekleidet, in der Krone einer Linde. So widerwärtig mir sein Anblick auch war, ich mußte immer wieder hinsehen. Unter dem abgegriffenen Dreispitz, den er trug, grinste ein Affengesicht mit einem Maul, das er auf alle Weise verrenken konnte, wie auch seine gelben Augen auf das gräßlichste zu schielen vermochten. Seine gekrümmte Nase berührte fast das Kinn und gab ihm ein geradezu teuflisches Aussehen, das noch durch die widerlichen Grimassen verstärkt wurde, die er schnitt. Die Leute um ihn herum fanden ihn weniger unheimlich als belustigend, und schrien ihm allerlei derbe und zotige Worte zu, die er mit unanständigen einladenden Gebärden erwiderte.

Dann aber ging ein Ruck und ein Hälserecken durch die Menge. Der traurige Zug war zurückgekommen.

Zwei Knechte in schmutzigen roten Röcken führten einen beleibten älteren Mann mit grauem Haar auf das Gerüst. Hinter ihm stieg der Rotmantel die Stufen hinauf und stand gleich mit nackten Armen da.

„Geistlichen Zuspruch hat der Heiner abgelehnt“, sagte eine Stimme hinter uns. „Er meint, daß die Großen auch im Himmelreich droben Unrecht tun dürfen, nicht nur auf Erden und so hat er keine Lust –“

Mein Vater drehte sich rasch um. Die Stimme schwieg.

„Verfluchtes Pack!“ grollte er in sich hinein. „Gut, daß wiederum ein Exempel statuiert wird.“

Jemand las lange mit fetter, näselnder und ganz gleichgültiger Stimme etwas vor. Zwei Stücke Holz flogen auf das Schafott, Stücke vom Stäblein, das der Richter brach. Der Meister Hans trat auf den Schmied zu und legte ihm die Hand auf die Schulter. Das war jetzt sein Recht, und der Feßl knickte ein wenig zusammen. Nun sah ich, daß er ein grobes Hemd trug, an dem schwarze Schleifen waren. Ich hatte den Mann oft in seiner Schmiede lustig arbeiten sehen. Seine Frau war sehr schön und noch jung. Ich sah ihn jetzt gut. Unter seinem grauen, wuscheligen Haar standen die hellen Schweißtropfen auf der Stirne. Auf einmal tat er den Mund auf und ließ sich auf die Knie fallen.

„J-i-i-i“, hörte man.

„Plumplumplum“ kollerten die Trommeln der Soldaten, die das Schafott umgaben.

Da stand der Mann auf, fuhr sich mit der Hand über die naßglänzende Stirne und blickte wie verwundert um sich. Aber gleich darauf warfen sich die Knechte auf ihn, zwangen ihn nieder und hantierten mit Stricken und Riemen. Man sah, wie ein Bein in die Luft stieß, gepackt und gebogen wurde und verschwand.

Ich konnte vor Angst kaum atmen. Eine Frau schrie grell auf. Mein Vater schnaufte schwer durch die Nase.

Der Henker trat vor, hob mit beiden Händen ein Rad, dem ein Eisenstück aufgesetzt war, hob es hoch auf und stieß es mit der ganzen Kraft seiner fleischigen Arme nieder.

Ein Winseln – ein Schrei folgte – Heulen –

„O mein – Gott – oh – oh – oh –"

Das Rad hob sich wieder.

„Schinder! Verfluchte Schinder!" schrie in der Menge einer. Soldaten drängten hin, rissen wen heraus führten ihn seitwärts.

Schreie – Schreie!

Ich erbrach mich.

„Mach, daß du fortkommst!" fauchte mein Vater mich an. Ich stieß schimpfende Menschen zur Seite, drängte, stieß, kam durch – lief – lief – so schnell ich nur laufen konnte.

Abends mußte ich an dem langen Tisch im Speisesaal mit meinem Vater sitzen und warten, bis er seine Maß gewürzten Wein getrunken und zwei Pfeifen Tabak geraucht hatte. Auch ich mußte Wein trinken, obschon er mir widerstand und Übelkeit brachte. Dann mußte ich allein durch den Gang gehen, in dem die Uhr mit dem Tödlein stand und mit wuchtigen Schlägen die Zeit maß und teilte. Ich hielt ängstlich die Hand vor mein Licht, damit der Zug es nicht verlösche und etwa im Dunkeln die alte Frau aus dem Kasten springe. Hätte mein Vater von dieser Angst gewußt, so wäre für mich ein Bett gerade vor dem Schrank aufgeschlagen worden, und einige Nächte hätte ich sicherlich darin verbringen müssen.

Am anderen Ende des Ganges führte eine steile Treppe zu den Mägdekammern. Als ich vorüberkam, sah ich, daß jemand am Fuß der Treppe saß und schlief. Es war die Gudel, ein braunes junges Mädel mit kecken Augen und Zöpfen, die bis an die Kniekehlen hingen. Wenn sie den Wassereimer auf dem Kopfe trug, stachen die spitzen Beeren ihrer

Brüste fast durch das Gewand. Wenn ich ihr verlangend nachsah, lachte sie mit den weißen Zähnen und wendete sich des öftern um. Da saß sie nun eingeschlafen, nur mit einem kurzen roten Unterrock bekleidet, und dem Hemd, das halb von der Schulter geglitten war. Ich konnte das dunkle Haarbüschel in ihrer Achselhöhle sehen.

Bei meinem Schritt schrak sie zusammen, hob den Kopf und tat schämig die Hand vor die Augen. Ich griff nach ihrem bloßen Arm, der sich fest und kühl anfaßte.

„Laß mich in deine Kammer, Gudel –", flüsterte ich und war ganz heiß im Gesicht.

Sie lächelte und stieg langsam, sich in den Hüften bewegend, die Treppe hinauf. Ich sah ihre Beine im geheimnisvollen Schatten unter dem roten Rock, und ein starker Geruch wie nach frischem Heu und Schweiß betäubte mich. Sie schlüpfte in den Verschlag, den sie bewohnte, und hielt die Türe zu, aber so schwach, daß ich sie ohne große Mühe eindrücken konnte.

„Der junge Herr ist ein Arger –", lachte sie.

Ich griff nach ihr, und sie kicherte leise. Ich ward wie von Sinnen und packte sie und warf sie auf das blaue Bettzeug, keuchend und mit ihr ringend.

„So lösch doch der Herr das Licht –", rief sie halb erstickt.

Ich ließ sie los und blies mit unnötig starkem Atem das Licht aus. Es rauschte im Dunkeln, die Bettstatt knackte. Modrig roch das Zeug der Polster. Zwiebelgeruch wehte mir warm entgegen. Ich zwängte meine Knie zwischen die ihren - - -

„Der junge Herr ist wohl noch ungeschickt -", lachte sie wiederum auf und zog mich an sich. Ihre Arme legten sich fest um meinen Nacken -. „Aber keinem was verraten", sagte sie nachher und strich mit ihrer groben Hand über meinen Rücken. Da ging die Tür auf. Mein Herz blieb stehen. Der Balthes war es, der Meierknecht , mit der großem Hornlaterne. Dumm und stumm sah er auf uns im Bett. Die Gudel nahm einen Zipfel des Bettuches in den Mund. Ihr ganzer fester Körper schüttelte sich vor verhaltenem Lachen.

„So soll doch ein tausendpfündiges siediges Donnerwetter–", begann der Balthes. Aber dann blieb ihm der Mund offenstehen. Die Gudel aber sprang flugs im Hemde aus dem Bett, ging zu ihm hin und sagte leise etwas. Der Balthes ließ den Kopf hängen, zog ein schiefes Maul und kratzte sich hinter dem Ohr. Ich erinnerte mich, daß er im Hause als der Schatz der Gudel galt und daß es hieß, sie wollten heiraten.

„So geh doch nur – geh! Weißt ja, daß nichts weiter dran ist“, zischelte die Gudel und schob ihn zur Tür hinaus. Sein breiter Rücken, geduckt und stark, hatte etwas Trauriges an sich. Der Rücken eines Betrübten war es.

Es war wieder dunkel, und die Gudel schlich mit leisem Knacken der Gelenke ins Bett und wälzte sich zu mir. Mir war alle Lust an ihr vergangen, und ich lag ganz still. Da küßte sie mich zärtlich und sang leise dazu:

„Ei Du mein wackeres Reiterlein,

Dein Rößlein schnaubet frei

Du magst mit ihm wohl traben

Ein Stündlein oder zwei.“

Aber ich stieß die Hand weg und sagte: „Was hast du mit dem Balthes gewispelt?“

Sie lachte: „Du neugieriges Büble –“

Und warf sich über mich, daß mich ihr Haar im Gesicht kitzelte.

Da ward ich zornig und stieß grob nach ihr. Sogleich lag sie still und schwieg.

„Was hast du geredet?“

Sie schupfte die Achseln und drehte sich im Dunkeln von mir weg.

„Gudel, ich schenk dir meinen Tauftaler – aber sag es mir!“

„Nun, was?“ sagte sie hart, „daß es um unser Heiratsgut geht, weiter nichts.“

Ich verstand das nicht.

„Wie – um dein Heiratsgut?“

„Der gnädige Herr hat es mir geschafft, und so hab ich es getan und tu’s wieder, sooft der Herr Junker Verlangen nach einem Frauensmensch hat.

Dafür sollen der Balthes und ich dann auf dem Wildemannslehen hausen und hofen dürfen."

Jetzt wußte ich es.

„Und hab müssen gar in die Stadt zum Spitteldoktor, wo die freien Weiber herinnen liegen, und mich hint und vornen anschauen lassen, ob mein Geblüt gesund ist. Hab ein Zettel mitbekommen, und der gnädige Herr hat ihn gelesen und mich geheißen, ich soll nun zusehen, daß der Herr Junker beizeiten seinen ersten Galopp auf dem Gaul tut, der die Beine nach oben streckt. So hat er gesagt, der gnädige Herr!" Ich setzte mich im Bett auf. Es stank plötzlich in der engen Kammer. Die Luft war kaum zu atmen, und im Halse würgte es mich.

„Schämst du dich gar nicht, Gudel?" Mir war es, als müßte ich jetzt und jetzt weinen.

„Warum schämen?" schrie sie zornig. „Hab' müssen Seiner Gnaden zu Willen sein und dem groben Herrn von Heist auch das Bett erwärmen, wie die große Jagd war. Ich tu, was man mir schafft."

Auf einmal packte sie mich an den Schultern und schüttelte mich mit fürchterlicher Kraft.

„Speiet mich doch an! Schlaget mich doch! Ihr macht ja aus den Menschen Hunde, ihr Verfluchten, ihr hochmütigen Teufel, und achtet ein armes Weib nicht mehrer als einen Nachtstuhl, wo ihr eure Notdurft verrichtet, wenn es euch ankommt!"

Entsetzt sprang ich aus dem Bett und eilte zur Türe.

Da lief sie mir nach, warf sich auf die Erde und umfaßte meine Knie.

„Erbarmen! Höret nicht auf das, was ich schwatzte, gnädigster Junker. Vergebet mir doch! Ich will's gutmachen - tretet mich -, aber saget um Gottes Barmherzigkeit willen nichts dem Herrn. Es erginge mir gar übel - hört Ihr, Herr Junker? Und ich hab Euch ja doch Liebes getan in dieser Nacht, mein gnädiger Herr Junker –"

„Hab keine Furcht, Gudel", sagte ich, aber weiter vermochte ich nicht zu sprechen.

Sie preßte ihren heißen, nassen Mund auf meine Hand, aber ich riß mich los und ging rasch und leise die Treppe hinunter.

Als ich auf dem Gang war, schlug die Holländeruhr Mitternacht. Der Schrank knackte.

Ich blieb stehen.

„Komm doch heraus -", sagte ich und schlug mit der Faust an den Schrank. Aber es blieb alles still.

Nur von oben kam ein weher, stoßender Ton, wie wenn jemand in seine Kissen weinen würde.

Am Karfreitag kam ich an der katholischen Kirche vorbei und spähte nach allen Seiten, ob das Lorle nicht käme.

Aber ich sah nur Leute, die in die Kirche gingen, Männer, Frauen und Kinder, und immer, wenn das Tor sich auftat, wehten traurige tiefe Klänge heraus.

Das Lorle war die Tochter des Sattlermeisters Höllbrich, ganz jung noch, und ich lockte sie in unseren Park. Sie wollte die zahmen Rehe sehen und den Damhirsch. Und in der Futterhütte war es geschehen.

Ich hatte vieles gelernt in der letzten Zeit, konnte Wein schlucken wie Wasser und hinter den Hatzrüden reiten und Mädchen ins Gras werfen. Es gab welche, die weinten bitter. Das Lorle aber lachte und sagte: „Einmal hat es sein müssen –"

Indes ich wartete, kam ein kleiner und arg zerlumpter Bub, sah mich mit listigen Äuglein an und fragte: „Sind Sie der Herr Baron Dronte?" Und als ich bejahte, zog er flugs aus seinem Hemd ein Brieflein aus veilchenfarbenem Papier und steckte es mir zu. Dann lief er rasch davon.

Ich ärgerte mich sehr, daß sie mich warten ließ, und dachte daran, daß sie dem Thilo auch liebe Äuglein machte, wenn er an der Werkstatt vorüberkam. Da ich aber nicht wollte, daß mir beim Lesen des Briefes einer zusähe, trat ich in die Kirche.

Es war halbdunkel, und die Kerzenflammen funkelten. Vorne auf einem dreieckigen Leuchter standen viele Lichter, und gerade als ich eintrat, wurde eines verlöscht. Und eben sangen sie auf lateinisch zu weinenden Noten einen Psalm, den verstand ich. Er hieß: „Jerusalem Jerusalem - bekehre dich zum Herrn, deinem Gott". Da wußte ich, daß es die Klagelieder des Propheten Jeremia waren, die ich aus der Schrift kannte.

Regungslos saßen die Chorherren in ihren geschnitzten Stühlen zu beiden Seiten des violett verhängten Altares, und ich erkannte den Vetter des Sassen, den Heinrich Sassen, unter ihnen und wunderte mich, wie so hager und streng sein Antlitz anzusehen war im unruhigen Glanz der Kerzen und im goldenen Schimmer der Zierate an den Wänden.

Neben mir pfiff es, wie Mäuse pfeifen. Das waren zwei alte Weiblein, die beteten, tief gebückt. Und wieder begannen sie oben im Chor zu singen und huben an mit dem hebräischen Buchstaben, der Ghimel oder das Kamel genannt wird. Aber dann drang mir die süße Traurigkeit des flehenden Singens tief ins Herz und machte, daß es sich auftat vor Gott. Ich dachte daran, wie räudig und verworfen ich sein müsse vor dem Heiland, der auch für mich die bittre Todespein auf sich genommen hatte, den sie gegeißelt, bespien, mit Dornen gekrönt, seiner armen Kleider beraubt und nackend ans Kreuz geschlagen hatten. Und was war ich? In meiner Tasche knisterte der leichtfertige Brief eines Mädchens, das ich auf den schlimmen Weg gebracht, und in meinem Mund war der saure Geschmack des Weines von gestern. Immer schlimmer wurde es mit mir, und ich verstand es schon gut, einem wehrlosen Knecht mit der Peitsche übers Gesicht zu wischen und alte Diener die Treppe auf und nieder zu jagen. Aber dann schob sich wieder Lorles lachendes Gesicht mit der Stupsnase zwischen die reumütigen Gedanken, und in meinem Ohr summte zu den feierlichen Klängen, die von oben kamen, ihr freches Liedchen: „Phillis hat zwei weiße Täubchen und ein güldnes Vogelnest..."

Aber aus dem kecken Angesicht des Dirnleins wuchs ein anderes Gesicht, bleich und rein, von rotgoldenen Haaren umstrahlt wie von einem Heiligenschein, und mit heftigem, nie gefühltem Heimwehschmerz dachte ich an meine tote Base Aglaja, deren Andenken ich so elend gehalten hatte, daß mir nun jede recht war. Da war es mir auf einmal, als ob dunkle Strahlen in meine Augen drängen.

Langsam kam aus der Menge, die andächtig betend vor mir das Kirchenschiff füllte, ein Mann heran. Es durchzuckte mich, als ränne ein glühender Tropfen von meinem Scheitel durch den Leib. Unverwandt sah mich der immer näher Kommende an . . .

Sein Gesicht war ohne jede Falte, bräunlich und schön, seine Augen tief und dunkel, von unbeschreiblicher Güte. Zwischen den Brauen war eine waagrechte, feine, rote Narbe, wie auch ich sie an der gleichen Stelle trug. Ein kleiner schwarzer Bart beschattete die obere Lippe des weichen, edelgeschnittenen Mundes. In schweren Falten fiel ein weites rotbraunes Gewand um seinen schlanken Leib. Um das Haupt trug er ein schwarzes Tuch gewunden, und um den Hals hing eine Kette von Bernsteinkugeln. Niemand schien seiner zu achten denn ich. Niemand wandte sich nach ihm um, und dennoch gingen ihm alle aus dem Weg, als sähen sie ihn.

„Der Herr Jesus –", stammelte ich und griff nach dem Herzen, das stille zu stehen drohte. Mir war es, als müßte ich mich weinend an dieser Brust bergen, mich ihm ausliefern, ihm, der alles wußte, was mich stieß und trieb, damit er mich errettete. Er kannte den Weg, seine Füße schritten ihn.

Aber er ging an mir vorüber mit einem Blick, in dem es wie Trauer lag. Er ging vorüber!

Eine Weile stand ich und konnte mich nicht regen. Weit draußen im Raum klangen Gesang und Orgelbrausen.

Da faßte ich mich, wandte mich um und lief ihm nach, Ärgernis genug erregend bei den Betern, die meine Hast störte und aus der Andacht riß.

Aber als ich aus dem Tor trat, lag der Platz leer.

Niemand war zu sehen. Nur der Tabakkrämer stand neben dem hölzernen Türken vor seiner Ladentüre und sah mich verwundert an.

Eilig fragte ich ihn nach dem Manne in der braunen Kutte.

Er zog ein Gesicht und meinte, der Weihrauch in der Kirche müsse mich benommen gemacht haben. Ich sei solcher katholischer Räuchlein ungewohnt. Und einer, der das reine Evangelium ehre, möge sich hüten vor dem Blendwerk aus Gold, Lichtern und blauem Dampf, das sie in solchen Baalskirchen trefflich herzurichten verstünden. Ein jeder habe acht, daß er nicht strauchle, sei er auch noch so vornehmer Geburt.

Zornig warf er seine Kalkpfeife auf das Pflaster, daß sie zerbrach, wandte mir den Rücken und ging in sein Gewölbe.

Ich aber lief in den Gassen umher, die auf den Platz mündeten, und fragte nach dem Mann. Niemand wußte etwas von ihm.

Und plötzlich riß es mich zusammen, als ob ein Blitz vor mir eingeschlagen hätte.

Das Wachsbild fiel mir ein, das mich gerettet hatte in frühester Kindheit, als in meinem Zimmer die stürzende Decke mein Bett begrub.

Der Mann aus dem Morgenlande, der Ewli.

Ich zog Lorles Brief aus der Tasche und zerriß ihn in tausend Stücke.

Mit dem Phöbus und dem Thilo Sassen trieb ich mich viel herum, und wir jagten allenthalben nach Frauenzimmern und Abenteuern. Seit sie mich wegen des braunen Mönches, wie sie den Mann aus dem Morgenlande nannten, als ich ihnen von der Erscheinung sprach, weidlich ausgelacht und tagelang geneckt hatten, war ich wieder in mein altes Leben zurückgefallen und schämte mich jedesmal, wenn sie mit ihren Späßen und Schnurren über mich kamen.

An diesem Tage war die schwarze Diana bellend und voll Freude mit mir von zu Hause weggelaufen, und was ich auch tat, es gelang mir nicht, sie zu scheuchen. Denn der Hund hatte mich über alles lieb, sowenig gut ich auch gegen ihn war.

Oberhalb der Weinberge wußten wir ein Haus, in dem ein alter, wegen seiner Grobheit gefürchteter Hauer wohnte. Der hatte zwei junge und schöne Töchter, und es hieß, daß sie das Geld für ihre hübschen Kleider und Schuhe durch Liebenswürdigkeit gegen Kavaliere zu erwerben verstanden. Die Burschen hatten ihnen des öftern den Strohmann aufs Dach gesetzt, und die Mädchen in der Stadt zogen die Röcke an sich, wenn sie an ihnen vorübergingen, um nicht etwa anzustreifen.

Doch ging auch die Rede, daß der Alte an Tagen, an denen er Zeit fände, die Dirnen zu hüten, den Galans seiner Töchter mit einem groben Bengel die Wege weise. So wurde erzählt, daß er den Fritze des Bürgermeisters, einen rechten Stutzer und Schürzenschnüffler, einmal mit den beiden in der Gerätekammer ertappt und dermaßen verdroschen hätte, daß der junge Herr vier Tage ächzend und mit linden Salben beschmiert im Bette habe liegen müssen. Andere wieder meinten, es seien nicht so sehr die Prügel des Alten gewesen, die eine Salbenkur notwendig gemacht hätten, sondern eine vornehme Krankheit, die sich der Fritze zugezogen, als er mit einer Aktrice in der Postkutsche gereist sei.

Sicherlich hatten wir nicht den geringsten Wunsch, mit dem unflätigen Hauer zusammenzustoßen, und dies um so weniger, als das Haus außerhalb unserer Gerichtsbarkeit lag und der gestrenge Erzbischof, zu dessen Besitz die Weingüter gehörten, große Stücke auf den Hauermeister hielt und sich nur freute, wenn er von seinen Stücklein vernahm.

So wollten wir uns unbemerkt dem Hause nach Art einer schleichenden Patrouille nähern, um vorerst zu wissen, wie es dorten stünde. Dabei war uns der Hund, der auf keine Weise wegzuschaffen war, hinderlich und störend. Denn in der Freude, mit mir sein zu können, sprang die Diana in großen Sätzen um uns herum, und wenn ich mich nicht allzeit um sie bekümmerte, machte sie durch lautes Bellen gegen mich auf sich aufmerksam, was den Thilo und nicht minder den Phöbus über alle Maßen ärgerte.

So kam es denn auch, daß unser Anmarsch gänzlich mißlang. Als wir dem Hause schon nahe waren und unsere Blicke auf die Fenster richteten, gab die Hündin Laut und lockte nicht nur die Mädchen, sondern auch den Alten, der alsbald erkannte, was für Marder seine Hennen beschlichen. Er nannte uns Hurenbuben und Taugenichtse, Tagdiebe, Landstürzer und Strauchritter und versprach, uns dermaßen mit ungebrannter Asche zu bedienen, daß unsere Lakaien und Nachttopfträger eine volle Woche mit uns zu schaffen haben würden.

So schlichen wir voll von Ärger und Wut den Berg hinunter. „Das nächste Mal probieren wir es ohne dich und das Hundsvieh, daß du es weißt, Melchior!“ sagte der Thilo.

„Einer, der nicht einmal so eine lausige vierbeinige Bestie zu meistern weiß, gehört in die Kinderstube“, setzte der Phöbus hinzu.

Ich antwortete nicht, aber in mir fraß die Wut.

Da sprang die Diana nach meiner Hand und faßte sie spielend mit den Zähnen, als wollte sie mich gutmachen. So tat sie immer, wenn ich mit ihr schalt oder auch sonst schlechter Laune war.

Da faßte mich der jähe Zorn, und ich bückte mich nach einem großen Stein. Der Hund mochte glauben, nun gehe es an das geliebte Spiel des Apportsuchens, und duckte sich, vor Freude wedelnd, zum Sprung.

Mit aller Kraft warf ich den schweren, kantigen Stein nach ihm und traf ihn mit dumpfem Laut in die Rippen.

Die Hündin stürzte, stieß einen heulenden, hohen Schrei aus und klagte dann in gellenden Tönen, unfähig, sich zu erheben, den jämmerlichen, entsetzten Blick auf mich geheftet.

„Krepier doch, du Aas!“ schrie ich und ließ die Hand sinken. Phöbus und Thilo, die schuld daran waren, wichen sogleich von mir zurück.

„Deines Vaters bester und parforce dressierter Hühnerhund –“, sagte Sassen, und der andere fügte bei, daß Roheit gegen ein nobles Tier eines Edelmannes unwürdig sei.

Die Hündin versuchte aufzustehen, brach nieder und kam wieder hoch. Gekrümmt und winselnd kroch sie auf mich zu, versuchte mit der roten Zunge meine Hand zu erreichen, um sie zu lecken.

„Komm!“ sagte Phöbus zu Thilo und ging mit ihm den Weg weiter, mit offenkundiger Verachtung von mir wegsehend.

Da setzte ich mich zwischen den Rebstöcken nieder und nahm den Kopf der Hündin in meinen Schoß. Aus ihrer feinen Nase floß Blut auf mein helles Gewand. Ihre Augen waren auf mich gerichtet, klagend, um Hilfe flehend. Ihr Leib zitterte, die Läuflein zuckten wie im Krampf.

Auf dem schwarzen Seidenhaar des schönen Kopfes hatte so oft Aglajas weiße Hand geruht.

„Diana!“ rief ich, „Diana!“

Sie zog die Lefzen von den weißen Zähnen. Sie lachte auf diese Weise. Noch einmal versuchte sie meine Hand zu lecken. Dann trat in ihre Augen ein grüner, glasiger Schein, der Leib streckte sich.

Ich streichelte sie in Todesangst, rief, lockte – – sie bewegte sich nicht mehr. Eine Blutblase stand regungslos vor der Nase. Kein Atem kam mehr – –

„Dieses Tier wird am Jüngsten Tage seine Klage vor Gott vorbringen, und Gott wird auch ihm sein Recht zukommen lassen, wie jeglicher Kreatur“, sprach eine tiefe Stimme. Ich sah mich um, mit verschleierten Augen.

Der alte Hauer stand neben mir, und die Sonne wob einen furchtbaren, goldenen Schein um sein schneeweißes Haupt.

Mein Vater war von der Jagd zurückgekommen und ging mit klingenden Sporen im Zimmer auf und ab. Der Boden knackte unter seinen Reiterstiefeln. Ich sah unverwandt seinen grünen Rock mit den Silbertressen an. Wenn er sich umdrehte, erblickte ich den straffgedrehten Zopf. Dieser Zopf war erbarmungslos, schwarz, steif, fühllos, ein Sinnbild seines Wesens.

„Lümmel, Bete!“ donnerte er abermals. „Du hast es gewagt, den Phöbus Merentheim vor dem Straßenpöbel, zum Gaudium des Gesindels von Handwerkern und sonstigen Kerls, ins Gesicht zu schlagen? He?“

„Er hat gesagt, meine Frau Mutter wäre vor ihrer Ehe des Herzogs von Stoll-Wessenburg Betthase gewesen“, stieß ich heraus und sah meinem Vater in die Augen.

„So etwas höret und vernimmt man nicht“, zischte mein Vater und wurde dunkelrot im Gesicht. „Und merke: Fürstliches Blut schändet nicht! Du wirst den Jungen Grafen Merentheim um Vergebung bitten, Bursche!“

Ich verstand ihn nicht. War dies sein Ernst?

„Antworte!“ schrie er.

„Nie“, sagte ich, „niemals nicht.“

„Verfluchter Hund! Cochon! So wird wiederum ein anderer des Herzogs Jägermeister, und ich kann mir das Maul wischen. Ich brauche die Fürsprache des alten Merentheim, du elender Bube. Verstehst du mich nun. Wirst du oder wirst du nicht?"

„Nein." Er hob die Hand, ließ sie aber wieder sinken. Schweren Schrittes verließ er das Zimmer. Am Nachmittag ließ er mich rufen.

Er saß in demselben Stuhle, in dem der Großvater gestorben war, und neben ihm auf dem Tische stand eine halbgeleerte Weinflasche. Das Zimmer war blau von Tabaksdampf.

„Da stell dich her", sagte er und zeigte vor sich hin. „Morgen schicke ich dich auf die hohe Schule, damit du mir aus den Augen kommst. Und damit du die Wahrheit weißt: Ob deine Frau Mutter einmal die Maitresse des hochseligen Herrn war, weiß ich nicht, aber jedenfalls hat sie mir dies Gut zugebracht. Ob du aus meinen Lenden herstammst oder aus denen Serenissimi oder ob dich nicht gar jener Windbeutel von Hofpoeten in einer von des Herzogs venezianischen Parknächten erzeugt hat, jener Skribler, den der Heist dann im Duell über den Haufen schoß, das weiß nur Gott. Fast möchte ich das letztere glauben, denn von einem echten und rechten Edelmann von altem Schrot und Korn hast du nichts in dir. Jetzt weißt du es, was der Merentheim dir hat wollen unter die Nase reiben. Das magst du in dir verarbeiten, wie du willst. Für Sentiments hab ich nichts übrig. Ein jeglich Ding ist so, wie es ist, und kann nichts abgetan werden. Die Gelder zu standesgemäßem Wandel wird dir der Jud Lewi allmonatlich ausantworten; ein Weiteres gibt es nun und nimmer. Gehst du durch Leichtsinn und Suff vor die Hunde, wie so mancher adelige Bursch, so haben ich oder Serenissimus oder der zur Strecke gebrachte Hofpoet einen Sohn gehabt. Schreibsudlerei kannst du dir sparen, wasmaßen ich Briefe und sonstiges geschriebenes oder gedrucktes Zeugs nicht lese, obschon ich es einmal gelernt habe. Kommst du mir als ein rechter Kavalier zurück, so will ich annehmen, daß du von meinem Samen bist. Und jetzt troll dich von hinnen!"

Ich wollte etwas sagen, aber das Wort erstarb mir auf den Lippen.

Langsam wandte ich mich um.

Ein Glas flog mir nach, zerschellte an der Wand.

Zornig schüttelte mein Vater die Faust nach mir, als ich mich noch einmal umsah, und in seinen Augen waren blutigrote Adern.

Unten stand der alte Stephan und murmelte:

„Glaub der Herr Junker kein Wort! Die Frau Mutter war eine Heilige und thront in Gottes Angesicht!“

Da fiel ich dem treuen Diener um den Hals und schrie weinend nach der Mutter, als könnte ich sie aus dem Grabe rufen.

Es war eine mühselige Fahrt.

Alle Viertelstunden mußten wir auf Geheiß des Schwagers aus der Postkutsche und schieben helfen und mit dem Kotmesser die Räder putzen. Die Gäule zitterten und schnoben, und ihre Flanken waren bedeckt mit Schaum. Und einmal schmissen wir um und mußten unsere Koffer und Felleisen wieder aufs Dach heben und verschnüren.

Mit mir fuhr einer, der war von Österreich, hieß Matthias Fink und schien ein fröhlicher Mensch von guten Sitten zu sein. Kleider und Wäsche deuteten auf einen Sohn aus anständigem Hause. Von Adel war er nicht.

Als wir der Stadt näher kamen, blieb der Wagen vor einer Herberge stehen, die „Zum Biersack“ genannt war. Wir sahen beiderseits zum Fenster hinaus und bemerkten, daß die Straße mit Stühlen, Bänken und einem langen Tisch abgesperrt war, an dem zechende Studiosen saßen, wild und verwegen anzusehen mit Schmierstiefeln, Pfundsporen, Federhüten und Raufdegen. Sie saßen ganz ruhig da, rauchten aus langen Kalkpfeifen, spreizten die Beine und schienen nicht willens zu sein, dem Postwagen die Heerstraße freizugeben. Ein zerstrobeltes halbwüchsiges Ding mit wippenden Brüsten unter dem Tuch lief zwischen diesem Tisch und dem schmutzigen Gasthof hin und her, vertauschte die leeren Zinnkrüge mit vollen und kreischte auf unter den derben Griffen der Gesellen, an denen sie vorüber mußte.

Der Schwager wandte sich schmunzelnd halb um und sagte:

„Beliebe es den Herren, auszusteigen und den Willkommen über sich ergehen zu lassen."

„Fahr zu!" trieb der Fink an. „Die Straße ist frei!"

„Was bellt da der Stinkfuchs?" grollte eine tiefe Baßstimme vom Tisch her. Der gerufen hatte, war unförmig dick wie ein Sechseimerfaß, und dreifach lag ihm das stoppelige Kinn auf der arg verschmierten Weste.

„Laß sein, Montanus", schrie ein Baumlanger mit blonden Haaren und einer scharfen, krummen Nase. „Sie werden mit der Zeit schon aus dem Bau kriechen."

Da wir sahen, daß hier mit Trutzen und Pochen nichts zu richten war, vielmehr die anderen Meister in solchen Dingen waren, kamen wir hervor, hatten aber doch soviel Verstand, dem Schwager zu befehlen, er möge unsere Reisehabe ins Städtle zum Gerber Nunnemann bringen, bei dem wir durch den Boten Logis bestellt hatten.

Kaum waren wir aus dem gelben Kasten gekrochen, als sie auch flugs den Tisch zur Seite schoben und den Schwager bedeuteten, die Rößlein in Trab zu setzen, was dieser sich kein zweites Mal sagen ließ. Uns aber nahmen je zwei unter die Arme und führten uns in das Innere des Hauses. Dort schoben sie uns über die Stiegen hinauf in ein langes, niedriges Zimmer. Auf dem von nassen Gläserkringeln bedeckten Tisch lag ein erdiger, gelber Totenschädel, der aussah, als hätten sie ihn eben aus dem Beinhaus gestohlen, auf zwei gekreuzten Degen. Zwei Talgkerzen in Porzellanleuchtern entzündeten sie alsbald, stellten uns an das schmale Ende des Tisches, sich selbst mit gezogenen Hüten um den Tisch herum, reichten einander übers Kreuz die Hände und sangen mit rauhen Stimmen:

„Festlich ward der Bund gesiegelt

Durch der Edlen Treueschwur,

Unsere Herzen sind entriegelt

Schlagen echter Freundschaft nur.

Dieser Degen soll durchbohren

Den, der Brüder läßt in Not.

Und, bei diesem Beingerippe!

Tausendfach sei er bedroht.“

Als das Lied zu Ende war, hob der Fink, der mich mehrmals verwundert angesehen, flugs zu sprechen an und sagte:

„Meine Herren, verzeiht, wenn wir gar zu gerne wissen möchten, in welche illustre Gesellschaft wir unversehens geraten sind?“

„Frecher Stinkfuchs“, grölte wieder die Bauchstimme des Fetten, den sie vorhin Montanus genannt hatten.

Sie hatten mittlerweile die Hüte wieder aufgesetzt, und da sah ich, daß ihre Federstutzen karmesin, gelb und blau waren, und der Blonde mit der Geiernase hatte zudem einen Fuchsschwanz aufgesteckt, der ihm ein wildes Aussehen gab. Auf des Fink Rede hin zog er seinen Schläger aus der Scheide und hieb damit so gewaltig auf den Tisch, daß es dröhnte und wir nicht schlecht erschraken.

„Silentium!“ schrie er.

Alles ward still.

„Als Muli seid ihr von Mutters Schürze hergekommen, und als Füchse und künftiger Nachtschreck der Philister habt ihr die heiligen Hallen des Amicisten-Ordens betreten, unmündig und übelriechend zwar, aber unserer Gnade teilhaftig. Wir wollen euch nicht der armseligen Institution der Landsmannschaften überlassen, die in der nächsten Herberge auf Chaisen und Postkutschen mit Heimatgewächsen lauern, und tun euch die Ehre an, euch gar nicht erst nach eurer obskuren Herkunft zu fragen. Wollet ihr allein und ohne vornehmes Komitat, als ein Spott aller rechten Burschen einziehen, oder soll euch der hohe Orden als Zugehörige feierlich einbegleiten?“

Der Fink und ich sahen uns an. Schon auf der Fahrt hatten wir uns entschlossen, einem der Bünde beizutreten, weil wir gar wohl wußten, daß der einzelne und Schutzlose seines Lebens nicht froh werden konnte vor Auf-die-Füße-getreten-, Vom-Gehsteig-gestoßen- und sonst Gerempeltwerden. Schließlich war es uns gleich, welche Bruderschaft uns aufnahm, und da es sich so fügte, war uns der Amicisten-Orden nicht uneben.

Wir nickten also und sagten, daß wir gerne dem hohen Orden würden beigezählt sein.

Ein heftiges Trampeln mit den Füßen erfolgte. Solcherart wurde der Beifall zu unserem Beschluß ausgedrückt.

„Omnes ad loca!“ rief der Lange. „Und ihr Füchse, bleibet nur stehen!“ Alle setzten sich nieder, und einer, etwa in unserem Alter, lief zur Türe und brüllte mit aller Lungenkraft:

„Cerevisiam!“

Sogleich hob ein Poltern und Rumpeln an. Zwei Schankburschen wälzten ein stattliches Faß herein, stellten es auf den Schragen und zapften es an. Das Mädchen mit dem unordentlichen Haar schleppte eine solche Zahl von Krügen in jeder Hand, daß man meinen mochte, sie habe zwanzig Finger. Sie wurden gefüllt und mit überquellendem Schaum vor jeden hingestellt.

„Hinaus, profanes Pack!“ schrie der Lange wieder und hieb mit dem Schläger auf die Tischplatte. Die Knechte und das Mägdlein trollten sich eilig von dannen.

„Her zu mir, Füchse!“ kommandierte er.

Man griff uns, unsanft genug, und brachte uns vor ihn an das andere Ende des Tisches.

„Legt eure Hände auf dieses Totenhaupt und die gekreuzten Klingen und schwöret!“

Wir gehorchten und sprachen ihm willig einen Schwur nach, in dem wir dem erlauchten und hohen Amicisten-Orden unverbrüchliche Treue bis in den Tod, seinen Angehörigen Bruderliebe und Hilfe aller Art, anderen Menschen gegenüber tiefste Verschwiegenheit gelobten. Hielten wir unseren Schwur nicht, so sollte unsere Brust vom scharfen Stahl durchstochen und unser Antlitz gleich dem des Kopfes werden, auf dessen beinerner Kuppel unsere Schwurfinger lagen.

„Ich bin der bayerische Haymon“, sagte der Lange. „Profan nennet man mich den Baron Johann Treidlsperg aus Landshut. Wie heißt aber ihr?“

Wir nannten unsere Namen, und einer schrieb sie in ein Büchlein, das in Karmesin, Gelb und Blau gebunden war.

„Neiget eure Köpfe!“ befahl der Hans.

Wir taten es.

Im nächsten Augenblick rann jedem von uns das stürzende Bier einer umgekippten Kanne über Gesicht Hals und Schultern. Als wir hustend und spuckend aufschauten, unter dem tosenden Gelächter von etwa fünfzehn Burschen, die in diesem Gemach waren, erhielten wir unsere Ordensnamen. Mich nannten sie „Mahomet" und den Fink „Nebukadnezar". Dann mußten wir uns rittlings auf die Stühle setzen. Die anderen ordneten sich hinter uns in langer Reihe, und vor uns ritt, mit den bespornten Beinen nachhelfend, der bayerische Haymon um den Tisch herum, indes alle ein Lied sangen:

„Es will der Fuchs zum Loch hinaus,

Da steht ein grüner Jäger draus.

Woher, wohin, du Füchslein jung.

Heut tust du gar den letzten Sprung.

Und tu ich meinen letzten Tanz,

So küß mich, Jäger, unterm Schwanz.

Der Jäger hat es nicht getan Und mußt' das Füchslein laufen la'n.

Juchhei, juchhei, juchheiraßa, Optima est cerevisia!"

Dann ging es an ein Umarmen und Küssen. Auf unsere Hüte, die den Amicisten zu neu waren und daher vielfach gebogen und getrillt wurden, steckten sie uns die dreifarbigen Stutze.

Wieder mußte der, den sie den „Portugieser" riefen, zur Türe und hinabschreien: „Coenam!"

Und mit großer Schnelligkeit kam eine große Holzplatte mit gebratenen Hühnern, ein Reis mit Rosinen und heißer Weinsauce, gebackene Fische mit grünem Salat und Dukatennudeln mit gezuckertem Branntwein. Nunmehr durfte das zerstrobelte Ding im Zimmer bleiben und hatte mit Knöchlein aufsammeln und Bierschenken Sprünge genug zu tun.

„Dieses lukullische Mahl ponieren Mahomet und Nebukadnezar dem erlauchten Orden", verkündete der Haymon und befahl uns zudem, eine volle Maß auf das Wohl der gesamten Bruderschaft zu saufen, ohne abzusetzen.

„Und daß ich nicht vergesse", rief er im Getümmel, „dem wackeren Postknecht, der euch so schön zum 'Biersack' herkutschierte, dediziert ihr jeder einen harten Taler!"

Über dem täglichen Schlaraffenleben und wüsten Tun vergaß ich in wenigen Monaten alles. Unser Lieblingsort war der „Gütige Kurfürst", wo sie das schwere Braunbier und den guten Mosel ausschenkten.

Der bayerische Haymon war schon aus dem ersten Rausch zur Nüchternheit zurückgekehrt und hatte die bespornten Stiefel auf den Tisch gespreizt, wo die Sterne der Sporen Löcher in das schmutzige Tischtuch rissen. Das Hemd stand ihm über der haarigen Brust offen, die Ärmel hatte er weit hinaufgekrempelt, aber den Hut mit dem Federstutz tat er nicht vom Kopfe.

Der Portugieser lag mit dem Kopf auf der Tischplatte und schnarchte. Der Fink oder Nebukadnezar saß vornübergebeugt auf einem Stuhl in der Ecke und spie den getrunkenen Wein wieder von sich, daß es im ganzen Zimmer sauer und übel stank. Der Herkules, ein schwaches Männlein aus Meißen, hatte eine Laus erwischt, ließ sie auf einem Teller umherkriechen und lachte über alle Maßen.

Der Montanus knöchelte mit mir. Er hatte erschreckliches Schwein. Wieder hieb er den Lederbecher auf den Tisch und glotzte mit wässerigen Augen den Wurf an: Fünf - drei - eins.

„Schwangerlieschen - Dreibein - Polyphem", brüllte er voller Freude. „Her mit dem Mammon!"

Ich hatte nur fünf im ganzen geworfen. Mit der breiten Hand strich er meine letzten zehn silbernen Groschen ein und klatschte sich dann auf das schweißnasse Hemd des Fettbauches vor Freude.

„Venus! Wo steckt die alte Sau?" schrie er dann gegen die Türe hin. Die alte Kellnerin kam. Sie trug an zwei Bändern, die über die Stirne liefen, eine hölzerne Nase im Gesicht und war grindig über und über. Wir nannten sie Venus. Wie sie mit ihrem rechten Namen hieß, wußte sie wohl selbst nicht mehr.

„Bring den Stiefel, den großen, mit Moselwein, Herzallerliebste!“ befahl der Montanus.

Der Fink kam zum Tisch. Er war weiß im Gesicht vom vielen Speien und roch aus dem Halse.

„Mußt auch mitunter fressen, Nebukadnezar –“, schnaufte der Montanus. „Du säufst nur allweil und frißest nichts. Da schwärt dir der Magen, Bruder, wie es dem Gideon seligen Angedenkens geschehen ist. All sein Blut ist ihm aus dem Maul gesprungen, und aus war es mit ihm.“

Der Fink rülpste und zeigte auf den Tisch.

„Ei, Bruder, sag, was bist du so zärtlich besorgt und hast doch dem armen Mahomet seine Muhmengröschlein abgejagt? Ponier was davon!“

Die Venus kam und stellte den großen Glasstiefel vor den Dicken hin. Er faßte drei volle Maß Wein. Der Montanus streichelte das Gefäß, ließ einen Ton hören, der unter dem Tisch hervorkam, und lachte dämpfig:

„Was ich mir tu kaufen - will ich auch saufen! Allein, Schätzbarster!“

„Saufst allein?“ Der Fink machte runde Augen. „Das glaub dir der dumme Teufel vom Dom zu Köllen.“

„Verwettest du deinen Degen mit der goldeingelegten Toledoklinge, so sauf ich den Stiefel in einem Zug und Hui!“ grölte der Dicke.

Der Fink wackelte auf den schlafenden Portugieser zu und gab dem Herkules einen Rippenstoß. Der bayerische Haymon kam näher und half den schnarchenden Portugieser wecken.

„Wach auf, tu auf deine Äuglein, Bruder Hosenvoll – sollst ein Saufrichter sein!“

Der Portugieser hob den Kopf, grunzte und fuhr mit allen zehn Fingern in sein krauses Haar.

„Ich hab Läus’ – verdammt!“ gähnte er.

Der Herkules brach in ein stilles Gelächter aus. Er wußte, woher das Ungeziefer in das Haar des Schlafenden gekrochen war.

Der bayerische Haymon ward zum Richter ernannt.

„Also los!“ lallte er.

„Hö – brr!“ fuchtelte der Fink mit den Händen dazwischen. „Die Mastsau hat nichts entgegen gewettet als ihr Saufen. Was legst du auf den Tisch, Wanst?“

Da zog der Montanus eine dicke Silberzwiebel aus der Tasche, an der hing ein kurzes Kettlein, feingegliedert, und am Kettlein eine geschliffene Kugel aus Karneolstein.

„Das da!“ sagte er.

„Los, los!“ schrien nun alle. „Sauf zu!“

Der Montanus stand trotz seiner Schwere augenblicklich auf. Der weiche, ungeheure Bauch hing ihm über den Bund der prallen Hosen.

„Bis zur Nagelprobe!“ wehrte sich der Fink, der in Angst um seine schöne Klinge war.

„Will bis an mein Ende gelbe Ochsenmilch saufen, wenn ein Tröpflein im Glase bleibt“, brüstete sich der Dicke und hob mit beiden Händen das Stiefelglas. „Und itzo Achtung!“

Weit öffnete er den Mund, legte die Unterlippe fest ans Glas und ließ den Wein mit hellem Glucksen in die Gurgel rinnen.

„Hölle, Pest und Hurenkind!“ fluchte der Fink. „Er macht’s, bei den Ohrwascheln des Teufels – er macht’s!“ Nur mehr ein Rest war im Glase, nicht der Rede wert. Aber dennoch zuviel.

Denn eh’ es hinunterlief, öffnete der Montanus wie in einem jähen Schreck weit die Augen, daß man die Blutäderlein im Weißen schwellen sah, und sein Gesicht ward dunkelblau.

Da fiel der Stiefel und brach in Stücke. Die Hände ließen ihn aus und griffen in die Luft. Ein Gurgeln kam aus dem offenstehenden Munde. Und dann fiel der dicke Montanus wie ein Sack zu Boden, so daß der Stuhl, den er mitriß, unter seines Leibes Last zerkrachte.

Der Haymon, der seit vielen Jahren die Medizin studierte und einiges davon verstand, kniete rasch bei ihm nieder, ließ eine Weile die Hand auf der Brust des Gefallenen ruhen, stand dann auf und ächzte: „Verreckt! Apoplexia! Ist schon zur Hölle gereist, unser dicker Gänsefresser. Fiducit!“

Der Schweiß stand ihm auf der Stirne. Mir ward übel.

Der Herkules aber beugte sich behende nieder, griff dem Toten in die Taschen, fand die Börse und schüttelte etliche Gröschlein und einen Mariendukaten auf den Tisch.

„Da hast du deinen Gewinn, Nebukadnezar“, sagte der Haymon und schob sogleich dem Fink die Silberzwiebel mit Kettlein und Stein hin. Dann warf er mir die Groschen zu und nickte:

„Greif zu! Er braucht's nimmer!“ Den Dukaten wog er in der flachen Hand und redete zum Erstickten:

„Herzbruder! Der Goldfuchs wird versoffen zu deinem Andenken!“

Aber der Tote gab keine Antwort, und so schüttelte ihn der Haymon ein wenig, daß der Bauch schwappte und wir den Wein im Magen kollern hörten.

„Er saget nicht nein!“

„Und jetzt rufe einer die Venus“, befahl der Haymon.

„Wär schade, wenn wir das Geld für die Manichäer hätten im Beutel gelassen. Der Jude soll selbst zusehen, wie er zu dem Seinen kommt, und bleibt also der Bär fest angebunden. – Steh nicht da, Mahomet, wie ein gestochenes Kalb, sondern ruf die Venus, daß sie Wein holt und den armen Montanus aufs Stroh in eine stille Kammer bringen läßt!“

Da ging ich in den dunklen Gang hinaus und rief mit zittriger Stimme nach der Venus.

Am Abend des Tages, an dem mir der Jude Lewi gesagt hatte, daß mein Vater kein Geld mehr schicke und mich nach so vielen Streichen meinem Schicksal nunmehr gänzlich überlasse, soff ich mich toll und voll.

Später kam der Portugieser und erzählte, daß der Phöbus Merentheim vor einigen Tagen angekommen sei und als Stubenbursche bei dem langen Heilsbronner-Grafen auf dem Gerbersteig wohne.

Da zog ich sogleich los und die ganze Corona mit mir.

Dem steinernen Roland am Rathaus setzten wir eine zersprungene Nachtkachel auf das Haupt, und auf die Mauer der schönen und tugendhaften Demoiselle Pfisterin, die uns stets den Rücken drehte, wenn wir schmachtend vorübergingen, auf die Mauer gerade unter ihrem Fenster zeichnete der Herkules mit Rötel ein zartes Hinterteil und schrieb mit großen schwarzen Buchstaben darunter:

Alle Küßgens, die ich sandte,

Trafen Ihn, du ganz Charmante!

Dann gingen wir unter vielem Hussah und Halloh über den Stadtbrunnen her und trieben in seine vier kupfernen Drachenröhren Holzkeile, so daß das Wasser oben unter den Füßen des heiligen Florian zu sprudeln begann. Dem Bürgermeister aber hofierten wir alle fünf auf die oberste Stufe der Freitreppe und steckten in jeden Haufen eine Gockelschwanzfeder, dieweil es hieß, daß die Frau Bürgermeisterin in puncto puncti unzufrieden sei mit ihm.

Bald aber fiel mir wieder der Phöbus mit seinem hochnasigen Reissuppengesicht ein, und ich drängte zum Gerbersteig.

„Kotz, Mahomet – er rennt dir ja nicht von dannen!“ hielt mich der Haymon zurück. „Sollst heute noch seines Blutes saufen!“

Denn sie hatten noch etwas mit dem Pranger vor. Wie wir auf den Gänsemarkt kamen, zog auch schon der Portugieser ein vorbereitetes Blatt hervor, einen Hammer und Nägel, und derweil wir Wacht hielten, schlug er das Papier an die Schandsäule, so daß es im Morgenlicht jedermann lesen und unsere Peiniger und Feinde recht erkennen konnte:

„Schmule Lewi, ein Jüd und Blutsauger,

Abraham Isaaksohn, desgleichen,

Liborius Schmalebank, nennet sich einen Christen,

Gotthelf Titzke, geht alle Sonntage zum Gottesdienst,

Simche aus Speyer, nimmt hundert Perzentcher.“

Wir zogen wieder weiter, und in der finstern Schmiedgasse schrien wir überlaut: „Mordio! Feurio! So helfet doch!“ bis alle Fenster hell wurden und die verschlafenen Stadtsoldaten getrampelt kamen. Unterdessen waren wir lange schon auf dem Wege zum Gerbersteig.

„Es ist, wie ich dir sage“, raunte der Portugieser, „der Merentheim wohnt auf einer Stube mit dem Heilsbronner Grafen und ist bei der Ansbacher Landsmannschaft.“

„Hat dir nicht der Heilsbronner die rote Jule ausgespannt, Portugieser?“ neckte der Galenus.

„Halt’s Maul, oder ich lasse all mein Wasser gegen dich, daß du kläglich ersaufen mußt“, knurrte der Portugieser zornig. „Solche wie dich habe ich schon fünfzehn mit zwei Fingern von meinem Schläger gewischt.“

„Gebt Frieden!“ mahnte der Fink. „Sonst kommen eure lästerlichen Reden vor den Konvent. – Gebt lieber acht, wie das Phöbuslein sein Bettlinnen bekacken wird vor Angst!“

Da trat ich denn vor, gerade vor das Fenster, das mir der Portugieser gewiesen hatte, zog die Plempe und begann flugs auf dem Pflaster zu wetzen, wobei ich aus vollem Halse schrie: „Merentheim! Hundsfott! Komm heraus und stell dich! Pereat!“

Da ging das Fenster auf, und ein splitternackter Kerl sah heraus.

„Pereat!“ schrie ich. „Pereat der Phöbus Merentheim!“

„Kamel!“ schallte es von oben herunter. „Was zum Donnerwetter geht mich dein Merentheim an, der heute um Glock zwei zu seiner Sippschaft da herum über Land gefahren ist?!“

„Daß du nur nicht erstickst an deiner ausgestunkenen Lüge!“ rief ich dawider.

Der oben lachte:

„Sollst deinen Teil redlich bekommen, Brüderlein! Mußt nur gedulden, Hans Ohnbekannt, bis ich in mein Hemde geschloffen bin und den Degen zu Handen habe!“

Und er schmiß das Fenster zu, daß die gläsernen Scherben herniederregneten.

Dann aber sahen wir ein Lichtlein im Zimmer irren, bis es wieder finster ward. Wir hörten Schritte im Flur tappen, ein Schlüssel drehte sich im Schloß, und in der Türe erschien der lange Heilsbronner-Graf in Hemd, Hosen und Pantoffeln, einen langen Raufdegen unter dem Arm und den Hut mit dem scharlachenen und weißen Federstutz der Ansbacher auf dem Kopf. Der Mond kam gerade hinter den Wolken hervor, und es war licht genug, um das wilde, blatternarbige Gesicht des alten Renommisten zu sehen.

„Alles mit der Manier, Herr Bruder!“ mischte sich der bayerische Haymon ein, als wir rasch die Klingen zücken wollten. „Du, Portugieser, sekundierst dem Ansbacher Herrn und ich dem Mahomet! Legt euch aus! Los!“

Ich stieß behende zu, traf ihn aber nicht. Er parierte blitzschnell und war in allen Finten zu Hause. Ich stieß eine verkehrte Quart, da unterfuhr er mich und schlitzte mir brennend den Oberarm. Rasch fiel ich aus und traf Hartes, glitt ab und stach ihn tief in die Brust. Der Degen fiel ihm rasselnd aus der Hand.

„Halt da!“ brüllte sogleich der Portugieser und hielt mir seine Klinge vor.

„Das sitzt“, gurgelte der Heilsbronner. „Ein Lungenfuchser.“ Sein zerfressenes Gesicht sah grün aus im Mondlicht. „Zu Bett – bringt mich, Herr Bruder – zu –“

Er fiel dem Haymon in die Arme, spie etlichen blutigen Schaum aus und verdrehte die Augen. In seinem Hemd war ein dunkler Flecken, der griff um sich wie verschüttete Tinte auf einem schlechten Papier.

„Bei allen Sakramenten, helft mir den Menschen halten“, keuchte der bayerische Haymon. „Er macht sich schwer als wie –“ Wir sprangen hin und griffen zu.

„Beim Einschlafen ist’s mir fürgegangen“, wisperte der Ansbacher und blies wieder Blut aus, „der Rosenkranz ober meinem Bett hat von selbsten hin und her getan –. Hätt’ ich nur meinen schweren Rausch gehabt, ihr hättet mögen lang wetzen und Pereat schreien –“

Und gellend: „Es zerdruckt – einer – mein – Herze –“

Wir ließen ihn auf den Boden nieder. Der Schweiß brach mir aus.

„Der ist hin“, rief der Portugieser, „macht, daß ihr Fersengeld gebt. Es tun sich schon die Fenster auf –“

Von oben schrien sie.

„Verdammte Buben und Gassenläufer! Wird nicht bald Ruhe sein da drunten?“

„Ich will ihnen die Schinken mit Hasenschrot salzen“, fuhr es grob darein.

Wir horten viele Füße trappeln, näher kommen. Die Wache lief herzu.

„Einer rührt sich nimmer. – Wache! Wache! Mordio!“ zeterte ein Weibsbild.

Wir rannten, was wir konnten, Ein Springstock flog mir zwischen die Füße, so daß ich bald zu Fall gekommen wäre. Der Haymon blieb neben mir, die andern waren davon. Den Portugieser hatten wir schreien gehört. Er war über einen Zaun gesprungen und tief in ein eingegrabenes Jauchefaß gesunken. Den hatten sie allbereits.

„Bruder!“ Der bayerische Haymon atmete rasch von dem weiten Rennen und lehnte luftschnappend an einer alten Mauer. „Deines Bleibens ist hier nicht mehr. Den Portugieser kenn ich. Sie werden ihn arg bedräuen, und er wird pfeifen. Und nachts holen sie dich aus dem Bett. Nimm meinen Rat, Bruder, warst immer ein treuer Kamerad und ist schad um dich, daß wir dich in den Sauf und Rauforden gezwungen: In Distelsbruck sind Werber des Königs von Preußen, lassen trompeten und geigen und Wein rinnen, dazu Goldfüchse auf den Tisch prasseln.“

„Soldat – meinst du? –“, fragte ich beklommen.

„Willst morgen ausgehoben sein und im Turm auf dem Wanzenstroh liegen? Weißt ja, daß bei Rektor und Senat keine Hilfe ist, wenn der andre hat müssen ins Gras beißen. Hättest du deine Mutterpfennige noch - aber so! Bleibt kein anderes, Kamerad, als hinter dem Kalbsfell laufen. Dort bist du sicher, als wärest du in Abrahams Schoß.“

Mir ward angst und bang, und bittere Reue über meine Jugendjahre erfaßte mich, die ich so schnöde vertan hatte.

„Tu nicht lang herum“, drängte der Haymon. „Ich mein’ es ehrlich. Und wenn das mit dem Ansbacher nicht geschehen wär, wie lange hättest du noch das Burschenspiel mit Federstutz und Schläger mögen betreiben? Es gibt eines, heißt ultima ratio, und itzo ist's an dem. Da hilft kein Drehen und Wenden noch Ränkeschmieden. Kannst vor Tag und Tau in Distelsbruck sein. Hörst schon bei der Brücke das Getöse im ‚Lustigen Bombardier'. Und nun, alter Schwed, behüt dich Gott, und auf daß uns das Leben noch einmal zusammenbringe." Er küßte mich rasch auf beide Wangen und wandte sich um.

„Da hast meinen Degen, und da – schneid' dir die vier Silberknöpfe ab, die noch an meinem Gottfried hangen", sagte ich.

Aber der Haymon schüttelte nur stumm den Kopf und verschwand in den Schatten.

Langsam ging ich die Straße nach Distelsbruck zu.

Den karmesin-gelb-blauen Federstutz riß ich vom Hut und warf ihn in den nächsten Bach

Und ging weiter.

Sterbensübel war mir von dem ungarischen Wein, Tabakrauch und Lärmen, drei Tage hindurch. Immer, wenn der Pauker auf die Becken schlug, fuhr es wie ein schmerzhafter Blitz durch mein verwüstetes Hirn.

„O Bärbele mein –!" heulte einer der gefangenen Vögel auf, mit denen ich am Tische saß.

„Ja und was wird der Herr Vater sagen?" höhnte ihn der Husar, der uns bewachte, damit keiner entlaufen konnte, der Handgeld genommen und auf Friderici Wohl getrunken hatte. Der Bursch plärrte noch lauter. Da hielten sie ihm ein Glas Wein an den Mund und kippten es. So mußte er nolens volens schlucken, wollte er sich nicht ganz verkutzen oder gar ersticken. Und dann ward er still.

„Und du?" wandte sich der Schnauzbart an mich. „Hast was ausgefressen, daß du den Werbern ins Garn gestiegen bist? Einer von den Dummen deuchst du mir nicht zu sein."

Der Wachtmeister trat zu uns, behängt mit goldenen Fangschnüren und aufgeputzt mit Tressen und Knöpfen, damit ihm die armen Bauernbengel leichter zuliefen.

„Das ist der Beste von allen“, sagte er zu dem Reiter und zeigte auf mich. „Gut sind nur die, die von selber kommen. Für den Rock mit den Blutspritzern, Kerl, bekommst einen neuen von Seiner Majestät!“

Und im rosenroten Schein des heraufziehenden Tages sah ich mit Grauen, daß mein rechter Ärmel viele dunkle Flecken zeigte, Flecken vom Blut aus des Heilsbronners Todeswunde. Dafür war ich nun grausam verkauft. Ich sah mich um wie einer, der in wilden Wassern am Ersaufen ist und nach Rettung ausschaut.

Aber da war keine Hilfe.

Rundum Soldaten mit kaltem Blick und am Tisch die armen Schelme, die gestern und vorgestern mit den Dirnen im Tanz gesprungen waren und mit Talern geworfen, geschlemmt und gejauchzt und vom lustigen Soldatenleben geschwätzt hatten, das nunmehr seinen Anfang nehme. In der Tür und vor dem Fenster stand je ein Husar mit geladenem Karabiner, und mußte einer seiner Notdurft folgen, ging so einer im roten Affenrock mit Säbel und Sattelpistole hinterdrein.

In dem elenden Zimmer roch es muffig von verschüttetem Wein, und aus den Lachen, die der und jener in den Ecken hatte aus seinem Brunnen rinnen lassen, stieg ein Dunst auf, der in die Augen biß.

„Aufgehört mit dem Dudeln und Pfeifen!“ schrie da plötzlich der Wachtmeister. Die Musik schwieg, und die müden Musikanten schnauften auf; sie gingen daran, das Geld zu teilen, das auf dem Tisch vor ihnen in ganzen Haufen lag. Der Wachtmeister knöpfte und knotete bedächtig die goldenen Klunker und Fangschnüre vom Dolman, wickelte sie sorgsam für ein andermal in Papier und schrie dann in den Saal: „Auf, Burschen, auf! Allerweile geht’s weiter!“

„Wohin?“ schrie ein Vorwitziger mit käsblassem Gesicht.

„Wohin? Dorthin, wo man für dich ein Loch in den Sand buddelt und drei Schuß darüber tut, Rotznase!“ lachte der Wachtmeister.

„Wer noch Wein im Glase hat, stürz’ ihn hinunter, der Wagen wird eingespannt, meine Vöglein!“

So trieb er uns hinaus. Unser achte waren wir auf dem Leiterwagen. Auf dem Bock saß ein Husar und zwei hinter uns. Die anderen trabten nebenher. Die Mähren zogen an. Aus den Häusern traten die Leute und sprachen leise miteinander. Eine alte Frau weinte bitterlich, als sie den Seelenverkäufer mit seinen Leuten davonfahren sah.

„O du lieb's Herrgöttle!" jammerte einer auf. „O Mutter, Mutter! Lasset mich doch frei –"

Da trabte der Wachtmeister heran und schrie:

„Maulhalten, verdammter Kerl!"

„Gnaden, Herr Obrist!" schrie der arme Tropf. „Lasset mich um Christi Blut für diesmal frei und ledig! Mich reut es gar zu sehr!"

„Hast schon den Sitzfleck naß, Bauernluder?" spottete der vom Pferd herunter. „Schau dir den Studiosen an, neben deiner, der zwillt nicht wie ein Mägdlein beim ersten Mal. Jetzt laß nach mit deinem Rotzen und Flennen!"

Der Bursch hob die Hände auf und winselte:

„Habet ein Einsehen! Ich kann es nun und nimmer aushalten, das harte Soldatenleben –"

Da trieb der Unteroffizier das Roß ganz nahe hin, daß uns der weiße Schaum vom Gebiß auf die Röcke flog, und brüllte mit abscheulicher Stimme:

„Bauernsau, dreckige! Soll ich dich gleich da auf der Stelle abschwarten, oder soll ich dich dorten, wo wir bald sein werden, fuchteln lassen, daß du die Hosen nicht mehr vom offenen Fleisch abziehen kannst, du Scheißkerl, du Rekrutenarsch!"

Da ließ der Bursch den Kopf hängen und schwieg.

Wir kamen zum Dorf hinaus, die Kinder liefen uns noch eine Weile nach. Aber sie schrien nicht, wie Kinder es sonst bei jedem Spektakel tun. Sie blieben bei den zwei Linden am Bildstock stehen und blickten mit großen Augen hinter uns drein.

Bei den Linden aber saß einer und sah mich an, mit ebensolchen Augen – voller Mitleid und reiner Güte.

Es war ein Mann in einer rotbraunen Kutte, mit einer Schnur gelber Perlen um Hals und Brust. Unter dem schwarzen Tuch um seinen Kopf war ein Gesicht von unbeschreiblicher Milde und Schönheit.

Es war der Mann, der mir in der Kirche entgegengeschritten war, als sie die Klage um Jerusalem sangen.

Der Ewli, der Mann aus dem Morgenlande.

Ich sprang von meinem Sitze auf und breitete die Arme aus nach ihm. Aber ich sah ihn plötzlich nicht mehr. Nur der graue verwitterte Stein des Bildstockes war zwischen den alten Bäumen.

„Was treibst du, Gesell? Willst du uns ausreißen?" schrie der Wachtmeister.

Ich setzte mich nieder auf das schütternde und stoßende Brett, und trotz allen Elends war mir auf einmal leicht und froh zumute, als könne mir nichts Ernstliches geschehen in alle Ewigkeit.

Es war tausendmal und abertausendmal schlimmer, als ich je gedacht, und ich wußte nun, wie man mit dem gemeinen Manne verfährt. Freilich, es waren schlimme Burschen unter meinen Kameraden –.

Ich war der Musketier Melchior Dronte. Meinen Adel verschwieg ich, um nicht noch Hohn als Pfeffer zum bitteren Mahl zu bekommen.

Die Schultern taten mir weh von den groben Hieben mit dem Korporalstock, der beim Exerzieren auf uns allen tanzte, mein linkes Auge war verschwollen, weil mich der Leutnant mit der Reitpeitsche geschlagen, meine Hände waren schrundig und aufgerissen vom Gewehrschloß, und unter dem Nagel des rechten Daumens quoll der Eiter hervor, wenn ich etwas angriff. Am ganzen Körper juckte und fraß Ungeziefer. Mein Leib war müde zum Sterben.

So konnte ich an diesem Morgen, als die Trommeln gingen, kaum auf. Zweimal versuchte ich es, mich zu heben, und zweimal fiel ich zurück. Der Stubenälteste goß mir einen Eimer mit eiskaltem Schmutzwasser über den Leib und riß mich an den Beinen aus dem Bett.

Die alten Soldaten waren tausendmal roher als alle Offiziere und Unteroffiziere.

Einem, der in tiefem Schlafe verblieb, klebten sie Pech auf die große Zehe und zündeten es an. Es gab ein großes Gelächter, als der arme Teufel, vor Schrecken halb verrückt, heulend und schreiend in der Schlafstube herumfuhr.

Rasch wuschen sie sich am Brunnen, zerknickten Läuse, die ihnen zwischen die krauenden Finger gerieten, und tranken ihr halbes Nösel Branntwein, den die Marketenderin ausschenkte, zum schwarzen Brot. Die Zöpfe wurden zusammengedreht, daß der Hinterkopf schmerzte, die Gamaschen geknöpft.

Als wir im Glied auf dem Hofe standen, wurden von Mann zu Mann die Haselstecken verteilt. Sie waren die lange Nacht im Brunnenwasser gelegen und pfiffen giftig, wenn man sie durch die Luft hieb.

Das Bataillon stand in zwei Gliedern.

„Erstes Glied – zwei Schritte vor! Marschieret! Halt! – Kehrt euch!"

Zwei lange, endlos lange Reihen standen Gesicht gegen Gesicht.

Der Profos brachte den Deserteur. Der war von meiner Stube.

Es war ein langer, noch sehr junger Bursch mit eingefallenen Wangen. Er hatte außer Hosen, Gamaschen und Schuhen nur das Kommißhemd an. Er zitterte vor Frost und Angst. Kregel hieß er mit Namen.

Alle Stöcke standen steil in die Luft. Zwei Unteroffiziere gingen in unserem Rücken, um zu schauen, wer etwa lässig wäre beim Zuschlagen.

Die Trommeln huben an zu poltern, und der Mensch ward in die Gasse gestoßen. Er lief. Die Stöcke pfiffen, klatschten auf ihn nieder, die Fetzen flogen von Hemd und Haut. Er schrie etwas, was man nicht verstand. Ich traf ihn auf den Nacken, sah rohes Fleisch spritzen. Aber er war doch durch, und draußen fiel er auf alle viere nieder. Sie packten ihn und rissen ihn auf. Er stöhnte.

„Vorwärts!" schrie der Profos.

Die Augen des Deserteurs traten glotzend aus ihren Höhlen, Speichel rann aus dem offenen Munde. Die Lippen waren zerbissen. Er lief wieder. Die Stöcke trafen schmatzend, Blut rann, Brocken flogen. Der

Mensch hüpfte, bückte sich im Laufen, jammerte hoch wie ein Hund, streckte die zerschlagenen und verschwollenen Hände vor, zog sie aufschreiend zurück, wenn ein Hieb die Knöchel traf, und fiel am Ende der Doppelreihe wie ein Sack in sich zusammen. Er lag regungslos, grau im Gesicht. Man sah das Herz tobend schlagen unter der verstriemten Haut; unter dem Rücken, auf dem er lag, bildete sich eine dunkle Lache.

Der Feldscher kam, legte einen Atemzug lang die Hand auf die Rippen des Liegenden, winkte dann zwei Soldaten und hieß sie, den Ohnmächtigen umdrehen. Dann zog er eine Flasche mit Weingeist aus seinem Kasten und goß davon auf den zerrissenen Rücken.

Mit einem schneidenden Wehgeschrei kam der Gassenläufer zu sich.

„Nu piept er ja wieder!" sagte mein Nebenmann Wetzlaff. „Man immer feste druff mit die Palmwedel!"

Man hob den sinnlos Lallenden auf und stieß ihn trotz seines irrsinnigen Sträubens zum dritten und letzten Mal in die Gasse.

Aber diesmal kam er nicht weit. Nach einem Drittel Weges fiel er nieder, und so sehr seine Kameraden, selbst von hinten durch Stockprügel angefeuert, auf ihn einschlugen, er rührte sich nicht mehr.

„Nu is et alle mit ihm!" sagte einer, und die Stöcke senkten sich.

Aber auf einmal sprang der Gestürzte auf und schoß wie ein Pfeil durch die Gasse. Ein paar Hiebe trafen, die anderen gingen daneben. Wütend schlugen die Korporale auf die ein, die sich hatten anführen lassen.

„So 'n falscher Hund – so 'ne abjefeimte Kanaille!" schimpften sie.

Draußen vor der Gasse stand der Läufer still und lächelte trotz seiner Schmerzen.

Von oben kam ein eigentümlich kichernder Laut. Wir sahen auf. An den Fenstern der Offiziersquartiere standen einige geputzte Damen, hielten Taschentücher vor den Mund und wollten sich totlachen.

„Plum – plum – berum!" mahnten die Trommeln zum Einrücken.

In der Wachstube brannte eine Ölfunzel. Die Wand war dicht gefleckt von zerquetschten Wanzen. Die Branntweinflaschen waren leer, der Tabakrauch zog in blauen Schwaden unter der rußigen Decke. Es war schon lange Retraite geblasen, aber keiner streckte sich auf die Pritsche.

„Wenn sie nur kommt, Kinner!“ sagte der Gefreite Hahnfuß, „aber so Bestjen sind schläuer als schlau!“

Aber er hatte noch nicht ausgeredet, als die Türe aufging und der Wetzlaff mit dem Mädchen eintrat.

Der Unteroffizier nickte, sah das Ding mit einem halben Blick an und ging dann wie zufällig rasch aus der Wachstube. Hinter ihm wurde sogleich die Tür verriegelt und versperrt.

Die Soldaten-Katharine stand nun allein unter den vielen Männern mitten in der Stube und sah von einem zum andern. Ihr freches Lächeln wurde ängstlich und scheu. Ihre Haube war zerknittert, der gestreifte Zitzrock fleckig, die Absätze an den Schuhen waren arg vertreten. Sie kratzte sich an der Hüfte. Als aber alle weiterhin schwiegen, bekam sie Furcht und machte eine Bewegung, als wollte sie entlaufen. Dann warf sie einen irren Blick auf die verschlossene Türe und sagte mit einem Schlucken im Halse: „Nanu – ihr wollt mir nich mehr rauslassen, Jungens?“

„Det is so, Mächen“, sagte der Gefreite und legte den brennenden Schwamm auf seine Pfeife. „Daß du uns hast nämlich anjelogen. Hast de nich?“

„I bewahre“, sagte sie. „Wat soll denn dat? Wat soll ick den jelogen ham?“

„Wir haben dir woll mal jefragt, wie daß det mit deine innerliche Jesundheit is, Mächen – nich wahr? Denn sonst – nich in die Hand! Un nu sieh dich mal Beveroven an! – Komm hier zu mich her, Beverov!“

Einer von der Wache trat vor. Der Gefreite öffnete ihm Rock, Weste und Hemd.

Die Brust des Mannes war mit garstigen roten Flecken besät.

„Weeste, wat det is, Kathrinchen?“ fragte der Gefreite tückisch. „Det sin – echte Franzosen sin det!“

Im Gesicht des Mädchens wechselten Schreck, Furcht und Wut.

„Von mich? Von mich?“ kreischte sie und stemmte die Hände in die Hüften. „Ihr Lausepack, ihr Kaldaunenfresser - heite noch jeh ick beim Herrn Unteroffizier – woll’n wa mal sehn, ob –“

„Et is jenuch!“ herrschte der Gefreite sie an und schlug sie im selben Augenblick mit dem Handrücken so derb auf den Mund, daß sie aufschrie.

Aber dann schwieg sie. Ein Blutstropfen stand auf ihrer Unterlippe.

„Runter mit de Kleedasche!“

Sie schrie, pfiff wie eine Ratte, stieß mit den Füßen und biß. Aber es half ihr nichts gegen die groben Fäuste, die sie von allen Seiten wütend anfielen. In wenigen Augenblicken stand sie in der armseligen Nacktheit ihres verbrauchten Körpers, sich windend unter den harten Händen, die ihre Handgelenke und Arme hielten.

„Lampe ‘ran!“

Der Gefreite leuchtete mit der Ölfunzel an ihr herum. Ein heißer Tropfen fiel auf ihre Haut, so daß sie aufschrie.

„Nur keene Bange nich – jebraten sollst de nich werden!“ beruhigte er sie. „Da seht mal, Kameraden –!“

Und er zeigte mit dem Finger auf viele weiße Flecken, die sich von der bräunlichen Haut des Halsansatzes und der Schultern deutlich abhoben.

„Willste nu noch leugnen, daß de französisch bist, verseucht und verjiftet, du Schlumpe, du?“

Sie antwortete nicht. Aber dann hob sie den Kopf und spie dem Gefreiten ihren rötlich gefärbten Speichel mitten ins Gesicht.

„Na warte, du Mensch!“ sagte der ruhig und wischte sich mit dem Ärmel das Gesicht. „Wat meent ihr, Kameraden? Ick bin nu mal für’s Ferdchenspiel.“

„Man los!“ schrien alle. „Ferdchenspiel!“

„Een Schimmel biste von Jeburt aus“, fuhr der Gefreite fort und blies ihr den beizenden Rauch seiner schmurgelnden Pfeife ins Gesicht. „Wat willste nu sein? Een Fuchs – wat?“

„Verdammte Schweinigel!“ fauchte sie und krümmte sich, nach den haltenden Händen schnappend. „Raus will ick! Laßt mir raus! Laßt mir raus!“

„Rappe is meine Lieblingskulör!“ rief der Gefreite in das Getümmel. „Her mit die Stiebelwichse –!“

Unter brüllendem Gelächter, in dem die überschnappende Stimme des verzweifelten Geschöpfes unterging, spuckten sie in die Wichsschachteln, tauchten die groben Bürsten ein und gingen auf sie los.

Ich hatte bisher wie in halber Betäubung auf einer Pritsche gesessen und dem mir unbegreiflichen Geschehnis zugesehen. Nun aber faßten mich Abscheu, Entsetzen und qualvolles Mitleid mit dem jämmerlichen, zernichteten Geschöpf. Ich sah, wie sie nach ihr griffen, hörte das irrsinnige Kreischen und Aufschreien der Gemarterten, die sie an den Haaren zu sich her rissen und die sie mit den plumpen Schuhen auf die nackten Füße traten. Sie wand sich wie ein Aal, schrie quiekend auf, als einer mit der Peitsche in der Hand sich näherte, winselte um Erbarmen und stieß in einem Atem die abscheulichsten Flüche aus.

„Was wollt ihr mit dem Frauenzimmer?!“ schrie ich den Wetzlaff an und hielt ihn am Ärmel fest.

„Nu wird se mal erst blank jewichst“, grinste der an meinem Ohr. „Und denn muß se an de lange Leine loofen, bis se nich mehr kann. Det is unser Ferdchenspiel, Junge!“

Ein schriller Schrei fuhr auf. Der Gefreite hatte sie von hinten gepackt und hielt sie fest, wie sehr sie sich auch sträubte.

„Immer ran, Kameraden!“ ermunterte er die andern.

Da sprang ich hin, riß seine Hände von ihrem zitternden Leib und stellte mich breit vor sie.

„Laßt sie!“ rief ich laut. „Laßt ab von ihr!“

„Oho!“ brüllte es mir entgegen. „Sieh mal Dronten!“

Mit geballten Fäusten und wütend verzerrtem Gesicht trat Wetzlaff auf mich zu.

Ich sah ihn fest und ruhig an.

Sein zorniges Auge irrte von meinem ab, seine geballten Fäuste öffneten sich.

Die andern verstummten, sahen mich wie erstaunt an.

„Kameraden“, sagte ich, „habt Erbarmen. Sie ist nicht schuldig. Und sie ist ebenso arm und verlassen wie wir alle!“

Keiner antwortete.

Ich ging zur Türe, ohne daß mich einer gehindert hätte, und öffnete sie. Dann bückte ich mich, hob die Lumpen der Dirne auf und gab sie ihr.

„Geh, Kath`rine!“ Ich hörte mich sprechen, so still war es rundum.

Sie starrte mich mit großen Augen an, bückte sich, als wollte sie meine Hand küssen, lachte dann heiser auf und war mit einem Sprung draußen. Wir hörten sie auf nackten Sohlen den steingepflasterten Hof entlanglaufen.

Niemand sagte etwas.

Langsam stellten die Leute Schachteln und Bürsten auf die bestimmten Plätze. Einer gähnte laut.

Dann lachte der Wetzlaff seltsam auf, stellte sich vor mich hin, wiegte den Kopf her und hin und sah mich durchdringend an.

„Et is so“, knurrte er. „Der Dronte hat es im Blicke – Er hat die Jewalt im Blicke.“ Keiner bemerkte etwas dazu.

Schweigend streckten sie sich auf die harten Pritschen, um noch etwas zu schlafen, bevor die Ronde kam.

Seit einer Woche fehlte der Kregel, und niemand wußte mehr, als daß er einen Brief von zu Hause bekommen, über den er sich sichtlich gekränkt und aufgeregt hatte. Er war einer von den verlassenen Deutschen, die im gestohlenen Land leben, aus der Gegend von Kolmar.

Eines Tages kam ein königlicher Förster zum Obersten und meldete, Kinder hätten einen Soldaten im Baum hängen sehen. Sie seien aber vor

Schreck sogleich davongerannt und wüßten nun den Ort nicht mehr anzusagen. Und so meine er, man solle von einer oder zwei Kompanien das Holz abstreifen lassen, damit der Tote in die Erde käme.

So gingen wir den Kregel suchen und streiften durch den großen Föhrenwald. Beim Schliefen durch die Dickungen und Stangenhölzer geschah es mir, daß ich ganz von den anderen abkam und auch auf das in solchem Falle anbefohlene Rufen keine Antwort erhielt.

Als ich so allein mit mir war, mußte ich an den Kregel denken, der nun von aller Marter und Pein erlöst war. Wie, war es nicht am gescheitesten, dieses Hundeleben von sich zu tun? Ich dachte daran, wie mich gestern ein achtzehnjähriger Lausejunge, der Junker von Denwitz, mit dem Degen, in dessen Spitze Blei eingelassen war, gefuchtelt hatte, weil auf meinem Rockschoß ein Kreidefleck vom Putzen des Weißzeugs war; wie uns die Korporale prügelten nach Herzenslust; wie elend das Essen war, das man uns wie Säuen in großen Blechkübeln auftrug; wie das Brot knirschte vor Sand, wenn man es schnitt. Das alles wäre zu ertragen gewesen. Aber daß gar keine Hoffnung sich zeigte, wie und wann es je besser werden konnte, daß ein Tag um den anderen mit Flüchen und Kummer beladen niederging, um einen anderen, ebenso grausigen, aufsteigen zu lassen, das war das Schlimme. Denn irgendeine Hoffnung muß der Mensch haben, soll er nicht verdorren und verwelken.

In dieser harten Schule, in die Gottes Hand mich gestoßen hatte, lernte ich mich aber bezwingen. Ich verzog keine Miene, wenn mir vom brennenden Mitleid mir ungerecht Mißhandelten die Brust weh tat, und ich schwieg zu den niedrigsten Schimpfworten, mit denen ich von jedem, der durch eine Litze oder feineres Tuch erhöht war, bedacht wurde. Vielleicht war es eine Strafe, die mir zuteil geworden war. Aber dann konnte es bei einer ewigen Gerechtigkeit nicht wohl möglich sein, daß weit Schlimmere als ich in Freuden und Herrlichkeit dahinlebten bis an ihr Ende. Wozu also fiel diese Bürde von Leiden auf mich? Welchen Zweck konnten höhere Mächte, wenn es solche gab, mit mir verfolgen, indem sie Lasten von eigener und fremder Pein auf mich häuften, mich mit der feinsten Empfindung für jedes Unrecht, das anderen widerfuhr, ausstatteten und mir ein zarteres Gefühl gaben als wohl allen meinen Kameraden? Die rissen ihre Witze, auch dann, wenn ihnen das Ärgste und Unerträglichste an Willkür geschehen war, und fanden vollen Trost beim Schnapsgläschen und in den Armen der Soldatendirnen.

Ich war irre an allem, was bisher im Grunde meines Wesens noch tröstend aufgerichtet gewesen war, und ich konnte nach dem, was vor meinen Augen sich abspielte, tagaus, tagein, an einen göttlichen Sinn alles Geschehens nicht mehr glauben.

Was tut ein Mensch, der in einem Gemach mit Feindseligen, Rohen, Gewalttätigen, Schlechten, Feigen, Falschen und Bösen sich allein befindet und niemanden im ganzen Kreise sieht, der Ordnung und Gerechtigkeit schaffen will und kann? Der Mensch verläßt ein solches Gemach. Er schließt die Türe hinter sich zu und freut sich, dem abscheulichen Dasein in solchem Zimmer nun entronnen zu sein.

Also gedachte ich nun zu handeln. Der Kregel, der arme Bursche aus dem Elsaß, hatte mir den Weg gewiesen. Und Bäume gab es rundum genug; an irgendeinem Ast wollte ich meinen Hosenriemen befestigen.

Ich schickte mich an, quer über die kleine sonnenbeschienene Lichtung zu gehen, um drüben im hohen Laubholz meine letzte Tat zu Ende zu bringen, als ich stehenbleiben mußte; denn mitten auf dem freien Platz saß einer, und er war nicht allein.

Es war der Mann in der Kutte mit dem schwarzen Turbantuch. Er ruhte auf einem Baumstrunk, und sein Wanderstab lag neben ihm im Waldmoos. Seine edlen Hände hielten die Schnur mit den Bernsteinperlen. Der Ewli war es.

Wieder trat mir der Seltsame, dessen kleines Abbild unter dem hohen Glasrund in meinem Kinderzimmer gestanden hatte, auf unbegreifliche Art in den Weg. Wie kam der Fremde in seinem ungewöhnlichen Kleide überallhin? Unbehelligt, und nicht einmal von den Kindern beachtet, war er damals beim Bildstock gesessen, als mich und meine Schicksalsgenossen die preußischen Werber auf ihrem Wagen wegführten. Damals konnte ich ihn ebensowenig nach seinen rätselhaften Zielen mit meiner Person fragen wie in der betererfüllten Kirche. Und ebenso wie ich ihn vor der Kirche nicht mehr fand, war er bei den Linden von Distelsbruck meinem Blick entschwunden. Diesmal aber sollte er mir Rede stehen, bevor ich an das Werk der Selbstvernichtung ging.

Dennoch konnte ich keinen Fuß vor den anderen setzen. Denn der Mann aus dem Morgenlande war nicht allein. Vor ihm stand ein Reh, das sein schmales Haupt schmeichelnd an des Ewli Knien rieb. Auf seiner Hand, die die Kugelkette hielt, hockte ein Häher mit rosagrauem Kopf und

blauen Flügelfederchen, und im Brombeerstrauch zu seiner Rechten zwitscherten ungezählte bunte Federbällchen. Zwei Eichhörnchen, die einander jagten, ein rotbraunes und ein schwarzes, fuhren an seinem Leibe in die Höhe, bargen sich spielend in den Falten des Gewandes, kullerten und schwatzten, und zu meinem Schreck verschwand das Rotbraune plötzlich in seinem Gewande, als wäre es in der ihm gleichen Farbe des groben Stoffes zergangen, indes das zweite auf den schwarzen Turban kroch, seine Umrisse verlor und nicht mehr zum Vorschein kam.

Ich sah das Gesicht des Ewli an, vom Strahl seiner Augen bezwungen. Blickte er auf mich? Waren die dunklen Sterne in weite Ferne gerichtet? Ich wußte es nicht, fühlte nur, wie wärmende, göttliche Liebe mich umhüllte.

Langsam aber stand er auf, schritt über den Schlag und verschwand zwischen den hohen Bäumen.

Da kam ich zu mir und vermochte mich zu bewegen. Ich lief. Wo waren die Tiere? Kein Vogel, kein Reh war zu sehen. Wo war der Ewli? Ich rannte mitten in das hohe Holz und stand auf einmal unter meinen Kameraden. Gerade hatten sie den Kregel gefunden und abgeschnitten. Abscheulich anzusehen, schwarzblau und grünfleckig im Gesicht, die geschwollene tintenfarbene Zunge ausgereckt, mit offenen, klagenden Augen lag er auf der Erde, den Strick in der Halsfurche. Niemand beachtete mich.

Sie hatten Spaten mit und gruben ihn im tiefen, weichen Waldboden ein, in dem die Mausröhren kreuz und quer liefen und Wurzelschlangen krochen.

Es war spät, als wir fertig waren.

In dem abendroten Himmel flog stumm ein endloser Krähenzug. „Das bedeutet Krieg!“ sagte der Wetzlaff und sah mich an.

Wie lange waren wir im Feld? Niemand rechnete mehr, niemand wußte es.

Mit vier Kameraden lagerte ich in bitterer Winterszeit. Wir hatten ein notdürftiges Quartier in einem niedergebrannten Bauernhaus gefunden. Alles, was wir hatten, waren zwei Schütten faules, feuchtes Stroh und eine von den Lagerfeuern angesengte Decke. Und dies armselige Gut mußten wir noch hüten und bewachen, damit nicht noch Elendere es stahlen.

Die Gewehre mußten ohne Aufhören geputzt werden. Anderen Tages waren sie wieder rot vom Rost. Der Zulkow hatte an beiden Füßen die Zehen erfroren. Sie waren schwarz und stanken wie die Pest. Dem Repke mußte ich mit Schießpulver und einem Rest von Branntwein den Streifschuß am Rücken auswaschen, weil es kein anderer tun mochte, und er schrie dabei so, daß es mich erbarmte. Der Wetzlaff hatte die schwere Not bekommen und ging alle fünf Minuten auf wankenden Beinen vor das Haus. Wo er sich niedergehockt hatte, war der Schnee rundum blutig von seinem Stuhl. In der Nacht stöhnte er so sehr, daß keiner zu schlafen vermochte Und obwohl er alle dauerte, warfen sie im Dunkeln mit allem nach ihm, was sie mit den Händen fassen konnten. Dann hinkte er wieder hinaus, um sich unter Krämpfen zu erleichtern. Der Stillste von uns allen, ein trübsinniger Mensch namens Kühlemiek, las in einem kleinen, zerfetzten Gesangbuch neben dem Feuer und murmelte manchmal: „O Herr, sei mir Sünder gnädig!“

Der Repke war glücklich, als ich ihm seinen Rücken wieder mit alten Lappen verbunden hatte, und tat dürres Nußlaub in seine Pfeife.

„Der König hat jesacht –“, wollte er beginnen.

Aber der Wetzlaff fuhr ihm schnaubend drein:

„Hat jesacht! Hat jesacht! Wenn er einen fahren läßt, euer König, seid ihr Jammerlappen glückselig vor hündischer Ehrfurcht. Ach, ihr Hungergerippe, ihr Kanonenfutter! Was ist es denn Großes mit so einem König!“

„Fridericus Rex ist der größte Kriegsheld aller Zeiten, du Giftkröte!“ fuhr der Zulkow auf. „Wage es nicht, Seine Majestät zu verschimpfieren!“

„Liebe Brüder in Christo“, flehte Kühlemiek, „richtet eure Gedanken auf den, der unser aller Leben in seinen gnadentriefenden Händen hält!“

Halt den Schnabel, oller Pietiste!“ schrie ihn der Repke an „Laß den Wetzlaff reden!“

„Oooh!“ stöhnte der und lief wieder eilig hinaus. Wir hörten das Geräusch seiner Entleerungen und sein Ächzen bis ins Haus. Dann kam er wieder, weiß wie Kalk, und ließ sich aufs Stroh fallen.

„Wie ich sage: An dem Herrn und König muß sich der jemeine Mann erbauen und erquicken“, sagte Zulkow nach einer Weile. „Aber es sind welche, die vergessen den Eid...“

„Meinst du mir?“ fragte Wetzlaff und richtete sich mühsam auf. „Erquicke dir man, soviel du willst, an deinem kalten Brand, was du an den Hinterklauen hast. Ja, du Schafskopp, damit der Friederich soll ein großer Kriegsheld sein, mußt du deine Zehen in den Schuhen lassen, muß mich der Darm ausbluten, müssen tausend in die Gruben geschaufelt werden. Ich frage man, wenn alle rundum, bei den Österreichern drüben und bei uns dahierselbst, solche Kerle wären wie ich, gäbe es bis morgen zum ersten Hahnenkraht keinen König und keine Kaiserin mehr, aber auch keinen Krieg und kein Leuteschinden nicht. Aber ihr seid ja insgemein zu dämlich, um solches zu verstehen. Und von dieser eurer Dummheit leben alle Könige und Feldherren, Fürsten und Grafen und Barone bis zu unserm Junker mit dem Arschgesicht herunter gleichermaßen in Gloria und Freuden und thronen wie die Pfauen in aller Herrlichkeit, indes wir wie das liebe Vieh gehalten sind und zur Schlachtbank getrieben werden mit Pfeifentrillern und Trommelschlag. „O ihr verdammten, dickfelligen Narren, ihr Roßapfelgehirne...“

Er schwieg erschöpft und atmete schwer.

„Alles ist nicht unwahr, was er sagt“, murmelte der Repke.

„Du auch?“ brauste der Zulkow auf und spie auf den Boden. „Oh, über euch Deutsche! Ihr verkennet, was allein zum Heil deutscher Nation frommt: die Armee und die weise Hand, die sie vermag zu führen.“

„Deutsche sind hüben und drüben. Sind ein armes, verratenes Volk immer gewesen“, sagte der Repke.

„Schade, daß ich mein Pulver draußen verschossen habe, Fritze Zulkow", spottete der Wetzlaff. „Möchte dich sonst ein warmes Pflaster auf deinen salbadernden Mund kleben mit aller Leibeskraft, du Fußstinker, der du bist das elende Urbild und Symbolum des untertänigen Untertans. Verweset gar bei lebendigem Leib und gibt noch Lobeshymnen von sich auf den, dessen Furie uns schindet und plackt bis in den Tod. Aber warte du man, bis sie mir wieder auf Vorposten stellen. Ich lauf über, ich lauf über, so wahr mir Gott... O Hölle, Dreck und Satan – – es überkömmt mir wieder–!" Mit einem schwankenden Sprung war er auf, und wieder hörten wir, wie ihm gurgelnd das Blut abging draußen.

„Er hat arg das Fieber!" winkte der Repke dem erzürnten Zulkow zu. „Er weiß nicht, was er redet in seinen Schmerzen."

Da hob der Kühlemiek mit schauerlicher, näselnder Stimme aus seinem Buche zu singen an, daß es uns alle durchschauerte:

„Der Greul in Finsternissen,

Das Brandmal im Gewissen

Die Hand, die blutvoll war,

Das Aug voll Ehebrüche,

Das frevle Maul voll Flüche,

Das Herz des Schalks wird offenbar."

„0 mein Gott–!"

Ich war es, der so aufschrie.

Da schmetterte eine helle Trompete. – „Alarm!" schrie der Zulkow und quälte die wehen Füße in die gefrorenen Schuhe. „Alarm!"

Beim Schein des erlöschenden Feuers suchten wir alles zusammen.

Ferne Schüsse.

Die Trompeten begannen allenthalben zu schreien.

Der Wetzlaff stolperte herein.

„Auf, Brüder, auf! Wir wollen den kaiserlichen Hundsföttern heimleuchten. Vivat Fridericus!" Das war der Wetzlaff!

Gekrümmt vor Leibweh, nahm er sein Gewehr auf. Der Zulkow jammerte leise bei jedem Schritt. Rundum war Lärm, Pferdewiehern, Klirren.

Aber in all dem Toben, Laufen, Befehleschreien und dumpfen Krach des Schießens vorne schwang quäkend und grauenhaft die unbarmherzige Stimme des Pietisten, der sein Lied zu Ende sang.

Fürchterliche Angst senkte sich aus den Tönen nieder. Die Angst vor dem, was nach dem Tode sein würde. Die Trommeln schlugen.

Schwerer Rauch wälzte sich in dicken Wolken, zerging, kam in neuen blauweißen Ballen, zerflatterte wieder. Nebel und Stank lag über allem. Dumpfe brüllende Schläge, Krachen, peitschender Knall, Zwitschern von Kugeln. Ich stand mit den anderen in Reih und Glied, biß die in ranzigfettes Papier gedrehte Kugel ab, behielt sie im Mund, goß das schwarze Pulver in den heißen Lauf, fuhr mit den Fingern zwischen die Zähne und stieß den gepflasterten Bleiklumpen mit dem Ladestock hinunter, bis er fest auflag und der eiserne Stecken sprang. So wie es mir eingedrillt worden war. Dann Pulver auf die Pfanne, mit dem Daumen den Hahn aufgezogen, waagrecht angeschlagen und abgedrückt in die Nebelwand vor mir, in der sich Schatten bewegten. Der Stein gab Funken, vor meinen Augen flammte es auf, und dann kam der grobe Rückstoß gegen meine wunde Schulter.

Der Leutnant am Flügel schwenkte den Sponton und schrie.

„Geg – geg – geg“, hörte man, verstand kein Wort.

Eine große Eisenkugel rollte und tanzte über den Harsch, eine zweite. Eine dritte hüpfte mitten unter uns und schmetterte dem Kühlemiek die Füße unter dem Leibe weg. „O Jesus Christ!“ schrie er auf und kroch ein Stück auf den Händen in seinem eigenen Blut. Dann fiel er mit dem Gesicht in den Schnee, ward stumm. „Flü – flü – flüdeldideldi“, lockten die Pfeifen. „Plum – plum – plum.“ Die Tambours arbeiteten mit schweißigen Gesichtern. Die Beine hoben und senkten sich im Takt, das saß da, dem lag der Kopf zwischen den gespreizten Beinen.

Die Blase an meiner Ferse brannte, die Läuse krochen unruhig auf meiner zerkratzten Haut, und in den Eingeweiden kollerte es. Ich sah mich um... Reihen, Reihen in blauen Röcken, magere Gesichter mit kleinen Schnurrbärten, weiße Bandeliers, blanke Läufe.

„Kühlemiek – Kühlemiek – miekeliekeliek“, trillerte es von den Lippen der Pfeifer. Vor uns blitzte eine Reihe roter Lichtlein auf. Eine Rauchwolke fuhr grau hinterdrein.

Der Repke brüllte und griff mit beiden Händen zwischen seine Schenkel. Ein langer Soldat tat einen Sprung wie ein Karpfen und fuhr mit dem Kopf in eine Schneewehe, die Füße aufwärts gestreckt. Neben mir schrie einer wie ein Frosch. Ich sah noch, wie das Blut aus seinem Ohr quoll, bevor er in die Knie brach. Der Zulkow hatte auf einmal keinen Kopf mehr, ging neben mir und besprudelte mich mit heißem Saft. Dann fiel er um. Den Junker schlug es nach hinten hin, als hätte ihn ein Axthieb getroffen. Der Wetzlaff setzte sich erst, schrie: „Ich kann nicht“, und legte sich dann. Vor mir kroch einer, der war blindgeschossen, und dem Ramler hing die rechte Hand völlig verdreht aus dem Ärmel. Er sah sie ganz erstaunt an und blieb zurück. Sein Gewehr fiel zu Boden.

Großes kam aus dem Dunst geschaukelt, ward rasch deutlich.

Weiße Röcke, schwarze Kürasse. Breite Klingen stachen nach uns, Pferdeköpfe schnaubten, fuhren erschrocken zur Seite. Ein Pferd stellte sich vor mir auf die Hinterbeine. Ich sah den Reiter, der die Hand mit dem Pallaschkorb vors Gesicht hielt, mit der Linken den Sattelknopf umkrampfte. Ich sah das Weiße seines Rockes unter dem Rand des dunklen Panzers und stieß hastig mit dem Bajonett zu. Weich war es. Er fiel nach vorne auf den Pferdehals, glotzte mir ins Gesicht, schrie auf: „Du –!“ Der Phöbus Merentheim...

Er rasselte herunter. Ich sah ihn nicht mehr. Aber es kam ein anderer, hob sich in den Bügeln und traf mich blitzschnell auf den Kopf, daß ich herumtaumelte. Der Rand der Blechhaube schnitt mich in die Stirn, warm und dick floß es mir in meine Augen. Meine Füße gingen weiter. Die Arme stießen den Lauf mit dem Bajonette vor. Ich riß es aus dem Hals eines Braunen. Die Reiter waren auf einmal fort, verschwunden.

„Keine Rast – keine Rast – keine Rast“, trommelte es.

Ich schlief im Gehen.

Wir waren auf einmal zwischen Häusern.

Eine Frau schrie ängstlich auf, fiel mit ausgebreiteten Armen aufs Angesicht. Ein Schwein rannte zwischen uns. Dann war ein kleiner Wald vor uns. Man trat auf Leiber, auf Gewehre. Ein Hund, mager und mit eingezogenem Schweif, schlich vorbei. Ein Bauer lag da mit offenem Leib – ohne Gedärme. Von ihm kam der Hund.

Da standen Büsche, weißbereift, dicht, undurchdringlich.

Ich kroch hinein. Moos lag da auf einem Haufen, wie man es zusammenrecht.

Ein Bett, ein Bett.

Ich wühlte mich hinein. Niemand sah mich.

Wundervolles, warmes, weiches Moos.

Irgendwo im verschneiten Forst lag das Gewehr mit dem Bajonett, an dem des Phöbus Blut klebte, lagen die Blechhaube und das Bandelier mit der Seitenwaffe.

Seit vielen Tagen irrte ich drüber der Grenze. Den zerrissenen Rock hatte ich in einem zerschossenen Hause gefunden, die Hosen einem Gehenkten abgezogen. Am rechten Bein war vom Frost und vom Ungeziefer eine nässende Wunde entstanden, die mich biß und schmerzte, Nase und Lippen waren aufgeätzt vom rinnenden Schnupfen. In Scheunen und Heuschobern hatte ich zähneklappernd genächtigt, vorjährige, gefrorene und holzig-faulige Rüben mußten den Magen füllen.

In dieser Herberge an der Landstraße war es zum ersten Mal, daß mir die Wirtin um Gotteslohn einen Napf mit warmem Essen reichen ließ und mir erlaubte, zuhinterst am warmen Ofen zu sitzen. Wenn aber vornehme Gäste kämen, möge ich mich allgemach trollen und nicht etwa bettelnd um die Tische streichen, sagte sie.

Auch die Schankmagd hatte Mitleid mit mir und steckte mir heimlich einen großen Keil Brot zu, und ebenso verstohlen goß sie mir mein leeres Glas wiederum voll Dünnbier.

Ich, der Freiherr Melchior von Dronte, hatte das Leben der Verachteten und Armen, der Ausgestoßenen und Rechtlosen kennengelernt. Und bei den Elendesten von ihnen hatte ich manchmal mehr christliche Nächstenliebe gefunden als unter denen, die ihren eigenen und wappengeschmückten Stuhl in der Kirche hatten.

Wie hart aber waren die Menschen gegen mich gewesen in den letzten Tagen! Freilich, die Zeiten waren danach, daß keiner ohne Not einem Fremden in schlechten Kleidern die Haustüre auftat. Krieg und Schrecken rundum, Viktorie und Schamade, Rauben, Plündern, Schänden und Brennen ohne Ende. So war es mir wie ein Wunder, daß diese Wirtin sagte: „Komm und iß und wärme dich. Schaust aus wie der Tod von Basel."

Unweit von mir an einem kleinen Tisch saß ein Händler oder Viehschacherer in einem hellen, dicken Flausch, einen großen hessischen Bauernhut neben sich auf der Bank und einen Ranzen über die Schulter, auf dessen Lederklappe mit Messingstiften allerlei Figuren eingelegt waren. Die Fratze dieses dürren Menschen war die widerwärtigste, die mir je in meinem Leben untergekommen. Bald zog er das breite Maul zu einem Spalt, der von dem einen seiner Spitzohren bis zum andern reichte, bald streckte er es wie einen Schweinsrüssel vor, um aus dem Glase zu saufen. Seine Geiernase senkte sich beweglich gegen das aufwärtsgekrümmte Kinn, und seine gelben Wolfsaugen, in denen das Schwarze quergestellt war und länglich wie bei Geißen, schielten erbärmlich. Dennoch schien den Häßlichen niemand zu beachten als ich. Und manch einmal war es mir, als käme aus seinem prallgefüllten Ranzen ein Zwitschern und Pfeifen wie von Mäusen. Nicht selten kegelte er seine Schielaugen gegen mich und lachte mich unverschämt an, als wären wir alte Bekannte. Ich zermarterte mein Hirn in der Tat, um herauszubringen, wo ich diese Larve schon einmal mochte gesehen haben, aber so sehr ich mich plagte, es wollte mir nicht einfallen.

Nach einer Weile hielt ein schöner Reisewagen vor der Herberge, und mehrere stattlich aussehende Kaufleute traten in die Trinkstube, überaus höflich von der Wirtsfrau und dem Schankmädchen bewillkommnet.

Da dachte ich, daß es nun für mich an der Zeit sei, und schlich zur Türe hinaus.

Als ich aber im brausenden Tauwind auf der nassen Straße meine flatternden Fetzen mit den Händen hielt, um die schlimmsten Blößen decken zu können, tat es neben mir einen schrillen Lacher, daß ich zusammenfuhr. Der Mann mit dem Jägerranzen schritt neben mir, als wäre er von je mein Weggesell gewesen, und sah mich stechend von der Seite an.

„Ei, freiherrliche Gnaden“, meckerte er, „in welch sonderlichem Habit muß ich Euch wiederfinden. Besser stand Euch das neue, lavendelgraue Röcklein an jenem Tage, da Ihr mit Eurem gestrengen Herrn Vater zusaht, wie der Nachrichter dem Feßl Heiner die groben Knochen zerknackte.“

Ich fuhr auf, jetzt kannte ich ihn. Es war der Zotenbock, der in der Linde am Marktplatz gehorstet hatte.

„Wer seid Ihr?“ fragte ich.

„Ich? Ich bin nur der Fangerle“, antwortete er auf einmal ganz demütig. „Bin froh, wenn ich mit vieler Müh und Plag meinen Waidranzen zu füllen vermag, damit mein Herr, den man den Öbersten-Untersten nennt, zufrieden sei. Hab’ jetzt gerade einen überaus lästigen Auftrag und wäre rechtschaffen froh, wenn mir will einer einen Teil der Arbeit abnehmen. Ist schönes Geld dabei zu verdienen. Hättet Ihr nicht Lust, freiherrliche Gnaden?“

„Hört“, sagte ich und hob meinen Eschenstock. „Ich bin in großer Not, aber wenn Ihr mit Eurem Galgengesicht gekommen seid, um meiner zu spotten, so will ich Euch zeigen, daß ich auch in Lumpen noch ein Herr sein kann, wenn es not tut.“

Er duckte sich, als ob er Furcht hätte, und bat mich ganz unterwürfig, ich möge nicht ungehalten sein. Er sei von Gewerbe ein Spaßvogel und verdiene als solcher auf Bauernhochzeiten und Leichenschmäusen manchen Batzen. Und ob ich auch zürne, wenn er es nun sage – eine Schande sei es, daß einer aus dem Hause der Dronte in solchem Aufzug auf der Walz sei, wo es doch keine Mühe wäre, bare hundert Taler in wenigen Augenblicken zu verdienen. Und ehe ich entgegnen konnte, griff er mit den krummen Fingern in seinen Ranzen und zog einen stattlichen Leinenbeutel hervor, in dem es klirrte.

„Vollgezählte Hundert“, wisperte er mir ins Ohr. „Hihi – hoho!“ lachte er, und es war, als käme ein Widerhall aus den Lüften herunter.

Es war aber nur ein großer Zug Krähen und Dohlen, die mit Krah und Kjak am Himmel zogen, und als ich hinaufsah, löste sich eine Krähe aus dem Schwarm, senkte sich herab und flatterte ganz tief über unseren Köpfen, so daß ich sah, wie sie ihre listigen, schwarzen Kugelaugen bewegte. Da reckte sich der Dürre und rief ihr zu:

„Schwarztaube, geh und sag dem Obersten-Untersten, daß der Fangerle auf dem Weg ist und dem Stillen sein Tröstle nehmen wird!“

„Krah – Krag!“ schrie der Vogel und schoß den anderen nach.

„Was schwatzt Ihr da?“ herrschte ich meinen ungebetenen Begleiter, der seinen Geldsack klingen ließ, an. „Was soll das heißen?“

„Das?“ gab er zur Antwort. „Einer von meinen Späßen, sonst nichts. Merket: Wenn Ihr in einem Wagen fahrt und es rennt etwa ein bellender Köter, so wie Euren Herrn Vaters schwarze Diana, hinterdrein, so braucht Ihr Euch nur zu wenden und dem Vieh zu sagen, wohin die Reise geht. Sogleich wird es von Euch ablassen. Dies und nichts anderes habe ich mit dem Raben getan. Sonst flöge Meister Hämmerleins Singvogel noch mit uns.“

Meine Blicke hingen an dem klirrenden Leinensacke, und ich dachte daran, wie ich mich mit hundert Talern könnte ausstaffieren und wieder zu einem Menschen werden.

Da piepte es wieder sonderbar in seinem Ranzen.

„Was habt Ihr darin?“ fragte ich, mit dem Finger zeigend, „daß es so piept?“

„Da in der Waidtasche?“ Der Händler schnitt ein Gesicht. „Kleine Tierlein sind es, die ich einfing und an ihren Ort bringen will.“ Was für Tierlein?“ drang ich in ihn.

„Seelenmäuse, winzige Seelenmäuse, die ich da herum ergattert.“

„Seelenmäuse?“

„Ist nur ein Wort“, lachte er, griff in den Sack und zog rasch ein kleines, schattenhaft-graues Ding hervor, das zappelte und schrie. Schnell barg er es wieder, und obschon ich nicht sehen hatte können, was es eigentlich gewesen war, rann mir ein heftiger Schauder durch den Leib.

Da kam ein heulender Windstoß und riß mich fast nieder. Der Geldsack fiel dem Alten aus der Hand. Blitzende, funkelnagelneue Talerstücke rollten hervor. Schnell raffte er sie vom Boden auf und warf sie wieder zu den andern, und aufs neue erwachte mein Verlangen nach dem vielen Gelde.

„Was müß ich tun, damit das Geld mein sei?“

Er blieb stehen, verdrehte die Augen und verzog das Maul. „Gleich mein Junge, mein tapferer Junge, geduldet Euch nur, bis wir dort bei der Ka – Ka –“ Ein Hustenanfall zerriß ihm fast die Kehle.

Ich folgte der Richtung seiner ausgestreckten Hand und sah eine Kapelle an der Straße, unweit des Dorfes, dem ich zuwanderte. Ich schritt eilig aus, und der Händler, dem das Gehen auf einmal sauer zu werden schien, kam nur mit Mühe nach.

Als wir zu dem Kirchlein kamen, blieb er stehen, krümmte sich und kratzte sich mit den Nägeln hinter den spitzen Ohren, wobei er sein Maul hängen ließ.

„Jetzt steht mir Rede“, ward ich zornig, „oder meint Ihr, noch weiterhin Euren Spott an mir schleifen zu können?“

Da ward er ganz und gar unterwürfig, verneigte sich vor mir und sagte leise und fast schüchtern:

„Herr Baron Dronte, ich bin feige und habe vor vielem Grausen und Angst, das einen tapferen Soldaten nicht anficht. Es liegt einer da drinnen, und der ist tot, kann also nicht mehr beißen. In seinen Händen hält er zwei hölzerne Stäblein, ein langes und ein kürzeres, die ich um alles in der Welt von ihm tun muß. Es ist nur ein Griff und ein Zuck, so muß er sie lassen.“

„Das wäre Leichenraub –“, stotterte ich erschrocken. „Darauf steht der Galgen.“

„Viele Namen gibt es für die Geschäfte, an denen zu verdienen ist. Und der Galgen sind auch viele, stehen aber die meisten leer.“

Unter seinem breiten Hut glommen die Augen wie Johanniskäfer.

„Tät’s gerne“, krächzte er heiser, „darf aber solche Stäblein nicht fassen. Jeder hat seine Eigenheiten. Wie zum Exempel mancher Mann lieber stürbe, als daß er eine Kröt mit der bloßen Hand anrührte.“

„Was für Stäblein sind es, nach denen Ihr so ein großes Verlangen habt?“

„Brauch sie ja nicht“, zischelte er böse. „Nur der da drin soll ihrer ledig sein.“

Wieder klirrte und klang es. Meine Wunde tat weh. In meinen zerlochten Schuhen stand das Wasser und biß mir die Frostbeulen auf.

„Ich tu's“, sagte ich und griff nach der Türklinke.

Er sah mich an wie ein Habicht. Es dämmerte stark. Der Wind polterte über das steile Dach der Kapelle, die Bäume sausten.

Ich trat ein.

Mitten in dem weißgekalkten Raum, in dessen Ecken schon das Dunkel unheimlich spann, stand vor dem Altar ein Sarg auf dem Schragen. Ein einziges Lichtlein flackerte an seinem Kopfende. Ein Wächter saß auf dem Boden und schlief. Neben ihm glitzerte eine leere Flasche.

In dem offenen Sarge aber lag ein alter, vornehmer Mann mit einem Gesicht, in dem das Leben Furchen und Falten gezogen hatte. Er war mit einem neuen Rock aus schwarzer, gewässerter Seide bekleidet; auch die Weste, die Beinkleider und die Strümpfe waren schwarz. Eine weiße, wohlfrisierte Staatsperücke umrahmte das wachsgelbe, klugverkniffene Gesicht. In den gefalteten Händen hielt er ein kleines hölzernes Kreuz.

Ich hatte viele Tote gesehen und sogar wacker mithelfen müssen, sie einzugraben. Ich verspürte nicht viel beim Anblick lebloser Körper, die dem Verfall anheimgestellt waren. Aber dieser alte Mann mit seinem klugen und so unbewegten Gesicht, in das sich ungezählte Freuden und Leiden gezeichnet hatten, dieser Wehrlose, dessen Hüter in tiefer Trunkenheit dalag und ihn schutzlos allem preisgab, was an der einsamen Kirche vorüberkommen mochte, erbarmte mich. Und was für Stäblein sollte ich ihm rauben?

Jetzt erkannte ich es: Es war das Sterbekreuz, das seine Hände fest umschlossen. Das sollte ich ihm entreißen.

Schwer mochte dies nicht sein. Ich griff an das Kreuz. Wer seufzte da auf? Fast wäre ich zu Boden gestürzt vor Schreck. Aber dann faßte ich mich, dachte fest daran, daß Tote tot seien für immer, und streckte wieder die Hand aus.

Aber ich ließ sie sinken. Was ging es den Händler mit seinen widerlichen Geißenaugen an, ob dieser Verstorbene mit seinem Kreuz oder ohne dieses unter den Rasen gebracht wurde? Vorerst sollte er mir Rede stehen, der scheeläugige Kerl mit seinen Talern.

Ich ging der Türe zu. Es waren nur zwei Schritte, aber ich sah doch nach dem Toten zurück. Er lag ganz still und friedlich, und wie in großer Angst schlossen sich die bleichen Finger um das Kreuz.

Ich mußte an den abscheulichen Kerl denken, der mich gedungen hatte. Wie, diesem Irrsinnigen oder Bösewicht zuliebe sollte ich einem Leblosen sein Kreuz nehmen?

Was hatte er geschwatzt, wie die Raben über uns dahinflogen? „Dem Stillen sein Tröstle nehmen –?“ Und als ich daran dachte, schüttelte es mich kalt. Ich ging rasch auf den schlafenden Leichenwächter zu, faßte ihn an der Schulter und rief:

„Wacht auf, Mann! Räuber sind draußen –“

Der Bauer, der mit einem derben Knüttel versehen war, schnellte in die Höhe und sah mich erschrocken an.

„Wo?“ lallte er.

„Draußen -“, sagte ich nochmals und schloß die Tür hinter mir. Ich hörte, wie er schnell den schweren Riegel zuwarf.

Kaum stand ich draußen im Windeswehen, krallten sich krumme Finger in meinen zerfetzten Rock, zwei Augen glänzten wie Messing, und aus einem schwarzen Mundspalt meckerte es:

„Werft sie fort, werft sie allsogleich von Euch!“

„Was meinst du, Verfluchter, soll ich wegwerfen?“ schrie ich ihm ins Gesicht. „Etwa unseres Herrn Christi Kreuz –?“

Der Fangerle bog sich zurück, als hätte ich ihm ins Gesicht geschlagen, wand und drehte sich wie ein Wurm und fing zu laufen an, querfeldein. Der Wind raste pfeifend hinter ihm drein und wirbelte seine Rockschöße auf, und wie er so in die Dämmerung entrückt ward, schien es mir, als höbe sich statt seiner ein riesiger Vogel mit schwarzen Schwingen über die Furchen, so wie Eulen fliegen.

Ich stand ohne Geld, verlassen und vom Tau durchfeuchtet, auf der einsamen Straße.

Aber dann fiel mir der Ranzen ein mit den Seelenmäusen.

Wer schrie so jämmerlich in dem Büchsenranzen des Bösen –? Des Bösen!

Ein lähmender Schreck kroch in meine Beine. Hundertmal den Namen Gottes anrufend, ging ich dem nächsten Orte zu und wagte nicht, mich umzusehen.

Die Zigeuner, mit denen ich lange gezogen war, die braunen Romi, wie sie sich nannten, waren über die Grenze zurückgewandert, und ich mußte mich von ihnen trennen, wollte ich nicht vom Profosen mit des Seilers Tochter verheiratet werden.

Mein Elend war grenzenlos. Da und dort fand ich in den Bauernhöfen etwas Arbeit und Essen, bekam auch wohl ein schadhaftes Gewandstück, das noch besser war als meine Lumpen, aber meist hungerte und fror ich gottsjämmerlich.

An einem Tage hatte ich Glück und fand auf einem Feldwege einen halben Laib Brot, den gewiß einer vom Karren herunter verloren hatte. Und als ich auf einem mächtigen, bewaldeten Hügel die Ruinen eines Schlosses sah, beschloß ich, mir an einem verborgenen Platz im Gemäuer ein Feuer zu entzünden, um die eisige Winternacht nicht ohne den Trost naher Wärme verbringen zu müssen.

Nach einigem Umherklettern im Gestein fand ich alsbald ein noch ziemlich erhaltenes Gewölbe, an dessen getünchter Wand noch Reste von al fresco gemalten Bildern zu sehen waren. Unter anderen Gemälden war auch die Hochzeit von Kana abgebildet (wie ich an den Resten von Gewändern und Köpfen sowie an den großen altertümlichen Weinkrügen erkannte), und als ich das arg zerfallene Wandbild näher betrachtete, fiel mir auf, daß einer der Weinkrüge die kaum mehr lesbare Aufschrift trug: „Hic jacet“, oder zu deutsch „Hier liegt es“. Vielleicht war es ein Spaß, den der Maler sich machte, indem er so den nachdenklichen Zuschauern sagte, daß in diesen Krügen und in dem Wein, der sie erfüllt, in der Tat etwas liege und ruhe, nämlich der Geist, der mit dem Trunk in des Menschen Leib einzieht und nach und nach alle Leidenschaften entfesselt, die den durch den Rauschtrunk überwältigten Verstand gänzlich übermögen und vergewaltigen; vielleicht aber hieß es auch, daß alle Fröhlichkeit in dem runden Tonbauch des Kruges schlummere und nach Genuß des Trankes in Lachen, Frohsinn und Liedern aufschäumen wolle. Darüber und über ähnliches sinnierte ich nun so lange, bis sich mir der Mangel des wärmenden Feuers heftig bemerkbar machte und mich zwang, in dem geräumigen Gewölbe ein wenig auf und nieder zu trappen, um mich notdürftig zu erwärmen und die steifen Hände zum Feuerschlagen geschmeidig werden zu lassen.

Beim Vorüberkommen an dem leider nur gemalten braunen Krug konnte ich es mir nicht versagen, mit gebogenem Zeigefinger an den dicken Bauch des Gefäßes zu pochen, wenngleich sein rundes Aussehen nur der Geschicklichkeit des Malers entstammte, der durch Verteilung von Licht und Farben ein hohes Maß von Plastik erzielt hatte. Aber als ich spielend auf die scheinbar runde Wölbung des Trinkgefäßes klopfte, war es mir, als hätte es einen dumpfen, nach Holz und hohlem Raum klingenden Hall gegeben. Ich klopfte abermals, und noch zwei- oder dreimal. Der Klang wich an der Stelle, an der die lateinischen Worte standen, von dem der festgemauerten Umgebung ab.

Einem plötzlichen Trieb folgend, blätterte ich mit meinem stumpfen Messer Farbe und Kalkbewurf ab, grub ein weniges und kam sogleich auf einen breiten, morschen Laden. Ich erhöhte meine Anstrengungen, und bald bröckelte das alte Holz in braunem Mehl und feuchten Splittern ab und legte eine kleine Nische frei, in der eine runde, von grünlichweißem Schimmel gewachsene Kugel lag.

Nach einigem Zögern, das mich in diesem Ding einen verwesten Menschenkopf erblicken ließ, faßte ich Mut, griff hinein und zog einen ganz zerfressenen, von Moderblüte umhüllten Ledersack heraus, in dem es ein feines Klingen tat, als ich ihn heraushob. Er war schwer vom metallischen Inhalt.

Nun machte ich doch Feuer, wohl auch deshalb, um durch die Vornahme einer gleichgültigen Arbeit mein hämmerndes Herz ruhig werden zu lassen. Als das Feuerlein aber lustig brannte und flackerte, ging ich daran, den ledernen Behälter zu mustern, den die Inschrift auf der Weinurne verraten hatte. Die, denen dies Zeichen einmal über die Gefahr der Vergeßlichkeit hatte hinweghelfen sollen, waren seit vielen Jahren tot und dahin, vielleicht unter den Schutthaufen des Schlosses begraben.

Der Beutel leistete wenig Widerstand. Er fiel jäh auseinander, als ich ihn zu meinem Feuer trug, und sein Inhalt rollte klingend auf den schadhaften Steinboden.

Der Atem stockte mir vor übergroßer Freude.

Dublonen, Sonnenkronen, Gulden rollten aus der speckigen, nassen Hülle und blitzten im Scheine der tanzenden Flammen.

Ich lachte, schrie und hüpfte um das Feuer. Ich ließ den Segen durch meine ungewaschenen Finger rinnen, schüttelte die Münzen in meinen Hut, streichelte sie, drehte einzelne Stücke zwischen Daumen und Zeigefinger, daß sie die Glut widerspiegelten, pflasterte den Boden damit und warf Dukaten in die Luft, um sie wieder aufzufangen oder die entrollten zwischen dem Schutt zu suchen.

Dann aber gewann die Vernunft die Oberhand. Wie leicht konnte der Feuerschein, mein närrisches Schreien und Stampfen Vorübergehende anlocken und mich und meinen Hort verraten!

In großer Hast und doch behutsam zerriß ich mein schweißverklebtes Hemd und fertigte durch Knüpfen und Falten eine Art Geldkatze an, in der ich die nicht unbeträchtliche Zahl der Goldstücke barg und an meinem bloßen Leib versteckte. Als ich mit allem fertig war, warf ich das glosende Holz auseinander und stieg bedächtig den Ruinenhügel hinunter, um die nächste Stadt noch am hellen Tage zu erreichen. Dies gelang mir, und nach kurzem Schleichen, Suchen und vorsichtigem Fragen fand ich den Laden eines Trödlerjüden.

Ich sagte ihm, daß ich ein entlaufener Soldat sei und vor allem einiger Kleider, Wäsche und Schuhe sowie eines warmen Mantels benötige. Das Glück wollte, daß ich an einen leidlich ehrlichen Mann geraten war, der mich, zwar nicht wohlfeil, aber auch nicht mit unmäßigem Gewinn ausstaffierte, ja mir gegen gutes Geld ein Bad rüsten ließ und eine Salbe besorgte, die mich von der Qual des Ungeziefers befreite. Lästig war mir nur die Eile, mit der alles dies vor sich gehen mußte, und die sichtlich wachsende Unruhe des Menschen, als das Tageslicht mählich zu schwinden begann.

Endlich aber ward mir sein Drängen lästig, und ich fragte ihn barsch, ob das auserwählte Volk auf solche Art Gastfreundschaft übe und wie er es gering zu schätzen scheine, daß ich ihn gutwillig ein schönes Stück Geld habe verdienen lassen. Denn mir sei wohlbekannt, zu welchem Preis getragene Wäsche und Kleidung gehandelt würden. Trotzdem hätte ich das Erhaltene ohne Murren bezahlt, als sei es eben erst aus der Werkstatt des Schneiders und Pfaidlers hervorgegangen. Da lachte der Jüd und sagte:

„Dem Herrn ist wohl auch ein Dienst geleistet worden, daß er sich in aller Stille und Heimlichkeit hat mögen reinigen und ausstatten, so daß der Bettelvogt nicht einmal nach ihm schaut, wenn er über die Straße geht. Wäre der Herr ein Ben Jisroel, einer von meine Leut', so wäre es mir eine Freude, ihn zu herbergen. Weil der Herr aber ist von den andern, so darf es nicht sein. Denn es geht gen Freitag abend, den wir Juden nennen Eref Schabbiss ,und ist es gegen unsern Brauch, Fremde in unserem festlichen Hause zu leiden. Der Herr möge verzeihen, ich weiß wohl, daß er ist ein Purez, ein vornehmer Mann, dem etwas widerfahren ist bei den Balmachomim, und er möge in Frieden seines Weges ziehen und entschuldigen, daß es nun einmal nicht kann anders sein!"

Dabei riß er mit einem tiefen Bückling die eisenbeschlagene Tür seines Ladens auf und winkte mir höflich, zu gehen.

Erst als ich draußen auf der Straße stand, kam es mir in den Sinn, daß er in seiner Art ehrlich gegen mich gehandelt hatte. Denn es wäre ihm ein leichtes gewesen, mich in seinem Hause zu halten und den unweit in ihren Winterquartieren liegenden Truppen des Königs zu verraten. Trotz des Waffenstillstandes hätten sie mich ausheben und verschleppen können, und dem Juden wäre bei einigem Geschick nicht nur eine Belohnung, sondern auch das bei mir verborgene Geld, das seinen geschwinden Augen nicht unbemerkt geblieben war, sicher gewesen. So war ich nicht durch meine Klugheit, sondern durch mein gutes Glück größter Leibes- und Lebensgefahr entronnen.

Der Sicherheit halber beschloß ich, tiefer in das Land zu wandern und mich erst weit entfernt von der Grenze eines Postfuhrwerks zu bedienen.

So stapfte ich im dicken Schnee meines Weges und strebte einer Ortschaft zu, in der ich zu nächtigen gedachte.

Am Eingange des ansehnlichen und, nach den sauberen, vom Kriege ganz verschonten Häusern zu schließen, wohlhabenden Ortes stand ein Bildstock, die schmerzhafte Mutter mit dem Sohne im Schoße darstellend. Der Sockel des aus Sandstein roh gemeißelten Bildwerkes war frisch verputzt worden, und so fielen mir sogleich einige mit Kohle auf den weißen Grund gezeichnete Figuren und Striche auf, die ich als „Zinken“, wie die Landstreicher und fahrenden Gauner ihre geheimen Zeichen nennen, erkannte. Als ich mit den Zigeunern war, hatte ich solche Wissenschaft erlernt, die zu verstehen für jedermann nützlich ist.

Diese Zeichen auf dem Bildstock waren aber Mordbrennerzinken, und mich schauderte, als ich ihre Bedeutung entziffert hatte.

Unschlüssig, was ich damit beginnen sollte, keineswegs zu leichtsinnigem Außerachtlassen der für andere Menschen bedrohlichen Nachricht geneigt, blieb ich stehen. Als ich weitergehen wollte, bemerkte ich, daß wenige Schritte hinter mir ein hagerer, weißhaariger, sehr stattlicher und aufrechter Bauersmann stand, der mich mit einem wenig freundlichen und stechenden Blick ansah.

„Der Herr kommt wohl zu uns?“ sagte er lauernd. „Ich will ihm den Weg in den Gasthof weisen.“

Und damit schritt er neben mir her.

Die Dorfköter, die mit lautem Gekläff auf mich losfahren wollten, wichen mit eingezogenem Schwanz vor seinem harten Blick. Die Leute vor den Häusern zogen vor ihm die Kappen.

„Hier ist es.“ Der Bauer deutete auf die Tür eines großen Hauses, vor dem ein paar Burschen, leise plaudernd, standen. „Tretet ein.“

Das klang wie ein Befehl und gab mir einen Ruck.

„Ei, ist dies die einzige Herberge in dem großen Ort?“ wandte ich mich spöttisch an meinen Begleiter „Und woher wißt Ihr, daß ich gerade in diese eintreten will?“

Er sah mir mit seinen kalten, blauen Augen scharf ins Gesicht und entgegnete nur kurz:

„Es ist am besten für den Herrn, hier hineinzugehen!“ Ich fügte mich dem seltsamen Zwang, trat ein und ließ mich an einem Wandtisch unter Hirschgeweihen nieder. Der Alte setzte sich zu mir, ließ Wein bringen, setzte eine kurze silberbeschlagene Maserpfeife in Brand und sagte:

„Ihr sehet trotz Eurer recht abgeschabten Kleider einem Mann von Stande gleich. Fragt sich, wie Ihr dazu gelangt seid, so einsame Wanderschaft zu tun?“

„Ihr seid gar nicht neugierig, Herr Schulze“, gab ich zurück. Mit diesem Titel hatte ihn das Mädchen angesprochen, das den Wein auftrug.

„Neugierde, wie Ihr es nennt, ist das Recht des Eingesessenen gegen Fremde. Zudem bin ich hier die Obrigkeit. Wollet mir also einiges über Stand, Namen und Lebenslauf mitteilen. Es spricht sich wohl auch besser beim Glase als auf der Bank im Kotter, wenn einer den Richter macht und der andere den Inkulpaten.“

Das klang nach Drohung, und ich hätte gewiß scharf entgegnet, wenn nicht im Wesen und namentlich im Blick des Mannes etwas Besonderes gewesen wäre, dem ich keinen Widerstand leisten mochte. Auch wußte der Schulze die Fragen, die er an mich richtete, so klug und eindringlich zu stellen, daß ich, selbst nicht wissend, warum, mit der größten Offenheit meinen Lebenslauf vor ihm entrollte, zugab, daß ich aus dem Heer des großen Königs desertiert sei, nicht aus Feigheit, sondern um die Grausamkeit eines Standes zu fliehen, der mir als ein Übermaß von Knechtung und Vernichtung des freien Willens verhaßt geworden war.

„Junger Herr“, sagte der Alte bedächtig. „Auf solche Art kann es mit Euch noch einen guten Lauf nehmen. Wie ich aus Euren Reden höre, habt Ihr Erbarmen gehabt mit dem armen Manne, und das ist bei Menschen Eures hochmütigen Standes eine große und kostbare Seltenheit. Wieweit Eure unbehütete Jugend Euch ins Verderben gestoßen, kann ich vorderhand nicht ermessen. Doch hoffe ich sehr, daß ein Verdacht, der mich bedrückt und der für Euch sehr bedrohlich ist, sich als falsch erweisen wird.“

„Was für ein Verdacht?“ fragte ich erstaunt.

„Geduldet Euch“, sagte der Schulze. „Wohin führt Euch die Wanderschaft?“

„In meine Heimat“, antwortete ich.

„Sagt doch“, fuhr er fort und sah mich wieder scharf an. „Was standet Ihr so lange im Schnee, um den Bildstock anzusehen?“

Allmählich brachte mich seine herrische Art, zu fragen, in Harnisch, und ich fragte kurz angebunden, ob er sich etwa als ein Richter dünke, der einen armen Schelm vor sich habe.

„Denkt, es sei so.“ Er legte seine Hand fest auf meinen Arm. „Ihr wißt, daß ich der Schulze dieses Dorfes bin. Und als solcher frage ich Euch: Habt Ihr mir nichts mitzuteilen, was des Dorfes Wohl betrifft?“

„Ja“, sagte ich rasch. „Euer Dorf ist von einer schweren Gefahr bedroht.“

Es war mir, als ob ein freundlicher Schein über sein verwittertes Antlitz husche. Aber es ward gleich wieder ernst, und er sagte, anscheinend gleichgültig:

„Potz! Wer hat Euch dies Märlein aufgebunden?“

„Es ist kein Märlein“, sagte ich, froh, meine fast begangene schwere Versäumnis einbringen zu können. „Glaubet mir, es droht Euch Gefahr!“

„Sprecht nur weiter, Junker.“

„Es gibt gewisse Zeichen“, sagte ich, „mit denen die Mordbrenner und Marodebrüder einander ihre Schlechtigkeiten ansagen. Solche Zeichen fand ich auf Eurem Bildstock. Nun wißt Ihr, weshalb ich im Schnee stehenblieb.“

Er machte eine Bewegung, als wolle er mir die Hand reichen, ließ es aber bleiben und fragte trocken, woher mir so bedenkliche Kenntnisse zugestanden seien. Ich erinnerte ihn, daß ich ihm ja schon gesagt und erzählt hätte von meinem Herumziehen mit den Zigeunern, die dergleichen gut verstünden.

Der Alte lachte kurz auf und näherte mir sein runzeliges Gesicht.

„Gilt's, daß ich auch etwas weiß von solchen Dingen?“ raunte er.

„Ihr?“ Ich schüttelte zweifelnd den Kopf.

„Wir könnten es ja ausprobieren“, meinte er und goß mir Wein ein. „Beschreibet mir doch die Zeichen, und sodann wollen wir sie gemeinsam ausdeuten wie die alten Magier, von denen in der Schrift zu lesen ist.“

„Nun wohl“, sagte ich. „Es waren auf dem Bildstock zu sehen: ein voller Mond, eine Eins, drei Häuser, von denen die ersten zwei durchgestrichen sind und das dritte nicht, ein Kamm mit Zähnen, eine Schlange oder Natter, zwei Würfelfünfer aus Punkten, drei Kreuze in je einem Viereck, von denen zwei Vierecke durchgestrichen sind und eines nicht, ein Messer, zwei Schuhe, ein Hahn und der Buchstabe F.“

„Ganz recht.“ Der Greis nickte und trank bedächtig einen Schluck aus seinem Glase: „Nun wollen wir uns in die Arbeit teilen. Ihr, wackerer Junker, deutet mir die Gaunerzeichen bis zu den zwei Würfelfünfern, und sodann erkläre ich den Rest der Zeichnungen, die seit gestern auf dem Bildstock zu sehen sind.“

„Das Deuten könnten wir auf später lassen. Besser wäre es, jetzt Vorkehrungen zu treffen –“

„Seid unbesorgt“, wehrte er ab. „Es geht auf meine, des Dorfschulzen, Kappe, wenn etwas verabsäumt wird, keinesfalls tragt Ihr die Schuld. Und nun los mit Eurer Zigeunerweisheit!“

„So höret“, begann ich. „ Die Zeichen sind also zu lesen: Am ersten Tage des vollen Mondes versammeln wir uns. Es gilt dem dritten Hause im Ort. Dies alles besagt der Mond, die Eins und das nicht durchgestrichene dritte Haus. Ein Kamm mit Zähnen sagt an: ein scharfer Hund tut Wache. Sodann die Schlange bedeutet einen Giftbrocken, um den Wächter stumm zu machen.“

„Es ist mein Haus“, nickte der Weißhaarige, „ auf das sie es abgesehen haben, und mein Packan, der freilich keinen Brocken aus fremder Hand nimmt. Gut habt Ihr gedeutet. Nunmehr ist die Reihe an mir.“

„Laßt lieber mich.“

„Gemach. Zwei Würfelfünfer: das ist zehn Uhr nachts, denn voran steht der Mond; drei Kreuze in je einem Viereck, zwei gestrichen: beim dritten Fenster steiget ein. Ein Messer: mordet rasch und sicher.

Die Schuhe: alsdann macht euch mit der Beute eilig davon, vorher aber setzt den roten Hahn aufs Dach, wie er abgebildet ist, damit der Brand die Spuren tilgt. Und F? Was heißt das?“ Er sah mich lächelnd an.

„Das ist ein Namenszinken“, erwiderte ich rasch. „Den Namen selbst kann man daraus nicht entnehmen. Gewißlich ist es der Hauptmann, dem die anderen gehorchen.“

„Das F heißt soviel wie Frieder“, sagte der Alte, „und dieser Teufelsbraten ist der Anführer von fünf Mordgesellen, die sich aus dem Spessart hierher gezogen haben und sich die Brüderschaft vom Roten Hut heißen, wie denn der Frieder gern eine fuchsrote Kappe trägt. Nun wißt Ihr auch den Namenszinken.“

„Wacker geraten“, gab ich zu.

„Nun darf ich Euch wohl trauen, junger Herr.“ Der Schulze reichte mir die Hand, was er bisher gegen den Brauch vermieden hatte. „Wenngleich es aufstinkt, daß Ihr Zinken zu lesen versteht. Wisset, daß ich Euch vorher für einen ihrer Kundschafter und Spione hielt, als Ihr beim Bildstock waret und die Zeichen so andächtig betrachten tatet. He, Hannes, Matz und Kilian!“ rief er überlaut.

Im Nu tat sich die Tür auf, und drei baumstarke Burschen mit Schießgewehren, Säbeln und zwei riesigen grauen Schäfer- oder Fanghunden traten ein und kamen mit Stricken in den Händen schnurgerade auf mich zu.

„Laßt das Herrlein!“ winkte der Schulze ihnen ab. „Geht wieder zu den andern und sagt ihnen, daß dieser da ein Gerechter ist und niemand ihm ein Leides tun darf Umstellet alles wohl, wie ich es euch gezeigt. Der Veit und der Leberecht beim Schlehenbusch, der alte Knolb und Hegers Bub an den Dachlucken vom ersten Haus, viere im Graben, zwei hinter den Misthaufen, zehn in Hegers Stall und die andern, wie es sich schickt. Laßt sie gut herankommen, spart nicht mit Kraut und Lot. Die fünf Helfer mögen den Schnee küssen, den Frieder, den mit der roten Kappe, will ich lebendig haben.“ Die starken Bengel sahen mich an und lachten.

„So hätten wir bald einen Unrechten die Himmelfahrt tun lassen“, sagte einer von ihnen und stieß die zwei anderen an, die grob ausplatzten mit ihrem bäurischen Lachen. Die Hunde knurrten und zogen die Lefzen von den weißen Zähnen.

„Nun gehet wieder!“ wies sie der alte Mann, und sogleich stampften sie schwer zur Tür hinaus.

Draußen lag das letzte Licht blau und dunkelnd auf dem weißen Land.

Der Alte befahl mir, einstweilen den Gasthof nicht zu verlassen.

Später brachte mir das wortkarge Schankmädchen, das alle meine Fragen mit einem „Weiß nicht“ abtat, ein am Spieß gebratenes Huhn und eine Kanne mit rotem Wein.

Als mich einmal das Verlangen ankam, hinauszugehen, schlug dicht vor mir einer von den Hunden an. So mußte ich bleiben und warten, bis alles vorüber sei, und müde von dem langen Weg und vom Essen und Trinken schläfrig, verfiel ich in einen halben Schlummer.

Ein dumpfer Schuß weckte mich, dem ein lauter Schrei antwortete. Ein wilder Lärm begann, Schüsse knallten, Menschen schrien und brüllten, fluchten, jammerten laut und baten in kläglichen Tönen. Dumpfe Schläge, die niederfielen, und ersticktes Gewinsel, dazu das zornige Jappen und Knurren von Hunden, die etwas zwischen den Zähnen hatten, schreckten mich. Ich sprang auf und wollte zur Tür hinaus. Sie war verschlossen.

Aber bald darauf drehte sich der Schlüssel im Schloß und ein kleiner, über alle Maßen keuchender und aufgeregter Junge von etwa acht Jahren stürzte herein und stotterte: „Der Schulze will, daß Ihr kommt!“

Als ich ins Freie trat, sah ich im Lichte von Fackeln und Windlichtern den Alten mitten in einem Haufen wohlbewaffneter Bauern und vor ihm, mit Stricken grausam verschnürt und gebunden, einen bartlosen Krauskopf mit platter Nase und mächtigen Kinnbacken.

„Tretet herzu!“ kommandierte der weißhaarige Bauer und winkte mir. „Nun, Frieder, sieh dir ihn an – kennst du den Mann?“ wandte er sich an den gefesselten Räuber.

„Wie sollte ich den Dietlieb nicht kennen?“ feixte der Bösewicht, froh, seine Bosheit an einem Schuldlosen ausüben zu können, und stieß mit dem Kinn nach mir. „Ist ja der einzige von meinen guten Gesellen, den ich auf Kundschaft sandte und der dessentwegen von euch Saubauern noch nicht massakriert worden ist. Wirst nun aber daran müssen, Dietlieb!“

Ein Schauder über so viel Schlechtigkeit durchrann mich. Um mich hob sich drohendes Murmeln, Büchsenläufe blinkten auf, richteten sich auf meine Brust. Ich wollte reden, aber eine Handbewegung des Schulzen gebot mir und allen anderen Schweigen. Dennoch schrie einer auf, man solle mich niederschlagen und nicht viel Redens machen.

„Halt den Rand, Krämer!“ donnerte der Schulze ihn an, und sogleich trat tiefe Stille ein. Er zeigte auf mich.

„Wann ist er von euch auf Kundschaft gegangen?“ Fragte er den Frieder. „Kannst du schwören, daß er mit war? “

„Im Blute des heiligen Willibrord, er war dabei! Er war mit!“ schrie der Frieder und sah mich mit teuflischer Lust an. „Wie wir gegen das Dorf zogen, nach Glock neune, hab ich ihn vorausgeschickt mit dem Brocken für den Hund.“

„Er lügt!“ rief einer aus dem Haufen. „Der mit dem Giftbrocken in einer kupfernen Büchse liegt hinter dem Misthaufen. Der alte Kolb hat ihn niedergebrannt!“

„Und ich sag es vor Gottes Thron: Er war mit und muß auch jetzt mit in den Turm und sodann auf Meister Hansens Tanzboden“, schäumte der Frieder.

Ich konnte nicht reden vor Entsetzen.

„Genug!“ herrschte der Alte den Frieder an. „Boshaftiger, durchteufelter, verdammter Sünder, der du unschuldiges Blut noch im eigenen Todeselend willst über dich bringen! Wisse, daß das Herrlein da mit mir im Gasthaus gesessen ist, und das von Mittagläuten an, und ehrliche Warnung von sich gegeben hat von wegen der Zinken am Bildstock. So fahre denn hinter deinen Gesellen her in die ewige Finsternis!“

Der Räuber lachte gellend auf, und der Speichel rann ihm übers Kinn.

„Wird sich erst weisen, du giftiger, zahnender, gescherter Bauernknoll! Bin ich um den Spaß gebracht, den ehrlichen Esel, den ich mein’ Tag nicht gesehen, zum Gefährten zu haben auf dem Stroh, so ist’s auch recht und muß meine Bosheit ohne Zucker bleiben. Und jetzt holla, ihr Bauernrösser, führt mich mit geziemender Ehrerbietung in euer Kötterlein und liefert mich morgen richtig im Stadtturm ab, wenn euch der Weg nicht reut.“

Einen Lacher setzte er noch drauf und wieherte wie ein Pferd, um die Landleute zu höhnen, die seiner frechen Rede mit offenem Munde zugehört hatten. Dann aber blickten sie erwartungsvoll auf ihr Oberhaupt.

Der Schulze trat wie ein schwarzer, dräuender Schatten auf den Gefangenen zu und sagte mit fester Stimme:

„Friederich Zabernikel, wie du mit dem rechten Namen heißest, wir brauchen kein Stadtgericht und keinen Turm. Ein Vaterunser magst du sprechen, und dann hangest du. Dies ist dein Urteil!“

Da stieß der Frieder einen schrecklichen Brüller aus, daß ihm die Augäpfel aus den Höhlen quollen, raste in seinen Fesseln, stampfte im Schnee und bog sich tobend unter den hornigen Fäusten, die ihn hielten. Sie warteten ruhig, bis er stille ward und angstvoll um sich glotzte.

„Ihr habt nicht das Schwertrecht, dürft keinem das Leben absprechen“, stammelte er. „Wo steht euer Dreibein? Besinnt euch wohl, was Rechtens ist.“

„Wir wissen es“, sagte der Schultheiß ernst, „schlimme Läufte rechtfertigen manches, was nicht im Landrecht geschrieben steht. Willst beten, Friederich, so tu es bald, denn deine Zeit ist um.“

„Brauch kein Beten und kein Herrgöttle“, schrie der Geängstigte wild. „Wenn ihr ohne Recht morden wollt, so mordet. Hab auch manch einem hinübergeholfen! Daß euch die Pest in eure groben Bäuche –“

„Schandmaul!“

Eine schwere rußige Schmiedehand bewegte sich drohend vor dem fahlen Gesicht des Mannes.

„Hast noch ein Gebitt?“ fragte der Greis.

Da lachte der Frieder auf, fast lustig.

„Weil mir die Schinder-Susel hat gewahrsagt, ich müsse einmal an einem Apfelbaum die Luft treten und weil ich nun doch daran muß, so soll sie unrecht behalten. An einem Birnbaum will ich den letzten Hopser tun –“

„In dem Zeitler seinem Garten“, sagte einer halblaut, und so setzte sich der Zug mit knisternden Fackeln in Bewegung. Hinterdrein liefen die Weiber und Kinder. Der Feuerschein ging rot über den glitzernden Schnee. Mit schwachen Knien folgte ich.

In einem großen Obstanger warfen sie den Strick über einen warzigen Knüppelbaum, knüpften die Schlinge und hoben den Gebundenen auf.

„Beten – beten –“, röchelte er, da ließen sie ab.

Der Frieder verzerrte abscheulich sein Gesicht und schnatterte:

„So möchte mich der Beelzebub erhören, daß ihr Hundskerle und eure dreckige Brut doch möget verrecken, verkrummen und verschwarzen, mit Aussatz, Pest und –“

Da hatten sie seinen Lästerungen auch schon ein Ende gemacht. Seine Füße zuckten und zappelten wild in der Luft, schlegelten hin und her, bis sie zwei Burschen bändigten und sich daran hängten. Als sie abließen, streckte sich das Beinwerk still vom Leibe, auf dem schief und dunkel der Kopf mit der roten Mütze stand, durch den dünnen Strich der Rebschnur mit dem knorrigen Ast verbunden.

„Siehst es, Heiner“, sagte ein Bursch zum anderen. „Willst allweil recht haben! Nun ist’s doch ein Apfelbaum gewesen, und da drüben steht der Birnbaum, den du uns weisen wolltest.“

„So hat die Schinder-Susel, von der er redete, mehr können als Mus kochen“, lachte es zurück. „Morgen im ersten Grau scharren wir ihn und die anderen ein.“

„So, Junker“, sprach der Schultheiß dicht neben mir, „nun kommt und verschlaft den Spuk. Morgen weiß keine Seele mehr vom Frieder und seiner Brüderschaft, und für Euch wird es gut sein, zu schweigen über das, was Ihr gesehen.“

Ich nickte bloß und ging neben ihm her, dem Wirtshaus zu. Dann aber blieb ich plötzlich stehen, faßte den Schulzen am Arm, sah ihm ins Gesicht und sagte:

„Woher verstandet Ihr es, die Zinken am Bildstock zu deuten?“

Heller Schein fiel aus den Fenstern, Singen und Lachen klang auf.

Der Mann machte halt und legte mir die Hand auf die Schulter. Tief senkte sich sein Blick in meinen.

„Freund," sagte er, und ein bitteres Lächeln ging über sein runzeliges Gesicht, „zu der Frage habt Ihr ein Recht. Nun denn – vielleicht bin ich durch dieselbe Schule geloffen wie Ihr selbst. Vielleicht auch habe ich mein Ohr öfters an den Mund eines armen Sünders gehalten, der auf der Streckbank lag, oder es schlief mir einmal eine am Herzen, die nächtens ausplapperte, was tagsüber ihr roter Mund verschwieg. Auch geschieht es unterweilen, daß ein Unschuldiger in Ketten gelegt wird und auf der harten Kerkerpritsche dem lauschen muß, was die Galgenvögel einander von Kniffen und Ränken erzählen. Da habt Ihr überreiches Futter zum Nachdenken über mich. Und wenn ich es Euch gleich geschrieben in Eure Hände legte, was ich alter Mann in jüngeren Jahren erfuhr – wäre Euch damit auch nicht geholfen. Merket: Einer weiß nichts vom andern, und ob auch der andere sein leiblicher Bruder wäre. – Kommt, ich will Euch Eure Liegestatt weisen."

Endlich war ich, mit dem gefundenen Gelde als ein Kavalier neuerlich ausgestattet und gekleidet, in die Heimat gelangt und stand vor dem Tor, durch das ich als Knabe vielmals ein- und ausgegangen und durch das meine Mutter, des Vaters Vater und die Aglaja weggetragen worden waren.

Ich stand und starrte.

Was hatte der Mensch gesagt, der mir auftat? - Daß der Freiherr von Dronte im vorigen Sommer zum Nachtisch Trauben gegessen, dabei von einer Wespe gestochen worden sei und an dem geschwollenen Halse habe schmerzhaft ersticken müssen.

Immerfort habe er mit Gebärden danach verlangt, man möge ihm mit einem Federmesser, das er aufzeigte, den Schlund unterhalb der Drossel aufschneiden, aber keiner habe gewagt, dies zu tun. So sei es denn unmenschlich anzusehen und zu hören gewesen, wie er, mit den Händen um sich schlagend und schrecklich die Augen rollend, etliche Stunden geröchelt, gewürgt und gepfiffen habe, bis endlich kein Schnaufer mehr Durchlaß gefunden und unter wildem Bäumen und Hin- und Herwerfen des Leibes die Seele davon sei. Haus und Hof aber seien nunmehr in den Besitz des Herrn von Zochte übergegangen, aber noch nicht bezogen. Das Adelsstift, an das alles falle, habe in den Verkauf des Erbes an den Zochte gewilligt.

Der Mann kannte mich nicht, hielt mich wohl für einen einstmaligen Gast des Vaters, und da ich nach dem Sohne Melchior fragte, zuckte er die Achseln und meinte, der junge Herr sei als Studiosus nach allerlei schlimmen Streichen den Werbern in die Hände gefallen und entweder irgendwo im Grund verscharrt oder verkommen und verflogen. Niemand habe mehr von ihm gehört.

Ich fragte mit banger Neugierde nach dem Phöbus. Der sei als kaiserlicher Standartenjunker vor dem Feinde geblieben, erhielt ich zur Antwort.

Und wer die Hinterlassenschaft des alten Barons geordnet habe? Das sei der Herr Notarius Mechelde gewesen, drinnen in der Stadt.

Ich wandte meinen Gaul und ritt langsam an allem vorüber: an der Mauer mit den Dachziegeln obenauf, die den Park umzog, an den alten Bäumen, die so rauschten wie vor eh, am Fischteich und am Försterhaus und sah von weitem die Thujen und Zypressen des Friedhofs.

Der Notar Mechelde empfing mich mit steifer Würde in seinem grauen Zimmer. Graue Faszikel standen an der Wand bis zur verräucherten Decke hinauf, und grau war der ganze klapperige Mensch bis auf den grünen Augenschirm, unter dem er hervorblinzelte. Er schob mir einen Stuhl hin, prüfte meinen Immatrikulationsschein, das einzige Dokument, das ich mein eigen nannte, sah in seinen Büchern nach und eröffnete mir sodann, daß mein in Gott ruhender Herr Vater mehr als die Hälfte seines Vermögens adeligen Stiften und Ritterorden vermacht, einen großen Betrag zum Ankauf einer Orgel für die Dorfkirche und fernerhin zahlreiche Legate für seine Jägerei und auch für die besten seiner Hunde bestimmt habe. Somit verbliebe für mich, seinen einzigen natürlichen Erben, ein Betrag von etwa fünfzehntausend Talern, die ich jederzeit bei Gericht beheben könne.

Auf mein Verlangen nach dem Anblick des Testaments holte er ein fleckiges Papier aus dem Schrank und erklärte mir das besudelte Aussehen der Schrift damit, daß der alte Herr in *articulo mortis*, fast schon verkeuchend, versucht habe, die Stelle, in der von mir als dem „mißratenen Sohne Melchior, Freiherrn von Dronte", die Rede war, mit dem Gänsekiel durchzustreichen. Aber mitten in einem Beginnen, das die gedunsene Hand nicht mehr imstande war auszuführen, habe die Atemnot also furchtbar eingesetzt, daß ein schluchzender Krampfhusten den Auswurf über das Papier gesprüht und es so mit rötlichen Flecken besprenkelt habe.

Während dieser Erklärungen trommelte der Notarius mit seinen Spinnenfingern so ungeduldig auf den Deckel seines Schreibpultes, daß ich wohl sah, wie wenig ihm an meiner Gesellschaft gelegen sei. Als ich jedoch, unbekümmert um seine geringe Lebensart und Höflichkeit, das Ansuchen an ihn stellte, mir gelegentliche Äußerungen meines Vaters über mich mitzuteilen (in denen ich ein Zeichen von Vergebung und eine Spur väterlicher Zuneigung zu finden hoffte), richtete der graue Aktenmensch seine entzündeten Augen auf mich und sagte, mit der linken Hand an dem goldenen Siegelring seiner Rechten drehend, mit trockenem Ausdruck:

„Es ist wohl nicht meines Amtes, vertrauliche Äußerungen meiner Klienten weiterzubefördern. Wenn Ihnen, Herr Baron Dronte, damit jedoch ein sonderlicher Gefallen geschieht, muß ich Ihnen sagen, daß Ihr Herr Vater der jedesmaligen Nennung Ihres Namens Worte hinzufügte, die zu wiederholen ich weder gewillt noch berufen bin. Insonderheit schienen bei dem alten Herrn schwere Zweifel zu bestehen, ob sein einziger Sprosse und Namensträger würdig sei, sich des alten Wappens und Titels zu bedienen. Und dieses Gefühl mag vorgeherrscht haben bei der letztwilligen Verordnung Seiner Gnaden, die mich mit dem Besitze des hier an meinem rechten Zeigefinger befindlichen Siegelringes des Abgeschiedenen bescheinbarte!

Und er streckte den dürren, mit schwarzem Krallenrand versehenen Finger gegen mich aus, an dem der Ring saß, in dessen Sardonyx unser Wappen mit den drei goldenen Rosen kunstvoll geschnitten war.

Unwillkürlich ballte sich meine Hand zur Faust. Der Notarius warf einen raschen Blick auf den mit bunten Glasperlen bestickten Klingelzug neben seinem Pult und lächelte befriedigt.

Ich verbeugte mich kurz und ging der Türe zu.

Aber ehe ich diese erreicht hatte, rief er mich hastig zurück und erklärte, etwas vergessen zu haben. Meine Muhme, die Mutter Aglajas, habe mir bei ihrem noch vor dem des Vaters erfolgten Ableben ein versiegeltes Schächtelchen vermacht, das in seiner Verwahrung sei und das er mir nunmehr auszuantworten gedenke.

Er wühlte und kramte eine Weile unter dem aufgeklappten Deckel seines Pults, schob mir eine Bestätigung zur Unterschrift hin und gab mir, nachdem ich meinen Namen auf das Papier gesetzt, eine mit vergilbter blauer Seide überzogene Schachtel, die am Rande versiegelt war.

„Und nun wird der Herr von Dronte excusieren, wenn ich mich dringlicheren Geschäften zuwende."

Ich verließ das graue Zimmer, die Brust beengt, und erschüttert durch die über den Tod hinausreichende Härte meines Vaters. Es war mir nicht wegen des Geldes. Ich trauerte nicht darüber, daß ich statt eines Schlosses, reicher Acker, Wiesen, Wälder und Teiche, statt dreier wohlhabender Dörfer nebst vielem anderen Hab und Gut, das von den bedachten Stiftungen an die reichen Zochtes verkauft worden, den Bettel von fünfzehntausend Talern erhielt. Was mir so bitter weh tat, war der Umstand, daß von all den tausend Dingen, die meiner Mutter gehört hatten, von den vertrauten Möbeln und Bildern nicht ein einzig Stücklein auf mich gekommen war. Und wäre es nur die Holländeruhr mit dem Palmenengel und dem hauenden Tödlein oder auch nur der silberne Brautbecher meiner Mutter gewesen, meinetwegen sogar das runde Ei aus siebenerlei Hölzern, auf dem sie meine Kinderstrümpfe gestopft, ich wäre zufriedener Wehmut voll gewesen.

So ging ich denn, ausgestoßen und aller Liebe bar, den langen Weg zurück, den ich geritten war, und bog gegen den Friedhof ab. Grüne, zarte Blätter trieben aus den Bäumen, die die Straße säumten, und meine Sporen streiften die ersten Blumen am Wegrande. Lerchen stiegen trillernd auf und schwanden im hellen Blau. So schön war der Tag, und in mir wob Finsternis!

Als ich durch das breite Gittertor den stillen Garten der ewig Ruhenden betrat, um von dem Toten, der kein Wort der Güte für mich gefunden und dennoch sich meinen Vater genannt hatte, für immer Abschied zu nehmen, fiel mir wie ein böser Schreck das garstige Erlebnis mit jener jungen Magd ein, deren Aufschrei und Empörung mich damals mit Grauen vor der Willkür und Roheit der Mächtigen, zu denen auch ich gehören sollte, erfüllt hatte. Der nachträgliche Ekel vor jener Nacht war so stark, daß ich umkehren wollte, um nicht mit so unreinen Empfindungen die Erde zu betreten, unter der der Tote lag. Aber nach kurzem inneren Kampfe ging ich dennoch weiter, wohl deshalb, weil ich wußte, daß nichts mich je veranlassen könne, noch einmal die Stätten meiner unseligen Jugend aufzusuchen.

So schritt ich mit gezogenem Hut zwischen den Eisenkreuzen, Urnen und steinernen Engeln weiter. Der eben noch so blaue Himmel hatte sich mit schnell emporgestiegenen grauen Wolken überzogen, und der tausendfache Gesang der Vöglein in den Bäumen verstummte plötzlich. Windschauer liefen über die Hügel und machten das helle, lange Gras wehen. Ein einziger Sonnenstrahl fiel schmal und golden auf einen viereckigen Stein neben dem Wege, auf dem ein halbverwischter, kaum mehr lesbarer Name stand und ein Spruch. Diesen Spruch traf das Himmelslicht, so daß ich die schadhaften Buchstaben deutlich erkennen und deuten konnte: *Non omnis moriar!* „Ich werde nicht ganz sterben." Dieses Wort sank allsogleich auf den Grund meiner Seele, und ein unsagbar köstlicher Trost ging von ihm aus, der mir die Augen mit Tränen der Freude und das Herz mit süßer, unbestimmter Hoffnung füllte. Mir war dieses Wort des römischen Dichters auch aus dem Geschichtsunterricht wohl bekannt. Der Engländer Sir Thomas More hatte es gesprochen, ehe sein ehrwürdiges Haupt unter dem Beil des Henkers fiel. Seltsam, daß heute erst der Tag gekommen war, an dem ich die unermeßliche Bedeutung des Spruches ahnend und erschauernd spürte.

Aber der Sonnenstrahl schwand, und das trübe Grau des kommenden Frühlingsregens brachte mich zur Besinnung. Ich stampfte mit dem Fuße auf, und das Klirren des Sporns weckte mich aus Träumen, die sich in die Unendlichkeit zu verlieren drohten. Ich ging weiter, bis zum Erbbegräbnis, hinter dessen schweren, rostfleckigen Türen neben dem harten Vater die Mutter, der Großvater, die Muhme und meine geliebte Aglaja schliefen, und betrachtete gerührt das Rosenbäumchen, das die Muhme wenige Tage nach dem Tode des Mädchens hier gepflanzt hatte. Es war ein stattlicher Stamm geworden, und seine Zweige waren besät mit winzigen, zartgrünen Blättchen. Zur Sommerszeit mochte es glühen von roten Rosen. –

„Gerne hatte ich eine Rose von deinem Grab für immer bei mir getragen, Aglaja", sagte ich leise und streichelte das Bäumchen. Ich dachte, daß vielleicht die feinen Wurzelenden den Weg bis zu ihr hinunter gefunden haben könnten und daß sie es fühle, wenn eine liebende Hand den glatten Stamm berühre. Dann aber erschrak ich so, daß ich um ein kleines laut aufgeschrien hätte in der feierlichen Stille des Friedhofes.

Zu meiner rechten Hand, neben einem frisch aufgeworfenen, noch unbeschickten Grab, hockte auf einer halbversunkenen moosigen Steinplatte einer, den ich nie vergessen hatte und dessen abscheuliches Gehaben und Aussehen mich oft genug in wachen Träumen verfolgte.

Er trug noch immer den breiten Hut, hatte den nägelbeschlagenen Jagdranzen umhängen und stach mit seinen gelben Geißenaugen frech und höhnend nach mir, die Hakennase gekrümmt wie einen Geierschnabel und das faltige Maul widerwärtig verrenkt.

„Ich bin es schon", krächzte er. „Ist noch nicht lange, Euer Gnaden, daß ich die Freude hatte, Euch zu sehen."

Ich antwortete nicht. In meiner Rocktasche hatte ich ein wohlgeladenes Terzerol, dessen Griff sich in meine Hand schmiegte.

„Ja, ja", kicherte der Kerl und schnitt ein Gesicht, „der Fangerle ist es, Gnaden Herr Baron. War mit dabei, wie sie den Friederich Zabernikel henkten, aber hielt mich hübsch im Hintergrunde."

Er brach in ein meckerndes Lachen aus, und seine Augen glommen im Schatten des Hutrandes.

„Was suchst du hier?" brachte ich hervor.

Er lachte wiederum, und es klang wie das Klirren von Glasscheiben. Mit der gelben Hand deutete er auf die offene Grube an meiner Seite, aus der der Spaten des Totengräbers Sand, erdige Knochen und einen bräunlichen Schädel geworfen hatte, an dem noch Haare klebten, und zischelte:

„Ein Neuer, Herr Baron, und da warte ich auf die Seelenmaus."

Dabei klopfte er auf seinen Ranzen, wobei es drinnen einen schrillen, kläglichen Pfiff tat.

„Laßt mich mit Eurem Unsinn zufrieden", rief ich, von Grauen gepackt. Ein kalter Regentropfen schlug mir ins Gesicht, daß ich zusammenschrak.

Da verzog er sein Gesicht zu einer fürchterlichen Fratze, funkelte mit den Augen, öffnete klaffend den Mund und stieß nachäffend jenen schauderhaften Schrei aus, den der Feßl Heiner in seiner Todesangst vor dem Rabenstein getan hatte.

„J-i-i-iiii!“

„Hund!“ brüllte ich, riß, meiner nicht mehr mächtig, das Terzerol aus der Tasche, spannte blitzschnell mit dem Daumen den Hahn, stieß ihm den Lauf ins faltige Gesicht und schoß *á bout portant*. In der blauen Rauchwolke sah ich nichts, und als sie sich, langsam nur, in der Regenfeuchte verzog, flatterte der Kittel des Kerls schon weit entfernt zwischen den Grabsteinen und Sträuchern, von wo ein widriges, kreischendes Lachen gellte. Und wieder war es mir, als striche ein großer Vogel nach Eulenart zwischen den Bäumen und über die Mauer davon.

Da scholl lautes Rufen und kam näher. Zwei Totengräber, ein Alter und ein stämmiger junger Bursch, kamen mit Prügeln gelaufen und stellten mich. Was hier geschehen sei und warum ich geschossen?

Ich stand ihnen Rede und beschrieb ihnen den Kerl mit dem Ranzen, der schon einmal in verdächtiger Weise bei einer unbeerdigten Leiche mir in früherer Zeit aufgefallen sei, auch bei der Hinrichtung des Schmiedes Feßl sich in einem Baume bemerkbar gemacht habe und mit seinem neuen leichenschänderischen Gehaben mich jetzt so in Zorn gebracht, daß ich mein Pistol auf ihn abgefeuert, ihm anscheinend jedoch keinen Schaden zugefügt habe, nachdem er lachend entloffen und davongefludert sei.

Sie hörten mich ruhig und ernst an, und der Alte nickte mit dem Kopfe, als wollte er andeuten, daß ihm der Mensch wohlbekannt und gleich mir in die Seele hinein verhaßt sei.

Dann aber fragte er mich um meinen Namen, und als ich den genannt, sagte er:

„Es mag nun der Herr Baron tun nach seinem Belieben. Wir haben das verbriefte Recht, Verstöße gegen die Heiligkeit des Ortes am Fleck zu pönen oder die Übeltat bei Nichtleistung der Pön dem Gerichte anzuzeigen. Für das Schießen auf geweihter Erde büßt männiglich einen Silbertaler.“

Ich warf dem Manne zwei Taler hin. Aber er gab mir den einen zurück und sprach:

„Übergeld darf ich nicht an mich nehmen. Schad ist's nur, daß diesem Unhold Euer Schuß niemalen hat schaden können.–"

„Wie meint Ihr das? Ist er etwa gefroren?" fragte ich.

Der Junge lachte, und der Alte schupfte die Achseln:

„Wenn der Herr in seinem Kugelmodel kein Kreuz eingegraben hat, wie es denn nie fehlen soll, und sich solcherart dem bleiernen Vöglein aufprägt, so hat er ihm nicht einmal weh getan, so tüchtig die Waffe ansonsten sein mag."

„Ich führe kein Kreuz auf den Kugeln."

„So ist es schade um den Schuß und um das Strafgeld dafür." Der Alte wiegte den haarlosen Kopf hin und her. „Aber daß der Herr ihn sehen kann, ist bedeutsam."

„Weshalb?"

„Nicht jeder kann ihn sehen, nur Begnadete", fiel der Jüngere ein. „Wie zum Beispiel der Vater hier, der hat ihn oftmals von frischen Gräbern gescheucht, und ich gäbe weiß was darum, könnte ich ihn je erblicken. Aber ich bin Tage und Nächte lang umsonst auf der Lauer gelegen und habe ihn nicht erschaut. Und doch war er da gewesen."

„Wer ise der Kerl?" fragte ich heftig.

„Der Fangerle", sagte der Alte und schlug ein Kreuz.

„Ist es ein Mensch oder ist es –?"

Aber sie gaben mir keine Antwort mehr und blickten im leise fallenden Regen dem Eingang zu.

Von dort kam mit Gesang und vielstimmigem Gebet ein Leichenzug.

„Hab's immer gedacht, daß er bei dem geizigen Torbäcken sich zeigen wird", murmelte der Alte und stieg in die Grube.

Sie beachteten mich nicht weiter, und als ich nochmals fragte, sagte der Junge unwirsch: „Tu der Herr lieber beten!".

Verwirrt und in der Seele betrübt, ging ich auf Seitenwegen hinweg, um den Ausgang zu erreichen, indes des Torbäcken Sarg auf die offene Grube zuschwankte.

Bevor die Postkutsche abging, fiel mir das verblaßte und zugesiegelte Schächtelchen ein, das mir der Notarius als Erbe meiner Muhme, Aglajas Mutter, gegeben hatte. Ich riß das Lacksiegel ab und hob den Deckel. Auf weißer, vergilbter Seide ruhte eine rotgoldene Locke der unvergeßlichen, geliebten Base und ihr silberner Fingerring, den ich oft an ihrer kleinen Kinderhand betrachtet hatte. Er war mit feinster Kunst aus zwei Schlangen gebildet, die sich um einen rundgeschliffenen Feueropal wanden. Ungezählte Küsse drückte ich auf den geheimnisvoll leuchtenden und schillernden Stein, auf die silbernen, schuppigen Natternleiber, die einst einen Finger der süßesten Hand umschlossen hatten, und rief den Namen, der in mein Herz geschnitten und dort schmerzhaft vernarbt war.

Am Abend des Tages aber, an dem ich in der großen Stadt Wien angekommen war und staunend das Leben in den Straßen, die vielen Fuhrwerke, Tragsessel und Sänften betrachtete, widerfuhren mir Abenteuer so eigentümlicher Art, daß ich an die Beeinflussung meines Lebens von seiten dunkler und unheimlicher Mächte wohl oder übel glauben mußte.

Das erste freilich, was mir begegnete, war artiger Herkunft und anmutiger Gattung. Als ich nämlich über den Platz ging, auf dem der Dom von Sankt Stephan sein steinernes Schnitzwerk in den Himmel streckt, geriet ich beim Überschreiten der Straße in eine stockende Masse von Wagen und Sänften und wurde so nahe an eine sehr vornehme, feinbemalte Sänfte mit zwei dunkelrot livrierten Trägern gedrückt, daß ich dicht neben dem herabgelassenen Seitenfenster Aug in Aug mit der Insassin stand. Wer aber vermag es, mein Staunen zu beschreiben, als ich in der hochtoupierten, vornehm gekleideten Dame Sattler Höllbrichs Lorle erkannte? Auch sie kannte mich soglelch wieder, denn sie stieß einen leichten Schrei aus und nannte meinen Namen. Mit gezogenem Hut blieb ich, entzückt von ihrer ungeahnten, durch kleine Künste gesteigerten, voll erblühten Schönheit stehen und bat in leisen, eindringlich flehenden Worten um ein baldiges Wiedersehen. Sie deutete mit einer kurzen, offenbar ängstlichen Bewegung nach den dunkelroten Trägern und sagte dann sehr laut: „Wohlan, Herr Doktor, Ihr könnt mir

AGLAJA

die neue Salbe für den Teint in mein Haus bringen. Fraget nur nach Madame Laurette Triquet in der Schönlaterngasse.“ Damit nickte sie mir huldvoll, ja eigentlich herablassend zu und gab den Trägern mit der Armschnur ein Zeichen, weiterzugehen.

Nach einem vorzüglichen Diner ging ich gegen Abend wieder aus meinem in der Himmelpfortgasse befindlichen Quartier und gedachte, noch ein wenig mich unter die abendlichen Spaziergänger zu mischen, die des angenehmen Luftzuges nach dem heißen Tage froh waren. Schon seit einiger Zeit glaubte ich zu bemerken, daß mir ein äußerst zierlich und adrett gekleideter junger Bursch auf Schritt und Tritt nachschlich. Und wirklich, es dauerte nicht lange, so befand er sich an meiner Seite und sagte halblaut: „Soferne Euer Gnaden Verlangen nach ausnehmend guter und lustiger Gesellschaft tragen und etwa ein Spielchen machen möchten, wäre ich bereit, den Herrn in ein Haus zu führen, wo man dergleichen in bester Qualität findet.“

Gerne bereit, meine Abendstunden in angenehmer Weise zu verbringen, und in der Hoffnung, meinen Geldbesitz durch guten Kartenfall zu erhöhen, erklärte ich mich damit einverstanden, dem Menschen zu folgen. Er ließ bescheiden von mir ab und ging als Führer voraus, sich nur des öfteren umblickend, ob ich hinter ihm sei. Nach langem Hin und Her durch dunkle, schlecht beleuchtete und holperige Straßen, gelangten wir endlich in eine krumme und sehr enge Gasse. Vor einem großen Tor blieb der junge Mann stehen und tat mit dem Klopfer vier rasche Schläge, denen zwei stärkere folgten. Wir mußten eine Weile warten und bemerkten wohl, wie uns ein dunkles Auge durch einen Spalt aufs genaueste musterte. Dann aber ward in dem großen, mit schweren Eisenplatten beschlagenen Tore ein Schlupftürchen geöffnet, in dem eine ältere, listig blickende Frau erschien und uns mit einer brennenden Kerze ziemlich lange ableuchtete. Erst als mein Führer leise etwas flüsterte, was mir ein Erkennungs- oder Losungswort zu sein schien, trat das Weibsbild zurück, so daß wir an ihr vorbeikonnten. Wir schritten über einen großen, feuchten, mit Efeu umwachsenen Hof, in dem aus einem Tritonenmaul Wasser plätscherte, und stiegen dann eine steile, kaum beleuchtete Wendeltreppe empor.

Im ersten Stockwerk begehrte mein scheinbar uneigennütziger Führer auf dieselbe Art Einlaß wie unten, und als der Diener die Flügeltüren öffnete, um mich eintreten zu lassen, stand ich einen Augenblick lang wie geblendet in der Helle, die Hunderte von wohlriechenden Wachskerzen verbreiteten. Ein goldbetreßter Lakai nahm uns die Degen, Hüte und Mäntel ab und bedeutete uns, weiterzugehen.

Ich sah sofort, daß die häßliche, verfallene Außenbeschaffenheit des abgelegenen Hauses, die unfreundliche Finsternis auf den Stiegen und im Hofe nur dazu bestimmt waren, Neugierige abzuhalten und die verschwenderische Einrichtung und die Lichtfülle ins Verborgene zu rücken. Denn hier funkelten die Wände von Gold, herrliche Gobelins verdeckten zum Teil die scharlachenen Seidentapeten, der Boden war blank und glatt wie Glas, Hunderte von Kerzen brannten in venezianischen Prismenlüstern und silbernen Armleuchtern. Auf Tischen mit unschätzbaren Platten aus Malachit, Lapislazuli und Ruinenmarmor standen die erlesensten Leckerbissen und Getränke.

„Der Freiherr von Dronte beliebe sich vielleicht in das Spielzimmer zu begeben“, sagte lächelnd mein bleicher Führer.

„Woher kennt man mich?“ fragte ich nicht sehr freundlich.

Der junge Mann lächelte überlegen.

„Wir interessieren uns für alle Fremden von Distinktion, die eintreffen, und werden von den Postkutschern rechtzeitig informiert. So weiß ich, daß der Herr Baron bei der Witwe Schwebsküchlein Logement genommen hat, und ließ es mir angelegen sein, den Herrn Baron in einen ihm gewiß zusagenden Zirkel zu bringen, in dem sich ebenso ritterliches Amusement, als auch etwas aus Fortunas Füllhorn finden läßt.“

Während dieser Rede traten wir in hell erleuchtete, prunkvolle Nebenräume ein, in denen an mehreren Tischen Pharao und Landsknecht gespielt wurde. Die Spielenden wandten, als mein Name laut gerufen wurde, kaum den Kopf nach mir, denn an dem größten der Tische, an dem ich gerade stand, waren die Blicke gespannt auf den Bankhalter gerichtet, der seinen Talon auflegte. Gedämpft ertönten von überall Ausrufe wie „Va tout!“ oder „Va banque!“ und leise klingelten und rollten die Louisdors auf dem grünen Tuch, das über die Steinplatten der Tische gespannt war.

Ich griff nach der Geldkatze, die ich aus Vorsicht vor Dieben unter der bordierten Weste trug, und trat näher an den großen Tisch. Sogleich sorgte der junge Mann, der mich hergebracht hatte, für einen bequemen Sessel und verschwand sofort, als ich mich mit leichtem Gruß niedergelassen hatte. Ich sah mir, bevor ich zu pointieren begann, vor allem die Menschen an, mit denen ich es zu tun hatte, und fand, daß ich in eine Versammlung von Zerrbildern geraten war. Der Bankhalter hatte ein farbloses, verkniffenes Gesicht, das von einem ruhelosen und wilden Leben verwüstet zu sein schien. Er trug über dem rechten eingesunkenen Auge eine schwarze Stoffblende, ein viereckiges Stück Tuch an einem Bande, das quer über die Stirne und weiter hinter dem rechten Ohr verlief. Neben ihm saß eine ungeheuer fettleibige, schweratmende Frau mit einem weißgepuderten Kürbiskopf, den hinaufgepreßten Busen fächelnd. Sie war mit Perlen und Juwelen aller Art geschmacklos übersät und schien mir der Gesichtsbildung nach eine spaniolische Jüdin zu sein. Neben ihr thronte, aufrecht und hochmütig unter halbgeschlossenen Lidern blickend, eine äußerst magere Frau von Stande, deren gelbes Affengesicht mit Schönheitspflästerchen in Gestalt von Palmen, Schmetterlingen und Vögelchen beklebt war. Ihre blutlosen Finger wühlten gierig in einem ganzen Haufen von Goldstücken, der vor ihr lag. An der anderen Seite des Bankhalters lehnte tief im Stuhl ein Greis mit fast erloschenen Augen, dessen lange Finger wie Spinnenbeine aus den Spitzenmanschetten krochen, wenn es nach Gold zu greifen galt. Ein abschreckend häßlicher, buckliger Mensch mit tiefbraunem Gesicht, fingerdicken, kohlschwarzen Augenbrauen und scharfen, schmalen Lippen aß Bonbons aus einer Goldpapiertüte, und von ihm ging auch der scharfe Geruch nach bitteren Mandeln aus, der mir schon beim Eintritt ins Zimmer aufgefallen war. Zwischen ihm und einem dunkelgrünen, silberverschnürten Husaren mit haarigen Händen saß verschüchtert und in sich zusammengekauert ein junges Mädchen, das sogleich meine Aufmerksamkeit auf sich lenkte. Dennoch entging meinen Blicken ebensowenig ein Mann in kostbarer Kleidung, dessen Nase aus feuerroten Truthahnlappen bestand, und ein hoher Beamter, nach seinem gestickten Rock zu schließen, der mir ein blauweißes, blindes Pferdeauge zuwandte. Alle Menschen an diesem Spieltisch waren irgendwie gezeichnet.

Das junge Mädchen aber, dessen gänzlich unerwarteter und mich tief ergreifender Reiz in einer unbeschreiblichen Ähnlichkeit mit meiner toten Base Aglaja bestand, war von vollendeter Anmut und Schönheit und wirkte in dieser widerwärtigen Umgebung wie eine wundervolle

Blume in einem Haufen von Kehricht. Sie sah mich mit einem gleichsam flehenden und hilfesuchenden Blick an, der wie süßes Feuer in mein Herz drang und es im Augenblick mit heftiger Zärtlichkeit erfüllte.

Es war mir, als säße Aglaja in nur wenig veränderter Gestalt mir gegenüber, mit stummer Bitte Schutz und Rettung vor irgendeiner Gefahr bei mir suchend. Bald hörte ich auch ihren Namen, den der Bucklige in fremdartigem Deutsch und stets in barschem Befehlston aussprach: „Zephyrine". Und jedesmal, wenn das Scheusal von dem holden und einsamen Kind irgendeinen Dienst heischte, ging um den zahnlosen Mund des spinnenfingrigen Greises, den sie Graf Korony nannten, ein unsäglich widriges und lüsternes Grinsen.

Es stand bei mir sogleich der Entschluß fest, mich diesem auf den ersten Blick sogleich geliebten Mädchen zu nähern und ihr bei guter Gelegenheit meine Dienste allzubieten, deren sie mir bedürftig schien. Dies Gefühl ward so heftig in mir, daß ich mich kaum beherrschen konnte und mehrmals in Versuchung geriet, sie anzureden, besonders dann, wenn ihre grauen, goldflimmernden Augen mich ansahen und ich Aglajas unvergeßliche Sterne auf mich gerichtet glaubte. Dennoch war ich klug genug, eine hier gänzlich unverständliche Zuneigung nicht zu verraten und einen günstigen Zeitpunkt abzuwarten, der den unauffälligen Beginn eines Gespräches ermöglichen wurde.

Indessen wurde sehr hoch gespielt, und der Bankhalter mit dem verhängten Auge strich ganze Berge von Gold ein. Außer ihm war die feiste Spaniolin im Glück. Zuerst spielte ich vorsichtig mit, machte auch zweimal Doublé, aber schon beim nächsten Aufschlag verlor ich. Nach und nach geriet ich in eine dem vernünftigen Spiel abholde Hitze, versuchte Verlorenes rasch wieder einzubringen und verlor neuerlich und wiederholt. Des Mädchens Blick haftete traurig an mir, und einmal war es mir, als mahne sie mich mit fast unmerklichem Augenwink, vorsichtig zu sein und dem Bankhalter auf die Finger zu sehen. Immer tiefer mußte ich in meine Geldkatze greifen, immer mehr meiner Goldstücke wanderten in die Hände des Bankhalters und des dicken Weibes, und als es auf Mitternacht zuging, erkannte ich mit namenlosem Schrecken, daß meine Barschaft sich erschöpfte und nur noch wenige Goldstücke mein eigen waren

Bittere Reue erfaßte mich ob meiner Unbesonnenheit. Zu spät dachte ich daran, daß solche heimlichen Spielhäuser doch nur für den Gimpelfang eingerichtet waren, und es fiel mir ein, wie oft ich gehört hatte, daß die scheinbaren Gegenspieler nach dem Abgang des ausgeplünderten Opfers den Gewinn zu teilen pflegten, der ihrem geschickten Zusammenwirken zu danken war. Aber so sehr ich auch nach dem heimlichen Wink Zephyrines auf der Hut war und dem Bankhalter auf die Hände sah, so wenig konnte ich Unrechtes entdecken, das mir das Recht verliehen hätte, das Spiel für ungültig zu erklären und das verlorene Geld wieder herauszuverlangen. Aber auch dann wäre mein Aufbegehren dieser zahlreichen und sicherlich auf solche Dinge vorbereiteten Gesellschaft gegenüber vergeblich und lächerlich gewesen. Hätte ich anderntags doch nicht einmal zu sagen gewußt, wo sich dieses Haus befand!

Verzweifelt setzte ich zwei von den vier mir noch verbliebenen Goldstücken, als die Uhr auf dem Kamin mit hellem Schlag die Mitternacht anzeigte und eine heisere, trübselige Gavotte ableierte.

In diesem Augenblick wurde die Flügeltüre geöffnet, und ein fremder, hohläugiger, ganz in schwarze Trauerlivree gekleideter Diener schob in einem Rollstuhl einen neuen Spieler an den Tisch. Es war ein uralter, ganz gebrechlicher Greis mit weißer Perücke, so wie der Diener, nur kostbarer, in Schwarz gekleidet. Sein Gesicht verriet große Klugheit, aber auch bewegtes Leben. Denn es war von ungezählten Falten und Furchen durchzogen. Aber die wächserne Farbe und die seltsame Unbewegtheit der Züge verliehen diesem wohlgebildeten Kopf eines geistvollen alten Mannes etwas schauerlich Leichenhaftes und Totes. Unbestimmte Erinnerungen drangen qualvoll auf mich ein.

Mitnichten sich um das maßlose, nur schlecht verhehlte Erstaunen der Tischgesellschaft kümmernd, schob der Alte eine Geldrolle auf das Tuch und beteiligte sich sogleich am Spiel, ohne auch nur ein Wort zu sprechen. Flüsternd sahen alle auf ihn. Mir war es, als ob die Kerzen dunkler brannten, seit er mit seinem Diener in den Saal gekommen war.

Da richtete der Mann im Rollstuhl zwei schwarze, glanzlose Augen auf mich und sagte mit einer Stimme, die aus unergründlichen Tiefen zu kommen schien:

„Herr von Dronte, ich lade Sie ein, mit mir en c*ompagnie* zu spielen!“

Ich vermochte nur zu nicken. Wie Nebel senkte es sich auf Zephyrines liebliches Gesicht, auf ihr schimmerndes Haar, auf die ringbeladenen Hände der Spaniolin und die flinken Finger des Bankhalters.

Die Karten fielen.

Schweigend schob mir der Greis die Hälfte seines Gewinnes, eine ganze Rolle goldener Sovranos, hin.

Der Bankhalter murmelte etwas zwischen den Zähnen, die dicke Frau trocknete sich Schweiß und Fettpuder von der Stirn, der Husar stieß einen halblauten ungarischen Fluch aus. Wieder fielen die Karten, dünne Greisenfinger schoben aufs neue Goldstücke zu mir hin. Die Zeit rann, fiel in Goldtropfen auf mich nieder. Ich sah, daß man von den anderen Tischen aufstand, daß ein Ring von neugierigen Gesichtern uns umgab. Aber alle waren still. Nur der leise Kartenfall, die wenigen beim Spiel nötigen Worte und das metallene, feine Klirren waren zu vernehmen. Bald konnte ich mit beiden Händen den Goldschatz vor mir nicht mehr umfassen. Ich begann verstohlen die Geldkatze zu füllen. Als sie zum Bersten voll war, stopfte ich die Dukaten in meine Taschen. Schon hatte ich dreimal mehr Geld, als ich beim Eintritt in dieses Haus besessen. Die Rockschöße hingen schwer herunter, die Weste bauschte sich an den Taschen. Alle verloren – der Mann mit dem Pferdeauge, die dicke Jüdin, der Bankhalter, der Husar, der Rotnasige, die Hoffärtige, der Graf, der Bucklige neben Zephyrine. Mit zitternden Händen wühlten sie in Taschen und Beuteln, schweißfleckig glänzten ihre Gesichter, der Spießglanz der Brauen zerfloß in rußige Schwärze, die Augen glotzten – –.

Ich war reich. Ich konnte das Gold gar nicht mehr unterbringen. Da tat die Uhr auf dem Kamin den einzigen Schlag der Stunde nach Mitternacht und hob zur verstimmten Gavotte aus. Alsogleich faßte der schwarze Diener nach dem Stuhl, der alte Mann, hinfällig und leidend aussehend, nickte mir mit schwachem Lächeln zu, und der Rollstuhl fuhr unhörbar durch die geöffnete Flügeltür, durch die er vor einer Stunde eingefahren war.

Ich sprang auf und eilte aus der völlig erstarrten Menschengruppe um den Tisch dem Kranken nach, um ihm meinen Dank zu sagen. Niemand hinderte mich. Ich fühlte noch, wie eine eiskalte, kleine, bebende Hand die meine suchte, und preßte die Finger um ein gefaltetes Stück Papier, das sie mir zuschob. Ich lief so rasch ich konnte ins Vorzimmer. Wo war der Mann im Rollstuhl? Ein verschlafener Diener gab mir Mantel, Hut und Degen, ich warf ihm ein paar Goldfüchse hin und hastete die Stiegen hinunter. Die alte Frau stand am Tore, als hätte sie soeben jemanden hinausgelassen. Gleichgültig öffnete sie mir. Im Gehen noch hörte ich tobendes Geschrei und wilde Flüche in den Zimmern oben. Ich hatte keine Zeit, ich mußte meinem Retter danken.

Aber die Straße war leer. Nirgends eine Spur des Alten. Ich lief in Seitengassen. Nichts. Nirgends ein Geräusch. Wie war er so schnell entschwunden?

Da – plötzlich – sah ich mit furchtbarer, unbeschreiblicher Deutlichkeit, wie ein Bild auf dunklem Grunde, die Kapelle mit dem Toten vor mir, dem ich das Kreuz aus der wehrlosen Hand hätte rauben sollen – für den Fangerle, den Leichenschänder.

Halb ohnmächtig lehnte ich an einer Mauer, und fast wäre ich gestürzt vor Schrecken, als die Laterne über mir im Wind in ihren Angeln kreischte.

Noch immer hielt ich Zephyrines Zettel in der verkrampften Hand. Ich entfaltete ihn und las: „Retten Sie mich!"

In meinem großen Verlangen, Zephyrine vor einer mir unbekannten, ihr aber wohl bewußten Gefahr zu bewahren, fiel mir meine Jugendfreundin Lorle wieder ein, mit der ich am Tage meiner Ankunft in Wien auf so ungewöhnliche Art zusammengetroffen war. So stark mein Heimweh nach ihrem Körper gewesen war, so hatte die Bekanntschaft mit einem Wesen, das mich auf das tiefste an Aglaja erinnerte, genügt, um meine Wünsche in bezug auf die schöne Laurette Triquet, wie sie sich jetzt nannte, ihrer sinnlichen Glut zu berauben. Aber niemand konnte mir besser behilflich sein, meine bisher vergeblichen Nachforschungen nach dem geliebten Mädchen und seinem buckligen Wächter erfolgreich werden zu lassen, als jenes kluge und, nach seinem Aufstieg zu schließen, im Besitze wertvoller Beziehungen befindliche Geschöpf.

In der Schönlaterngasse wurde ich auf meine Nachfrage in ein altes Haus verwiesen, dem man, ähnlich jenem Spielhause, von außen durchaus nicht die Bequemlichkeit und Schönheit seiner Einrichtung ansah.

Eine herrliche Marmorgruppe, den Raub der Proserpina darstellend, stand am Fuße der Steintreppe, die ich hinanstieg, und venezianische Mohrenknaben, mit Gold und Farben bemalt, standen in ihrer hölzernen Unbeweglichkeit auf den Absätzen, Galionslaternen emporhaltend.

Das niedliche Kammermädchen, das mit kokett gerafften Röcken vor mir die Treppe hinaufging, öffnete mir die Türe zu einem in blaßgelber Seide gehaltenen Gemach, verschwand dann mit einer Entschuldigung durch den von Amoretten gehaltenen schweren Vorhang, hinter dem eine kleine Türe sich befand. Beim Aufgehen dieser Türe hörte ich kurz ein kreischendes Gelächter, das mich mit Verwunderung erfüllte, da ich noch niemals eine Person mit so abscheulich durchdringender Stimme kennengelernt hatte. Ich sah mich in dem vornehmen Gemach, in dem man mich warten ließ, um und betrachtete genau das einzige Bild, einen Mann mit olivbraunen, scharfgeschnittenen Zügen, dunklen, traurigen Augen, von eher unschöner Gesichtsbildung, der eine kanariengelbe Uniform mit roten Aufschlägen und unter dem Rock, der offenstand, einen schwarzen Brustharnisch trug, als die Zofe wieder erschien, den Vorhang hob und mich mit einem Knicks einzutreten bat.

Ich betrat ein ganz in glänzendem Gold gehaltenes Boudoir mit kostbaren Möbeln und einem mit Brokat überzogenen Ruhebett, auf dem Laurette halb saß, halb lag. Sie streckte mir lächelnd die juwelengeschmückte Hand aus einer Wolke von Spitzen und dünner Seide entgegen, und ich war neuerlich betroffen von dem ungewöhnlichen Reiz, den ihr hübsches, rosiges Antlitz unter der kunstvollen Frisur ausstrahlte. Aber während ich sie, keineswegs zu ihrem Mißvergnügen, entzückt anstarrte, ertönte dicht neben uns jenes ekelhafte, schrille Lachen, und jetzt erst bemerkte ich einen zausigen, glatzköpfigen Papagei von grauer Farbe, aus dessen krummgebogenem Schnabel das Gelächter kam.

Wäre nicht mein ganzer Sinn von dem Bilde jenes süßen Kindergesichtes und des rotgoldenen Haares eingenommen gewesen, ich hätte mich schwerlich in Gegenwart dieser herrlich erblühten Frau, deren erste Liebesregungen ich empfunden hatte, lange beherrschen können, und dies um so weniger, als Laurette mit vollendeter Kunst mich bald einen Teil ihrer vollendet schönen Brust, bald die edle Form eines Beines oder die Rundung ihres klassischen Armes sehen ließ. Dennoch konnte ich dem Wunsche nicht widerstehen, die vornehme Dame an jene Tage zu erinnern, da sie noch Lorle geheißen und mich in der Geißblattlaube hinter ihres Vaters Haus geküßt hatte. Aber sie entglitt mir in spielerischer Beherrschung des Gespräches jedesmal unmerklich und zwang mich so, jene Grenzen, die sie einzuhalten wünschte, zu achten. Ja, als ich, von meinen holdseligen Erinnerungen angefeuert, mit meiner Hand ihren bloßen Arm zu berühren wagte, schlug sie mir mit dem Elfenbeinfächer empfindlich auf die Finger und zeigte mit eigentümlicher, ja ernster Bedeutsamkeit auf den Papagei, der sich damit unterhielt, seinen Schnabel an der silbernen Sitzstange zu wetzen.

„Nehmen Sie sich, mein allzu freundlicher Kavalier, vor diesem Vogel in acht“, sagte sie leise, als hätte sie Angst, daß das zerraufte Untier zuhören könne. „Apollonius liebt es nicht, wenn man mich in seiner Gegenwart mit Karessen bedrängt. Zudem sagt mir mein kleiner Finger, cher Baron, daß Sie nicht erschienen sind, um mir den Hof zu machen, sondern daß Sie meine Bereitwilligkeit, Ihnen zu dienen in anderer Weise in Anspruch nehmen wollen.“

„Ich kann es nicht leugnen“, erwiderte ich einigermaßen betroffen, „obschon es mir unergründlich erscheint, woher Ihnen angebetete Laurette, solche Wissenschaft kommt.“

„Ei!“ lachte sie, „habe ich nicht meinen Wahrsager und zugleich auch Beschützer und Wächter neben mir?“ und weniger laut fügte sie hinzu: „Ein wahres Glück ist es zu nennen, daß der gute Apollonius etwas harthörig wird und nicht alles mehr belauschen kann, was gesprochen wird.“

Der Umstand, daß sie ihre Stimme senkte, schien den Vogel in der Tat zu erbosen. Er rollte seine Kugelaugen, trat von einem Fuß auf den andern und hieb klingend mit dem Schnabel auf die Stange ein.

„Lauter!“ schrie er.

„Sehen Sie?“ sagte Laurette und blickte scheu zu ihm hin. „Er ist heute in schlechter Laune.“

„Er sieht aus wie ein alter Hebräer, Ihr Apollonius,“ sagte ich laut. „Man glaubt, daß Tiere seiner Art über hundert Jahre alt werden.“

„Hihihi! Hehehe! Selbst ein Tier“, schrie der Vogel. „Hundert Jahre! Imbécile!“

„Wie, er spricht Französisch?“ wandte ich mich an die Schöne.

„Er spricht alle Sprachen", flüsterte Laurette. „Geben Sie acht! Er bewacht mich, erzählt alles dem spanischen Gesandten – dessen Maitresse ich bin", setzte sie zögernd und mit leichter Wangenröte hinzu. „Aber Apollonius kündet auch Verborgenes und vermag es, in die Zukunft zu schauen."

Nun wußte ich, wer der Souteneur war, dem sie ihr Wohlleben verdankte, und so natürlich bei dieser Entdeckung ein leises Empfinden eifersüchtiger Art gewesen wäre, ich fühlte nichts dergleichen. Dennoch befiel mich Trauer und Reue, daß dieses einst reine und gutartige Kind durch meine Schuld aus dem friedlichen und sicheren Schutz ihres Elternhauses der gleißenden und unsicheren Pracht eines nur auf Wollust gegründeten Lebens zugeführt worden war. Dabei erkannte ich jedoch deutlich, daß ihre mir gegenüber geübte Zurückhaltung nicht in der Dankbarkeit gegenüber dem jetzigen Freund und Geliebten ihren Grund hatte, sondern der Angst vor dem verräterischen Geschwätz des Federviehs entsprang, dem sie offenbar Verstand und menschenartige Bosheit zuerkannte.

Daß mir durch solche Gedanken das überaus häßliche, glatzköpfige Tier noch widerwärtiger und verhaßter wurde als schon beim ersten Anblick, ist begreiflich. Es reizte mich geradezu, mit dem schwätzenden Vogel anzubinden. Oder wenigstens auf alle Art zu prüfen, inwieweit die Täuschung, der sich Laurette in bezug auf seine Klugheit hingab, begründet sei. Wie konnte in diesem kleinen, runden Vogelkopf, hinter diesen starren, in ihren Kapseln hin- und herrollenden Augen etwas anders sein als bei anderen Tieren? Das Nachsprechen und zufällig einen Sinn ergebende Zusammenfügen erlernter Wörter mochte ja geeignet sein, seltsame, verblüffende Wirkungen hervorzurufen. Aber an ein dem menschlichen ähnliches Denkvermögen konnte und wollte ich nicht glauben. Das einzige, was ich begriff und billigte, war Laurettes Vorsicht, leise zu sprechen, damit der schwerhörige Vogel die Worte nicht aufzuschnappen und zur Unzeit nachplappern könne. War mir doch selbst eine Geschichte bekannt, bei der ein Star, also auch ein sprechendes Tier, seine Herrin dadurch verraten hatte, daß er vor ihrem Gemahl in den schmelzendsten Tönen den Vornamen eines jungen Herrn aussprach, der seit langem im Verdacht stand, der begünstigte Favorit der Hausfrau zu sein. Ohne auf eine warnende Gebärde Laurettes zu achten, wandte ich mich dem Papagei zu, sah ihn an und sagte:

„Nun, Apollonius, wenn du wirklich so klug bist, wie du dich anstellst, so sage mir doch, wer vorgestern im Pharao, an dem ich teilnahm, das meiste Geld gewonnen hat?“

Der Vogel sträubte das Gefieder, verdrehte die Augäpfel auf eine greuliche Art, gluckste ein paarmal und schnarrte dann:

„Defunctus“ – der Tote. Ich sah ihn, keines Wortes mächtig, an.

„Ich bitte dich, Melchior, laß ihn“, sagte Laurette rasch und leise, und in ihrem Blick lag Entsetzen. Dann sagte sie laut: „Baron, reizen Sie mir Apollonius nicht, sonst erzählt er mir die garstigsten Sachen, die mir nachts den Schlaf rauben.

„Ich war es, der gewann, Höllenvieh!“ rief ich, mich ermannend

Der Graue lachte und sagte mit vorgeneigtem Kopf, mich boshaft beäugend:

„Donum grati defuncti!“ – Ein Geschenk des dankbaren Toten.

„Warum dreht man solchem boshaften Geziefer nicht den Kragen um?“ stieß ich wütend hervor. „Gib ihm ein paar Pfirsichkerne und schaffe dir Ruhe damit.“

Sie schüttelte den Kopf.

„Er frißt kein Gift, schöner Herr! Mörderchen! Kleines Mörderchen!“ kicherte Apollonius und schlug mit den Flügeln.

„Vielleicht hast du selbst gemordet, zausige, schändliche Bestie!“ schrie ich und schüttelte meine Faust gegen ihn. „Vielleicht bist du eine von Gott verdammte Seele und mußt nun in Tiergestalt Buße tun!“

Da kam ein schwerer, fast menschlicher Seufzer von der Stange her, ein Stöhnen aus gequälter Brust. Der Papagei sah mich mit einem furchtbaren und entsetzlich trostlosen Blick an, und ließ den Kopf hängen. Langsam zog er die Nickhaut über die Augen, und mit innerem Beben sah ich – bei Gott im Himmel! –, ich sah, wie zwei Tränen aus den Augen des Tieres tropften. Aber dies dauerte nur einen Augenblick, denn gleich darauf stierte er mich mit so entsetzlicher Tücke an, daß mir heiß und kalt wurde und mein aufsteigendes Mitleid schnell verschwand. Als ich aber das beunruhigte Gesicht der schönen Laurette sah, dachte ich, wie unartig und störend für ihren Frieden mein Benehmen ihr scheinen mußte, und um meinen Fehler auszubessern, beschloß ich, die Sache ins Scherzhafte zu wenden. Ich verneigte mich daher mit ironischer Höflichkeit vor dem Tier und sagte in munterem Tone:

„Zürnet mir nicht, ehrwürdiger Apollonius, ich wollte Eure Weisheit nicht beleidigen. Ich bin jetzt bekehrt und zweifle nicht mehr an Eurer wunderbaren Gabe, Vergangenes und Zukünftiges zu schauen. Wäre es nicht möglich, mit Euch, König aller Papageien, Freundschaft zu schließen?"

Der Gefiederte schüttelte sich vor Lachen, klappte schallend mit dem Schnabel und pfiff. Dann bewegte er seinen Kopf ganz deutlich, nach Menschenart, heftig verneinend, hin und her.

„Also Freunde können wir nicht sein?" fuhr ich fort und blinzelte Laurette zu. „Ich hätte gerne eine Frage gestellt – nach einem Buckligen, den ich suche –."

Meine Frage galt natürlich Laurette, und ich wollte mich näher erklären, als es schnarrend von der Stange her kam:

„Dottore Postremo."

„Was wollen Sie bei dem?" sagte Laurette verwundert.

„Kennen Sie ihn?" fragte ich, unfähig, meine Spannung zu verhehlen. Eine tiefe Röte ging über ihr Gesicht.

„Zufällig –", antwortete sie verlegen.

„Was ist's mit ihm?"

„Er ist italienischer Arzt – viele Frauen suchen ihn auf, die die unangenehmen Folgen angenehmer Stunden zu beseitigen wünschen. Er steht in übelstem Ruf, und die Gerichte haben sich des öfteren mit ihm befaßt. Aber niemals konnte ihm etwas nachgewiesen werden. – Aber Sie dürfen nicht etwa glauben, Baron, daß ich vielleicht –"

Ich lachte höflich „Wie könnte ich, schöne Laurette?"

„Er soll übrigens eine sehr schöne Ziehtochter oder Nichte bei sich halten", fuhr sie fort und sah mich lauernd an. „Ein kaum erblühtes Mädchen. Er wohnt im Hause „Zum Fassel". Sie senkte den Blick und sah mich unter den Lidern hervor an. „Seien Sie vorsichtig! Der Mann ist zu allem fähig!"

„Sie irren, Laurette“, log ich. „Es handelt sich nicht um Abenteuer.“

Der verfluchte Vogel fuhr mit einem wilden Gelächter dazwischen.

„Apollonius durchschaut Sie.“ Laurette ließ einen kleinen vorwurfsvollen Seufzer vernehmen. „Sie waren ja stets ein Liebhaber von Jugend und Unschuld, Baron Dronte.“

„Diese Bemerkung berührt etwas, das mir unvergeßlich und wertvoll genug ist, um durch mein ganzes Leben wie ein heller Stern zu glänzen.“

„Oh – Sie sind galant!“ Sie bot mir ihre Hand zum Kusse und stand auf, erregt und glühend, wie mir schien.

Ich erhob mich und beschloß, sie nun zu verlassen, von widerstreitenden und friedlosen Gefühlen beengt.

„Wie wird es mir ergehen?“ redete ich noch einmal den Vogel an. „Da es mir nicht gelang, Euer Lieb’ denn Freundschaft zu gewinnen –?“

„Kopf ab! Kopf ab!“ schrie das Vieh gellend und blickte mich mit teuflischer Freude an.

Ich achtete nicht mehr auf den Papagei und ging

Laurette begleitete mich bis in das gelbe Zimmer. Kaum war der Vorhang zurückgesunken, als ich ein jähes Erbleichen bei ihr wahrnahm, und gerade noch rechtzeitig konnte ich sie in meinen Armen vor dem Fallen bewahren. Ich legte sie rasch auf ein kleines Sofa und sah mich um. Auf einem Tische stand ein goldenes Flakon. Ich zog den Stöpsel und rieb mit der stark duftenden Essenz ihre Schläfen. Langsam schlug sie ihre Augen auf.

„Der Abscheuliche hat mich so erschreckt“, flüsterte sie und schlang ihre Arme um meinen Hals. Sanft machte ich mich los.

„Ich bin eine Gefangene“, klagte sie leise, „das satanische Tier bewacht mich besser, als es Menschen zu tun imstande wären. Hörst du, wie es wütend schreit und mit den Flügeln schlägt? Das ist das Zeichen für die bezahlte Zofe, einzutreten und nach mir zu sehen. Aber sie ist nicht da, ich hab sie mit einem Billett zu ihm geschickt – – wir sind allein –.“ Wieder legten sich ihre weichen, vollen Arme um meinem Hals, und ehe ich mich dessen versah, saugten sich ihre heißen roten Lippen an meinem Munde fest.

Lorle – armes Lorle –, dachte ich, und dabei trieb mich die brennendste Sehnsucht zu Zephyrine, die ich im Hause des buckligen Arztes zu finden hoffte.

Zart löste ich ihre Arme und sah ihr in die Augen:

„Vergiß mich, Lorle“, mahnte ich leise. „Setze nicht dein Glück aufs Spiel um einer flüchtigen Minute willen –“

Eine Flamme schlug in ihre Augen.

„Ich danke dir für deine Sorge um mich“, sagte sie hart. „Nun weiß ich, daß du eine andere liebst und daß ich dir nichts mehr bin!“

„Lorle –!“ stotterte ich.

„Geh! Geh!“ sagte sie, und Tränen standen in ihren Augen. „Warum versuchst du, mich zu belügen?“

Da ging ich langsam durch das gelbe Zimmer und schloß die Türe zwischen mir und der Schluchzenden.

Mit Leidenschaft betrieb ich meine Nachforschungen. Das Haus „Zum Fassel“ war bald gefunden, aber es erschien mir töricht, unter irgendeinem nichtigen Vorwand in die Wohnung des Doktor Postremo einzudringen. Es wäre mir ganz gewiß nicht gelungen, in seiner Anwesenheit mit der holden Zephyrine zu sprechen, und selbst wenn dies durch einen Zufall geschehen hätte können, so wäre kein Wort zwischen uns unbelauscht geblieben. Daß mich der Arzt vom Spielhause her in üblem Andenken haben mußte, kam noch dazu.

Es galt daher, eine Zeit auszukundschaften, in der entweder der Doktor vom Hause fort und die Nichte in der Wohnung war, oder auf das Glück zu hoffen, Zephyrine bei einem ihrer Ausgänge zu sehen.

Aber obwohl ich meine ganze Zeit auf solche Auskundschaftung verwendete und die Türe des weitläufigen, von vielen Menschen bewohnten Hauses nicht aus den Augen ließ, bot sich mir weder die eine noch die andere Gelegenheit.

Da widerfuhr mir etwas, was mich neuerdings erschütterte und mit Rätselfragen quälte und, so sonderbar es klingt, gleichzeitig mit Zuversicht erfüllte.

Ich ging durch die nahe dem Hause befindliche Griechengasse, um in einem Gasthause ein rasches Mahl einzunehmen. Gruppen von griechischen und türkischen Händlern wickelten nach dem hierher verpflanzten Brauche des Orients ihre Geschäfte auf der Straße ab, und es kostete manchmal Geduld, sich durch das Hindernis dieser eifrig redenden und in ihren Handel vertieften Menschen hindurch zu drängen.

Gerade war ich im Begriffe, mir in einer solchen Ansammlung einen Weg zu suchen, als ich am Ende der schmalen Gasse eine Erscheinung sah, die mich in große Erregung versetzte. Ein Mann mit schwarzem Turban, die strahlenden Augen auf mich gerichtet, schien mir entgegengehen zu wollen. Ich sah deutlich seine reinen Züge, die Bernsteinkette um den Hals, das rotbraune Gewand. Diesmal mußte ich ihm nahe kommen. Mit Gewalt bahnte ich mir durch die verwunderten Kaufleute den Weg, wobei ich meine Blicke für eine Sekunde von dem Manne in der Kutte abwenden mußte, und als ich wieder in die Richtung sah, war er verschwunden, wie jedesmal, wenn ich nahe daran war, ihn zu erreichen. Ich eilte, so rasch ich nur konnte, dem Ausgang der schmalen Gasse zu, aber es war umsonst. Weder rechts noch links sahen meine Augen etwas anderes als gleichgültige Menschen, die langsam oder schneller ihren Weg machten.

Verzweifelt und mit dem Gefühl, daß mir der Anblick des ungewöhnlichen Mannes etwas Wichtiges und Entscheidendes bedeute, das unmittelbar bevorstehen müsse, kam ich auf den Gedanken, mich an die soeben noch zur Seite gestoßenen levantischen Kaufleute zu wenden, in der Hoffnung, daß ihnen ein in Wien lebender Mensch, der in orientalischer Tracht einherging, doch bekannt sein müsse.

Ich ging also den Weg zurück und sprach einen alten Türken mit gutmütigem Gesicht und langem weißem Bart an, der trotz der Wärme einen kostbaren, mit Zobelpelz verbrämten Mantel trug und sehr angesehen zu sein schien, wenn man nach dem Benehmen der Umstehenden schließen wollte.

Mit höflichen Worten bat ich ihn, mir die Belästigung zu vergeben, und fügte gleich meine Erkundigung nach dem mir entschwundenen Manne hinzu.

Der Türke berührte mit der rechten Hand Stirn und Mund und erwiderte mir in ziemlich gutem Deutsch überaus höflich, daß er diesen Mann nicht kenne und ihn auch nie gesehen habe. Dabei hefteten sich seine Augen mit einem sonderbaren Ausdruck auf die kleine rote Narbe, die ich dem zerbrochenen Glassturz verdanke, als ich, ein Kind noch, dem einstürzenden Plafond meines Zimmers entkam, und sagte mit einem sonderbaren Ausdruck der Ehrerbietung:

„Du, Herr, der du das Zeichen des Ewli trägst, stellst Fragen an mich?“

Ich verstand nicht, was er meinte, und beschrieb nochmals den Turban und das Gewand des Fremden.

„Es ist die Kleidung der Halweti-Derwische“, sagte der Türke und verneigte sich vor mir. „Bewahre mir dein Wohlwollen, Effendi!“

Er trat zurück, und ich sah, wie ihn die andern mit Fragen bestürmten, auf die er leise Antwort gab. Was er sagte, schien den übrigen merkwürdige Meinungen über meine Person beizubringen, denn als ich notgedrungen noch einmal die Gruppe passierte, verneigten sie sich alle vor mir und bildeten freiwillig eine Art von Spalier, durch das ich halb beschämt schritt.

Ich nahm mit unruhigen Gefühlen und von dem Gedanken an den Unbekannten, dem ich nicht näher kommen konnte, beherrscht, mein einfaches Mahl in einer Garküche ein und wollte dann wieder meinen Posten gegenüber dem Hause „Zum Fassel“ beziehen. Auf dem Wege dahin kam ich an dem griechischen Kaffeehause vorüber und tat unwillkürlich im Schreiten einen raschen Blick durch die Scheiben.

Da sah ich zu meinem freudigen Staunen die bucklige Mißgestalt des Doktor Postremo. Er saß über ein Puffbrett gebeugt, auf dem die Steine durcheinandergeworfen waren, und redete mit fuchtelnden Händen auf einen spöttisch lächelnden, schwarzhaarigen und gelbhäutigen Mann mit langer, krummer Nase ein, dessen Verhalten ihn offenbar in Zorn gebracht hatte. Ich blieb stehen und bemerkte, daß die Steine gleich darauf wieder in Stellung gebracht wurden und ein neues Spiel begann.

So hatte das Haus also noch einen Ausgang, der meiner Aufmerksamkeit entgangen war und den der Italiener zu benutzen pflegte.

Jetzt oder nie mußte ich es wagen. Rasch betrat ich das Haus und fragte den Erstbesten, der mir auf den finsteren Stiegen entgegenkam, nach der

Wohnung des Arztes. Mürrisch wurde mir die Auskunft erteilt, daß sie im zweiten Stockwerk gelegen sei.

Ich fand mühelos die Türe mit dem Namen und einen Glockengriff, der die Gestalt einer die Feige zeigenden Hand aufwies.

Gerade als ich meine Finger danach ausstreckte, huschte ein schattengraues Weiblein die Stiege herauf, glitt an mir vorbei und fuhr mit einem Stecher ins Türschloß. Als sie eintrat und mich fragend ansah, schob ich mich rasch an ihr vorbei und sagte:

„Erschrecken Sie nicht, gute Frau. Ich muß die Demoiselle Zephyrine sogleich sprechen –." Zugleich drückte ich ihr eine vorbereitete Anzahl kaiserlicher Dukaten in die welke Hand.

Das schien zu wirken. Die häßliche Vettel grinste und zog mich durch einen düsteren Gang in ein halbdunkles Gemach, das wie die ganze Wohnung vom Geruch bitterer Mandeln erfüllt war.

„Warten Sie hier!" zischelte sie und huschte hinaus.

Nicht ohne Unruhe und auf einen Hinterhalt gefaßt, ließ ich meine Blicke in dem unheimlichen Zimmer umherwandern. In einer Ecke standen zwei menschliche, schauderhaft vornüber gekrümmte Gerippe, an denen man erkennen konnte, daß die gebogene Wirbelsäule und die gewölbten Schulterblätter bei Lebzeiten einen Buckel gebildet hatten, wie ihn Postremo selbst auf dem Rücken trug. Vielleicht hatte er an ihnen den eigenen verbildeten Gliederbau studieren wollen.

Auf einem Gestell, dessen grüner Vorhang nur halb zugezogen war, schwammen in großen Glasgefäßen blaurote, braune und gelbliche Organe in klarer Flüssigkeit. Ein vertrocknetes Gehirn lag wie der Kern einer Riesennuß auf einem Tisch, dessen Platte eine mir unbekannte, polierte Gesteinsart bildete. Grau, grünlichblau und rosenfarben geschlängelte Figuren mit weißen eckigen Flecken darin und dunkelroten, scharfumgrenzten Feldern – war dies bunter Marmor? Ich fuhr mit den Fingern über die fettige, eirunde Platte und erkannte plötzlich mit Ekel, daß hier die geglättete Schnittfläche eines versteinerten Leichnams vor mir war, wie sie solche in Bologna herzustellen wußten. In einem Glaskasten am Fenster saß ein ganz verdrehtes, mißgeformtes Chamäleon, das ich anfangs für tot hielt, bis es langsam sein hervorstehendes Auge auf mich einstellte und seine graue Farbe in ein schmutziges Rot verkehrte.

Da raschelte ein Vorhang im Hintergrund. Eine weiße Gestalt stand regungslos, mit halbgeschlossenen Augen -.

„Zephyrine!"

Ich umschloß sie mit meinen Armen, stammelte tausend zärtliche Worte in ihr kleines Ohr, trank den berauschenden Duft ihrer Haare und bedeckte ihr weißes Gesicht mit Küssen.

„Ich lasse dich nicht mehr – –", beteuerte ich, trunken vor Glück.

„Ich wußte es, daß du kommen würdest", flüsterte sie leise.

Sie klammerte sich mit ihren kleinen Händen an meine Schultern und wiederholte die Worte, die sie in fliegender Eile auf den Zettel gekritzelt hatte, den ich aus dem Spielhause mitnahm.

„Rette mich! Rette mich! Nimm mich mit!"

Diese ungeahnte und kaum erhoffte Wendung meines Abenteuers erfüllte mich mit dem tiefsten Entzücken. Ich war sogleich zu allem entschlossen, was sie nur verlangen würde.

„So bist du in Gefahr?" fragte ich.

Sie nickte rasch mehrmals mit dem Kopf und schmiegte neuerlich flehend ihren zarten Leib an mich. Einen kurzen Augenblick lang dachte ich an die strengen Strafen, mit denen die Gerichte der Kaiserin gegen Entführer vorzugehen pflegten. Man hatte erzählt, daß ein Edelmann, der die Frau eines vornehmen Hofmannes und besonderen Günstlings verlockt hatte, mit ihm auf sein Gut zu fliehen, ergriffen und in die Kerker des Spielbergs gebracht worden sei, wo er, bis zum halben Leibe in flüssigem Unrat stehend, eine mit Pfeffer gefüllte Eisenbirne im Mund, von Ratten angenagt, auf die entsetzlichste Art zugrunde gegangen sei.

Aber die Süßigkeit eines Glückes, das mich schon in der bloßen Erwartung betäubte, erstickte jede Furcht, ja jede Überlegung in mir.

Nach einer glaubwürdigen Ausrede, die das Mädchen an die ‚graue Alte richtete, und nach meiner durch einen neuen Goldregen unterstützten Versicherung, daß es sich nur um einen kurzen Spaziergang handle, gab uns die Frau, die dem Arzt gar nicht sehr geneigt zu sein schien, den Weg frei, und wir stiegen, beide aus Sorge vor einer unliebsamen

Begegnung zitternd, die Treppe hinunter. Rasch schritten wir, Zephyrine im Schutze eines Mantels und dichten Schleiers, die Straße hinunter und erreichten, unbemerkt von meinen Hausleuten, das Quartier in der Himmelpfortgasse.

Dort erfuhr ich alles von dem armen Kinde, was mir zu wissen not tat. Sie war eine vierjährige Waise, als Postremo sie unter dem Vorwande der Wohltätigkeit zu sich nahm. Während ihrer Kindheit wurde sie gut behandelt und erhielt sogar eine sehr sorgfältige Erziehung. Aber dies geschah nicht aus Menschenfreundlichkeit, wie sich vor kurzem ergeben habe. Vor wenigen Monaten, als Zephyrine ihr sechzehntes Lebensjahr vollendet hatte, eröffnete ihr Postremo, daß nun die Zeit gekommen sei, ihm ihre Dankbarkeit zu beweisen und zugleich ihr eigenes Glück zu begründen. Jener mumienhafte Graf Johann Nepomuk Korony, den ich damals am Spieltisch gesehen hatte, jener Graf also wollte seine, Postremos, beträchtliche Schulden bezahlen, wenn Zephyrine dafür seine Beischläferin sein wolle, damit sie auf solche Art sein fast vollendetes Leben noch einmal erneuere. Zudem hoffte das Scheusal, daß das unberührte Mädchen durch ihre Hingabe eine gewisse galante Krankheit von ihm nehmen könne, ohne selbst davon ergriffen zu werden. Das alles hatte Postremo dem unglücklichen Kinde mit zynischer Aufrichtigkeit auseinandergesetzt, und ihre Tränen und Bitten hatten nur das eine vermocht, daß er noch einmal den Versuch machte, am Pharaotisch seine Lage zu verbessern. An jenem schaurigen und für mich doch so glücklich verlaufenen Abend fiel nun diese letzte Hoffnung des völlig ruinierten Spielers in sich zusammen, und nun hielt er das Mädchen mehr denn je unter Klausur, wohl weil er ihr zutraute, daß sie alles aufbieten würde, um sich zu retten. Mein Erscheinen war in äußerster Stunde erfolgt. Denn jener verdächtige Mensch, mit dem ich ihn im griechischen Kaffeehaus gesehen hatte, war niemand anderer als der Kammerdiener des Grafen Korony, und es bestand kein Zweifel, daß der elende Postremo die letzten Vorbereitungen zu seinem und des Grafen Verbrechen traf. Das arme Kind schwebte in der größten Angst, denn es war ihm wohl bekannt, daß der Doktor ein Meister war in Bereitung betäubender Medikamente, die jeden freien Willen auszuschalten vermochten. Tagelang hatte sie nur die dürfigste Nahrung genossen, um nicht den dämonischen Künsten ihres Kerkermeisters zum Opfer zu fallen, aber trotzdem sah sie den entsetzlichen Augenblick unaufhaltsam näher kommen, der sie in die Gewalt des spinnenfingrigen lüsternen Greises bringen würde.

Während sie mir weinend und oftmals stockend von den Qualen der letzten Tage und von ihrer fast zusammenbrechenden Hoffnung auf meine Hilfe erzählte, ließ ich durch meinen Diener ein Mahl holen, um ihn dann aus dem Hause senden zu können. Denn ich wußte, daß dieses Kind mein eigen war und daß nur der Tod uns trennen konnte. Jeder Augenblick des Glücks, der mir bevorstand, war zu kostbar, um ihn zu versäumen.

Uns beiden war es ohne viele Worte klar, daß wir seit jeher füreinander bestimmt waren, und das liebliche und reine Mädchen kostete es weder Brauttränen noch schwere Entschlüsse, um ganz die Meine zu werden. Ein heiliges und unwiderstehliches Verlangen trieb uns, ein Leib und eine Seele zu werden, und keinem von uns beiden fiel es ein, die Ewigkeit unserer Liebe durch Schwüre zu bekräftigen. Nicht einmal Scham voreinander empfanden wir. Alles mußte so sein, wie es war und nach ewigen Gesetzen sich erfüllte.

Als ich den jungen, hüllenlosen Leib zum ersten Male in meinen Armen hielt und den Schlaf des teuersten aller Geschöpfe bewachte, ergriff mich auf einmal ein unerklärliches Empfinden, das mich entrückte: Zuerst überkam mich große Angst, als wären wir von züngelnden Flammen bedroht. Dann hörte ich in unendlicher Ferne eine Uhr schlagen. Der Geruch von Äpfeln und fremden Hölzern war um mich, und wie von selbst formten meine Lippen das Wort: Aglaja!

Es war alles auf das trefflichste gelungen. Mit Geld hatte ich mir die notwendigsten Papiere verschafft, und in einer kleinen Gemeinde unweit der Hauptstadt war unsere Trauung erfolgt, so daß ich von den Spähern der Sittenkommission und wohl auch von Postremo nichts mehr zu fürchten hatte. Mein Logis hatte ich bald quittiert, den Diener beschenkt und entlassen und um wenig Geld ein ganz im Buschwerk und Bäumen verborgenes Häuschen in Grinzing angekauft, das ich mit Hilfe geschickter und verständiger Handwerker auf das freundlichste einrichtete. Ungetrübte Sonnentage zogen über uns dahin, und jene unfrohe Zeit, die einem Übermaß des Glückes bald zu folgen pflegt und allen Eheleuten wohl bekannt ist, war uns erspart geblieben. Es war, als ob jeder Tag uns inniger und glühender zusammenführte.

Oft geschah es mir, daß ich Zephyrine in Augenblicken höchsten Empfindens „Aglaja“ nannte. Doch diese Sonderbarkeit schien sie weder zu verletzen noch zu verwundern, obschon ich ihr oft von meiner toten, heißgeliebten Base und von ihrer Ähnlichkeit mit dem mir so früh entrissenen Mädchen gesprochen hatte. Einmal sagte sie: „Ich bin dein unter allen Namen, die du mir geben willst.“

Mit Aglaja teilte sie auch die große Liebe zu Blumen und Tieren. Wir hatten den Garten voll von Rosenbüschen in allen Farben, vom glühenden Duft der roten, vom herben der weißen und vom feinen der gelben Blüten. Auf allen Beeten schwelgte ein Farbenrausch, und ein Meer von balsamischen Gerüchen wogte über uns hin. Junge Tiere spielten um uns, Hunde und Katzen, Vögel zwitscherten in den Zweigen, und behende Eidechsen glitten über den Kies der Wege.

Sehr bald nach der vollendeten Einrichtung des Hauses fühlte sich Zephyrine Mutter.

Schweren Leibes und blaß saß sie auf unserem Lieblingsplatz zwischen dichtem, blumentragendem Gebüsch.

„Es wird ein Junge mit dunklem Haar wie sein Vater“, scherzte ich.

„Nein, ein Füchslein weiblichen Geschlechts trage ich unter dem Herzen“, lächelte sie zurück. „Und es soll Aglaja heißen.“

Ich küßte sie und sah in ihre grauen, goldpunktierten Augen, auf deren Grund noch immer etwas Banges sich verbarg. Sorgsam rückte ich das Kissen im Rücken der zarten Frau zurecht und dachte bei mir, wie froh ich sein wolle, wenn sie ihre schwere Stunde hinter sich habe.

Da sah ich einen namenlos entsetzten Ausdruck in ihrem Gesicht, und ihr Blick war auf etwas in meinem Rücken gerichtet. Wütend schlugen die Hunde an im Zwinger.

Ich wandte mich sogleich um. Hinter mir stand der bucklige Arzt mit den dicken schwarzen Augenbrauen und der aufgestülpten Nase. Ein unangenehmer stechender Geruch nach bitteren Mandeln übertäubte plötzlich den Blumenduft. Mit einem Griff faßte ich die Ungestalt an der Brust und schüttelte sie hin und her.

„Schuft!“ knirschte ich zwischen den Zähnen. „Hab ich dich nun? Lebend entkommst du mir nicht –“

Der Höckerige wurde blaurot und keuchte etwas, das ich nicht verstand.

Die Frau stieß einen gellenden Schrei aus, und als ich mich umsah, lag sie in tiefer Ohnmacht. In diesem Augenblick spürte ich einen brennenden Stich am rechten Handgelenk. Meine Hand, die noch immer den Rock des Buckligen hielt, war plötzlich gelähmt, die Finger lösten sich, und der ganze Arm sank tot an meiner Seite herunter, dumpf und schwer. Entsetzt sah ich, daß der Mensch gleichmütig von einer blitzenden Lanzette, mit der er mich gestochen hatte, einen Blutstropfen wischte und das spitze Instrument in der Tasche seines Rockes barg.

„Oh mackte nix!“ lachte er. „Una piccola paralisi! Dauert nit lang – cinque minuti! Sie mir nix angreifen, ick nix stecken!“

Er zog eine kleine Dose aus der Weste und hielt sie seiner Ziehtochter unter die Nase. Zephyrine nieste heftig und kam sogleich wieder zu sich.

„Der Oheim –“, sagte sie, indes ein Schauder über sie rann.

„.Si, si, lo zio.!“ feixte er. „Il padre, wenn sie will, die Zephyrine! Aben Sie mir nix erwartet, Signore?“ redete er mich an. „O cattivo, cattivo! Was aben Sie gemackt? Eh?“

„Erwarten Sie mich hier!“ herrschte ich ihn an. „Vorerst werde ich meine Frau von Ihrem Anblick befreien und sie ins Haus bringen, dann stehe ich zu Ihrer Verfügung.“

Er lachte und setzte sich mit boshaftem Lachen auf einen der Stühle.

Mein betäubter Arm hatte sich bereits von der Wirkung des giftigen Stiches erholt, so daß ich die Wankende stützen und ins Haus bringen konnte. Vor der Eingangstüre befiel sie heftiges Erbrechen, und erst nach einer Weile konnte ich sie in unserem Schlafgemach zu Bette bringen. Schluchzend bat sie mich, mich keiner neuen Gefahr auszusetzen. Trotz seiner verkrüppelten Gestalt sei Postremo einer der gefährlichsten und entschlossensten Menschen. Ich versprach ihr alles, beruhigte sie, so gut ich konnte, steckte in meinem Zimmer eine scharfgeladene Pistole zu mir und begab mich, zum Äußersten entschlossen, in den Garten.

Als ich zu unserem Lieblingsplätzchen in den Rosenbüschen kam, das nun nicht länger ein unentdecktes Refugium war, saß der häßliche Affe dort und fletschte die gelben Zähne. Eine Menge der schönen Rosen lag abgerissen, zerpflückt und zerstampft auf der Erde.

In maßlosem Grimm, keines Wortes mächtig, deutete ich auf die Verwüstung.

Der Gnom spuckte nach den mißhandelten Blumen und stieß mit dem Fuße nach ihnen.

„Das für Sie und la putana – Sie mir verstehen?“ schrie er. „O Dio, Dio! Ick sein ruiniert. Sie ‘aben mir gebrackt um zwanßigtausend Dukati!“

„Kupplerischer Hund“ schnaubte ich ihn an und hob wieder die Hand.

Schnell zog er sein Lanzett aus der Tasche und ließ es in der Sonne blitzen.

„Nextemal wirte nix mehr gut die Arm“, drohte er. „Attenzione! Macken Sie keine Spaßen mit mir! Aber nehmen Sie Platz, meine ‘err von Dronte!“

Ich setzte mich und lauschte in stummer Wut dem jammernden Gespräch, das er nun anhub. Es sei eine niederträchtige Verleumdung, daß er das Mädchen dem Grafen Korony habe verkuppeln wollen. Ob ich noch nie von den jungfräulichen Bettgenossinnen des Königs David gehört habe? Ob es mir unbekannt sei, daß man in England nach der Entdeckung des Doktor Graham förmliche Verjüngungskuren an Greisen durchführe, die man mit unberührten Jungfrauen in einem Bett schlafen lasse, damit der welke Körper durch die jugendliche Aura der Mädchen sich erneuere? Und ob ich nicht wisse, daß zu solchem heilkräftigem Beilager jede nur denkbare Vorsicht getroffen werde, damit die Ehre der Mädchen unverletzt bleibe! Wer es wagen könne, ein ärztlich erprobtes Heilverfahren mit dem schändlichen Ausdruck „Kuppelei“ zu bezeichnen? Und wer endlich ihm die zwanzigtausend Dukaren ersetzen werde, um die ich ihn durch Zephyrines Entführung gebracht habe. He?

Ich antwortete ihm mit großer Selbstbeherrschung, daß er sich vergeblich bemühe. Ich sei gerne bereit, ihm eine Entschädigung von fünfhundert Goldstücken auszubezahlen. Die von ihm geforderte Summe übersteige mein Vermögen um ein bedeutendes.

Er verdrehte die Augen, rang die Hände und erneuerte seine Versuche. Er begann zu feilschen, und als er erkannte, daß seine Mühe vergeblich war, erklärte er sich mit einer Summe von tausend Dukaten zufriedengestellt. Das sei sein letztes Wort.

Schweren Herzens ging ich ins Haus und holte das Geld, dessen Verlust mich empfindlich traf. Aber für Zephyrines Ruhe war mir dieses Opfer nicht zu groß.

Als ich mit den im Hause vorrätigen zweihundert Dukaten und einem Wechsel auf meinen Bankier zurückkam, hatte er ein kleines Kristallfläschchen auf den Tisch gestellt, in dem sich eine wasserklare, ölige Flüssigkeit befand.

„Da ist das Geld –“, sagte ich und schob ihm die Goldrollen und das Papier hin. Er beschnüffelte sie auf das genaueste und schob alles in die Taschen seines Rockes.

„Und nun –!“ sagte ich und deutete auf den Weg, der zur Gartentür ging.

„Warten Sie! Warten Sie!“ schnatterte er und zeigte auf die Phiole. „Eine kleine – wie sackt man? - Angebinden. Geben Sie alle Tag' drei Tropfen der Mutter, und Sie werden 'aben un bello ragazzo – eine Sohn – und, se volete, eine kleine Mädchen anche –“

Ich deutete nochmals auf den Weg.

„Va bene“, murmelte er. „Addio, barone!“

Langsam schlurfte er den Weg hinunter, seinen Höcker schleppend wie eine Schnecke ihr Haus. Ich folgte ihm langsam, bis die Gartentür sich hinter ihm geschlossen hatte und das wütende Gebell der Hunde im Zwinger langsam verstummt war. Durch die Büsche des Zaunes aber sah ich deutlich, wie er mit einer gräßlichen Fratze, die Lippen in unhörbaren Worten bewegend, beide Fäuste gegen unser Haus schüttelte.

Als ich zurückkam, stand das Flakon noch auf dem Tisch. Ich machte eine Bewegung, um es in die Büsche zu schleudern. Dann aber nahm ich es in die Hand, zog den Glasstöpsel heraus und roch daran. Wieder stieg der Geruch von bitteren Mandeln auf, der an allem zu haften schien, was in dieses Menschen Nähe war.

Ich schmetterte das glänzende Ding gegen keinen Stein, goß seinen öligen Inhalt nicht auf die Erde. Irgendeine Neugier trieb mich, es mitzunehmen und Zephyrine davon zu erzählen.

„Drei Tropfen im Tag, und ein Sohn ist uns sicher, sagte der Schurke. Und, wenn wir wollen, auch ein Mädchen!“ versuchte ich zu lachen.

„Wünschest du dir so sehr einen Sohn, Liebster?“ Hauchte Zephyrine, und eine feine Röte ging über ihr blasses, armes Gesicht.

„Ach ja!“ entfuhr es mir, als ich sie in meine Arme schloß.

Was lag mir an dem Gelde? Alles, was ich besaß, hätte ich für sie, die einzige, hingegeben, und gern hätte ich, wie die Ungezählten im Schatten des Lebens für sie und mich das Brot mit meiner Hände Arbeit verdient.

Die Blumen waren längst verblüht, rote und gelbe Blätter tanzten von den Bäumen, und der eisige Boreas trieb die ersten Flocken an die Fenster der Stube, in der Zephyrine mit ihren Schmerzen lag.

In der Nacht hatte sich Fieber eingestellt, die rasch herbeigerufene Wehmutter schüttelte den Kopf und sagte:

„Die Frau gefällt mir gar nicht, es muß und muß eiligst ein Doktor herzu! Sie ist auch allzu schwach, um auf dem Stuhl niederzukommen.“

In der Nähe gab es nur einen tüchtigen Arzt, den weißhaarigen Doktor Anselm Hosp, und den ließ ich eiligst herbeiholen.

Während ich im Zimmer nebenan wartete und mir die Ohren zuhielt, um die gellenden Schreie und das irre Stöhnen meiner Frau nicht hören zu müssen, verfinsterte sich meine Hoffnung auf einen guten Ausgang immer mehr. Die Schmerzen und Wehen dauerten nunmehr schon tagelang an; der arme Leib Zephyrines war furchtbar aufgetrieben, und Krämpfe gingen über ihn hin. Es war kein Zweifel, daß dem einfachen und natürlichen Verlauf der Geburt ein Hindernis im Wege stand, dessen Art auch die weise Frau nicht erkennen konnte. Dann fiel mir auf, daß der mir verhaßte Geruch von bitteren Mandeln noch immer im

Hause haftete. Zephyrine, der ich die Phiole mit den Tropfen Postremos gleich nach dem häßlichen Auftritt im Garten gebracht hatte, behauptete damals, das Kristallfläschchen umgestoßen und zerbrochen zu haben, weshalb auch der Mandelgeruch nicht weichen wolle. Warum machte mir auf einmal das Denken an das Geschenk des Buckels solche Angst?

Der alte Arzt kam mit einer großen schwarzen Tasche, in der Instrumente klirrten. Dieses scharfe Klirren ging mir durch Mark und Bein. Ich trat leise mit ihm an das Lager der Kreißenden und erschrak, als ich das verzerrte, verfallene, mit kaltem Schweiß bedeckte Gesicht meiner Zephyrine sah, in dem ihre großen, hellen Augen irrten und flackerten. Scharfumrissene dunkelrote Flecken hoben sich von den blutlosen Wangen ab.

„Du –“, seufzte sie kaum vernehmlich.

Ich trat ganz nahe zu ihr und flüsterte:

„Liebste, bekenne die Wahrheit – hast du von des Buckligen Trank gekostet?“

Ein schwaches Lächeln huschte über ihr leidendes Gesicht.

„Nur drei Tropfen – jeden Tag –“

„Warum tatest du's?“ fuhr ich sie an. „Warum sagtest du die Unwahrheit, als ich nach dem Fläschchen des Giftmischers fragte?“

„Du – wolltest – so – gerne – einen – Sohn –“

Wie ein Hauch kamen die Worte zu mir. Dann trat ein Ausdruck der Qual in die weitgeöffneten Augen, der Leib streckte sich, die Hände griffen nach den geknoteten Tüchern, die zu ihrer Bequemlichkeit und Stütze an den Bettpfosten hingen. Und wie sie aufschrie –!

Der Doktor nahm eine kurze Untersuchung vor und winkte mich dann ins Nebenzimmer.

„Herr Baron“, sagte der Arzt, „ich muß Ihnen leider eröffnen, daß es sich um eine Verlagerung der Frucht handelt und deshalb die Notwendigkeit der sectio caesarea eingetreten ist.“

Ich taumelte zurück.

„Der Kaiserschnitt?“ stammelte ich.

Der Doktor sah zu Boden.

„Dieser blutige Eingriff, der, richtig vorgenommen, von kräftigen und gesunden Frauen meist überstanden wird, ist in unserem Falle wegen der furchtbaren Schwäche der Frau Baronin und namentlich bei dem hohen Fieber, dessen Ursache in einer von außen kommenden Vergiftung des Geblütes liegen muß, eine gefährliche und ungewisse Operation. Das kann ich Ihnen nicht verhehlen. Außerdem muß ich sogleich und nur mit Hilfe der Hebamme operieren, obschon ein zweiter Arzt vonnöten wäre. Aber bis ein Wagen zur Stadt und wieder zurückfährt, getraue ich mich nicht mehr zu warten.“

Mir war es, als hätte mich ein dröhnender Hieb auf die Stirne getroffen. Wie, Zephyrine in Todesgefahr? Das war nicht möglich. Das war unsinnig. Was hätte denn aus mir werden sollen? Wo blieb dann der Sinn des Lebens? Hatte mir der Mann aus dem Morgenlande, dessen ich alltäglich mit großer Dankbarkeit dachte, mit seiner Erscheinung in der Griechengasse deshalb das höchste Glück meines Lebens angezeigt, damit ich es nun so grausam verlieren und ich in die Abgründe namenlosen Schmerzes gestoßen werden sollte? Nein, das konnte nicht sein, das war unmöglich. Wenn sie starb, starb auch ich.

Ein Schrei der schrecklichsten Pein riß mich aus meinen Betrachtungen. Ich wollte dem Doktor ins Zimmer meiner Frau folgen, aber er winkte mir ernst und entschieden, draußen den Ausgang seines schrecklichen Vornehmens zu erwarten.

Ich ließ mich, allen Willens bar, auf einen Stuhl fallen und sah stumpfen Blickes in das Flockentreiben draußen. Eine Glocke rief mit tiefem Klang in den sinkenden Zimmer des Herbsttages, und ein Hund begann zu heulen. Ich erkannte ihn an der Stimme. Er hieß Amando und war Zephyrines Liebling. Dieses hohe, gezogene Heulen machte mich fast wahnsinnig und erhöhte meine Furcht, da mir das Ahnungsvermögen treuer Tiere wohlbekannt war. Dazwischen kamen schluchzende Laute, unterdrückte Schreie aus dem Nebenzimmer. Ich hörte den Arzt in irgendeiner anstrengenden Tätigkeit ächzen, halblaute Befehle erteilen, vernahm die klagenden Ausrufe der Hebamme, das Klingen von Gefäßen und metallenen Dingen, Wässerplätschern und Stühlerücken. Schreckliche Dinge gingen vor dort drinnen.

Dann schrie eine Frau auf. Aber es war nicht Zephyrine, die schrie. Es war die Wehmutter. Weshalb schrie sie? Deutlich war zu vernehmen, wie der Arzt sie mit zornigunterdrückter Stimme zurechtwies.

Ich hielt mich, am ganzen Körper zitternd, an der Lehne meines schweren Stuhles fest.

Dann ward es still drinnen, totenstill.

Der Arzt trat heraus und sah wirr um sich. Im Schein der Wachskerzen, die ich entzündet hatte, nahm ich wahr, daß sein Gesicht von Schweiß troff. Seine Hände zeigten rötliche Spuren.

Wortlos blickte ich auf seinen Mund.

„Sie bedürfen innerer Stärke", sagte er langsam, und über sein Antlitz breitete sich ein feierlicher Glanz. „Treten Sie ein und bringen Sie das Opfer, den eigenen Schmerz zu verbergen, damit die Sterbende ohne Seelenmarter entschlafen kann."

Ich fühlte ein brennendes Weh, das mir den Atem benahm, biß die Zähne zusammen und ging langsam in das Nebenzimmer. Durch den Schleier der Tränen, die trotz aller Vorsätze unaufhaltsam aus meinen Augen rannen, sah ich auf einem kleinen Tisch, mit einem blutfleckigen Leilach zugedeckt, etwas liegen, dessen bloße Umrisse Entsetzen durch meine Nerven jagten. Dann trat ich ans Bett und kniete nieder.

Zephyrine öffnete mit großer Anstrengung die Augen. Ihr Gesicht war weiß wie Schnee, die zarten Lippen waren von ihren eigenen Zähnen zerbissen. Ich faßte ihre Hand, die leicht und kühl war wie ein Rosenblatt, und preßte sie an mein Herz. Da lächelte sie. Flüsternd bewegten sich ihre Lippen.

„Es – ist – ein – kleiner Sohn – wie ich es – vom Himmel – erbeten – und für mich ein Füchslein – eine kleine Aglaja – Später darf ich die Kinder – sehen – gelt –?"

Der Arzt, der auf der anderen Seite des Bettes stand, winkte mir „Ja".

„Gewiß, Liebste–, sobald du geschlafen hast", sagte ich und dachte, das Herz müsse mir zerspringen.

Aber auf einmal trat Furcht in ihren Blick. Sie versuchte sich aufzurichten, fiel aber kraftlos zurück.

„Oder – muß – ich – sterben?“

„Zephyrine!“ rief ich und bedeckte ihre Hand mit Küssen „Sprich nicht so – du versündigst dich. Alles steht vortrefflich. Nur schlafen mußt du, ruhen und neue Kraft gewinnen nach dem, was du gelitten hast.“

„Ich – habe es – gern – erlitten – für dich – und für mich“, lächelte sie. „Ich bin so – froh – wenn ich bei – euch bleiben – darf.“ Ihre Hand zog mit seltsamer Kraft mich näher heran. „Aber ich will – daß dein Gesicht – mir nahe – bleibt –“

Ich näherte mich ihr, soweit es möglich war. Ihre müden Augen weiteten sich plötzlich, hefteten sich mit einem Ausdruck dürstenden Verlangens auf mich, hielten mich fest – starr blieb ihr Blick in meine Augen gesenkt.

Lange saß ich so.

Dann trat jemand hinter mich und berührte meinen Arm.

Es war der Arzt.

„Sie haben sich wacker gehalten, armer Herr Baron. Sie ist leicht und selig hinübergegangen.“

Und jetzt erst sah ich, daß auf dem engelschönen Gesicht Zephyrines der heilige Abglanz der Ewigkeit lag.

Ich konnte nicht weinen, nicht denken.

Aglaja lag vor mir. Weiß und schön. Weiß und schön, wie ich ihr Bild im Herzen trug.

Läutete die Glocke noch immer? Oder war es das tobende Blut, das in meinen Ohren summte?

„Fühlen Sie sich stark genug, um die Ursache des Todes zu betrachten?“ riß mich der Arzt aus meinem Brüten.

Es war alles so gleichgültig, da sie tot war.

Aber der Anblick, der mir nun zuteil wurde, war so schrecklich, daß er mir einen schluchzenden Schrei erpreßte. Ich wich zurück und fühlte es kaum, daß mein Kopf an den Türpfosten stieß. Da lag –

Ein kleiner wohlgebildeter Rumpf lag da. Und dieser kleine Leib trug auf den Schultern zwei Hälse, und auf den Hälsen saßen zwei Köpfe.

Der eine hatte feines, dunkles Haar, der andere goldrote Löckchen.

„Zudem ist dieses seltsame Monstrum ein echter Zwitter, Mann und Frau zugleich –"

Ich wehrte ab, rannte an der weinenden Wehmutter vorbei ins andere Zimmer, warf mich über den Tisch, und ein trockenes Schluchzen würgte mich im Halse.

Der Arzt setzte sich schweigend neben mich und wartete.

Als ich meine Haltung wiedergewonnen hatte, erzählte ich ihm von den Tropfen, die jener Elende uns aufgeschwatzt und die ich in sträflichem Leichtsinn unvernichtet gelassen hatte.

Doktor Hosp dachte lange nach und sagte dann:

„Ich erinnere mich, einmal gehört zu haben, daß es einem italienischen Arzt gelungen sein soll, durch bestimmte Gifte in Schwangeren monströse Mißbildungen der Frucht zu erzeugen. Aber es scheint mir doch wenig glaublich, daß solche Eingriffe in die geheimste Werkstatt der Natur –"

Ein furchtbarer Gedanke stieg in mir auf.

Ohne mich weiter um den Doktor zu kümmern, ohne auf seine ängstlichen Fragen nach meinem Beginnen zu hören, riß ich die Tür des Waffenschrankes auf, entnahm ihm ein Doppelpistol, riß Hut und Mantel vom Haken und stürmte in den Schneefall hinaus.

Gerade als ich aus dem Garten trat, kam ein Wagen langsam gefahren.

Ich schrie dem Kutscher zu, er solle mich, so schnell die Pferde laufen könnten, zum Faßlhause fahren –. Er sah mich dumm an. Ich nahm etliche Goldstücke, drückte sie ihm In die Hand. Tief zog er den Hut, der Schlag klappte.

Die Peitsche pfiff, die Pferde griffen aus.

Als ich zu mir kam, stand ich im halbdunklen Flur des Hauses. Jemand fuhr mir mit einem nassen Schwamm, der nach Lavendelessig roch, übers Gesicht.

Nur ein Wort dröhnte in meinem Kopf

„– Abgereist –"

„Ja, Herr, so glauben Sie mir doch –“, sagte eine behäbige Frau. „Gott sei Dank, daß der Gauner fort ist. Schon vor zwei Monaten ist er bei Nacht und Nebel davon, und seine Sachen hat das Gericht geholt.“

Ich hörte noch etwas von einem jungen Mädchen, das nach einem verbotenen Eingriff, den Postremo vorgenommen hatte, gestorben sei.

Abgereist!

Ich stieß ein wahnsinniges Gelächter aus.

Man brachte mich zu dem wartenden Wagen, und ich fuhr.

Der Schnee wirbelte, der Wind pfiff zu den offenen Fenstern herein. Die Häuser zogen mit nachtblinden Fenstern vorüber. Sie war tot, sie war ja tot!

Nie mehr– – – .

Ich war nur noch eine leere Hülle, ein mit Kleidern behangener seelenloser Körper. Ich aß dann und wann, schlief auf Stühlen ein, fand mich bekleidet im Bette. Meine Augen waren entzündet, meine Kleidung, die ich nie wechselte, unsauber und schadhaft. Ich wußte die Tageszeit nicht, fühlte weder Wärme noch Kälte und ließ meine Leute tun, was ihnen beliebte. Manchmal fraß brennende Sehnsucht in mir, und ich lief ruhelos durch die Zimmer und den Garten und rief schluchzend Zephyrines Namen, nannte sie auch Aglaja, um sie sicher zu locken. Tagelang saß ich an ihrem Grabe, bis mich die Totengräber freundlich mahnten, daß die Gitter geschlossen würden. Und zu meinem Trost zeigten sie mir in der Ecke, wo die ungeweihte Erde war, ein kleines Hüglein, unter dem meiner Frau Lieblingshund Amando lag, der von ihrer letzten Ruhestätte nicht zu scheuchen gewesen war, Speise und Trank verweigert hatte und aus Gram und Hunger gestorben war.

Als ich die heilende Wirkung der Zeit zu verspüren begann, ließ ich einen Notarius kommen und verschrieb Haus und Garten neben einer ausreichenden Summe einer Stiftung für Krüppelkinder, die von Geburt an einen mißratenen und verunstalteten Leib schleppen mußten. Ich selbst zog in den großen Gasthof zum „Goldenen Lamm“ und betrieb meine Abreise aus der Stadt, in der mich alles schmerzte, da ich bei allem und jedem denken mußte, wie vor kurzem noch Zephyrines Blicke darauf geruht.

Von ihr selbst hatte ich nur ein Löcklein des Haupthaares behalten und den silbernen Ring mit dem Feueropal, den erst Aglaja und dann sie getragen hatte. Ihre Finger waren so schlank und fein gewesen wie die meiner Base. Das Löcklein Zephyrines aber vermischte sich in der blaßblauen Schachtel der Muhme so sehr mit Aglajas Haar, daß man beide nicht mehr unterscheiden und trennen konnte.

In ein fremdes Land wollte ich. Nur weit fort von hier. Wenn ich planlos durch die Straßen ging, bemerkte ich oft, daß die Menschen einander anstießen und mir nachblickten. Gewöhnliche Leute deuteten in ihrer unbekümmerten Art wohl mit dem Zeigefinger auf ihre eigene Stirn und lachten. Alles dies berührte mich in keiner Weise.

So kam ich auf zielloser Wanderung außerhalb der Stadt an einen Ort, der Lustwäldchen genannt wird. Dort war dafür gesorgt, daß die Aufmerksamkeit der Leute rege blieb. Niemand kümmerte sich um mein Gebaren, das, mir selbst unbewußt, durch Nervenzuckungen im Gesicht und andere Folgen meiner seelischen Leiden gewiß auffallend genug war. Hier gab es mancherlei Buden und Bretterhütten, tanzende Bären, Kuchenbäcker, Wahrsager, Leinwandtheater, dazu Verkäufer und Marktschreier aller Art. Auf blau und weiß oder gelb und rot bemalten Holzpferdchen tummelten sich Mädchen und Burschen im Kreise zu verstimmter Musik.

Ich kam an Zelten vorbei, aus denen die falschen Schreie der Trompeten und Trommelgerassel drangen. Ein Degenschlucker in Flitterhosen stand mit zurückgebogenem Halse in einem Kreise von Gaffern, und daneben fischten schmutzige Hände Essiggurken aus einer Tonne.

Und mitten in dem Schwarm sah ich – wie eine unwirkliche Erscheinung – Laurette am Arm eines großen, hageren Mannes mit braunem Gesicht. Sie wollte sich ausschütten vor Lachen über die derben und gemeinen Späße eines Hanswursts, der auf einem Podium die Hosen abzog und einem haarigen Teufel den Hintern zeigte. Zwei südländisch aussehende

Diener in dunkler Livree standen hinter dem Paar. Laurette sah mich nicht.

Ich ging weiter, ohne auf die Müdigkeit meiner Füße zu achten, und blieb dann vor einer großen Bude stehen, auf der ein Bild auf Leinwand gemalt war, das mich fesselte. Vor einem qualmenden Feuer stand ein alter Zauberer mit spitzer Mütze, ein Band mit den Tierkreiszeichen um Schulter und Hüften geschlungen. Die Linke war in den wallenden weißen Bart vergraben, die Rechte hielt beschwörend einen kleinen Stab gegen den Rauch, in dem sich eine in weiße Schleier gehüllte Gestalt mit geschlossenen Augen schemenhaft zeigte. Unter diesem nicht ganz kunstlos, aber doch in schreienden Farben ausgeführten Gemälde stand zu lesen:

„Der berühmte Nekromant, Magier und Magister der sieben freien Künste Arkadius Chrysopompus aus Ödenburg, genannt der ungrische Doktor Faust."

Ein buntscheckiger Harlekin, der eben noch die klimpernden Töne einer Savoyardenleier mit einem Horn aus Messing übertönt hatte, lud mit allerlei scherzhaften und verrenkten Gebärden und lautem Geschrei zum Besuche der soeben beginnenden Vorstellung ein.

Zwei Grenadiere in weißen Röcken, die buntgekleidete, vollbusige Mädchen am Arm hatten, waren die ersten, die eintraten. Dann gingen ein paar Bürger mit ihren Frauen und einige junge Menschen beiderlei Geschlechtes die drei Stufen hinan, bezahlten ein Geringes und schoben sich durch den roten Vorhang, den der Ausrufer lüftete. Aus irgendeinem Grunde folgte ich nach und saß bald mitten unter den Leuten auf einem als Bank zugerichteten Brett vor der kleinen, schwach beleuchteten Bühne.

Die Vorstellung, die nach einigen derben und mit Ohrfeigen für den Harlekin endigenden Szenen zwischen diesem und dem wie auf dem Aushängeschild bekleideten Zauberer bald begann, brachte das, was ich erwartet hatte. Der Zauberer mit seinem umgehängten Bart führte eine Reihe recht artiger Taschenspieler- und Kartenkunststücke aus, buk in einem Hut, den ein dicker Bürger zögernd darlieh, eine Omelette, holte endlose Bänder, weiße Stallhasen und ein Glasgefäß mit schwimmenden Fischlein daraus hervor und zerstampfte schließlich eine ihm überlassene goldene Uhr in einem Mörser, um sie unversehrt im Retikül eines verlegen kichernden Mädchens wiederzufinden.

Dann ging er zu den schwierigeren Künsten über, riß einer weißen und einer schwarzen Taube die Köpfe ab und heilte sie im Handumdrehen wieder an, so daß der schwarze Vogel einen weißen, der weiße nun einen schwarzen Kopf hatte. Aber dieses Schaustück erzeugte in mir eine so heftige Übelkeit, daß ich aufstehen und die Bude verlassen wollte. Da ich mich aber durch die enggedrängten Reihen der Sitzenden entfernen und alle zum Aufstehen hätte veranlassen müssen, schloß ich für eine Weile die Augen und verspürte in der Tat, daß das Unwohlsein nachließ.

Als ich wieder aufblickte, durch Beifalls- und Bewunderungsgemurmel der Zuschauer veranlaßt, sah ich das wohlgelungene Bild eines vom Monde beschienenen Friedhofes auf der Bühne. Ein schlanker, bartloser Mann, in einen schwarzen Mantel gehüllt, ging zwischen den Grabkreuzen auf und ab und erzählte in seinem Selbstgespräch, daß sich hier des öfteren ein Gespenst zeige, dem er zu Leibe gehen wolle, um den Übeltäter, der gewißlich hinter einer solchen Larve stecke, unschädlich zu machen. Hinter der Bühne wurde durch zwölf blecherne Schläge die Mitternachtsstunde angezeigt, und nach dem Verklingen des letzten Schlages, dem ein künstlich erzeugtes Windsausen folgte, schwebte ein ganz in weiße Grabtücher gehülltes Wesen zwischen den Kreuzen herbei und näherte sich dem Manne. Dieser schien anfangs zu erschrecken, zückte dann aber flugs den Degen und stach auf das Gespenst los. Man sah deutlich, wie die blitzende Klinge des öfteren durch den Leib des Geistes fuhr, ohne ihm Schaden zu tun. Nun aber warf der erst so Prahlerische den Degen von sich und floh, worauf das weiße Wesen einen triumphierenden Tanz ausführte und der Vorhang niederrauschte. Die Vorstellung war damit zu Ende, und das Publikum entfernte sich höchst zufrieden.

Ich stand ebenfalls auf und näherte mich der Bühne. Meine Vermutung war richtig. Die unverwundbare Erscheinung war ein Spiegelbild, das durch eine schräg gestellte Glasplatte, vor der, auf einer Art Pritsche liegend, ein Akteur das Gespenst machte, auf die Bühne geworfen wurde. Die Glasplatte war aus drei gleichen Stücken zusammengesetzt, und die zwei dunklen, senkrechten Schattenstreifen, die bei der Vorstellung auf der Bühne zu sehen gewesen waren, hatten mich gleich auf diese Vermutung gebracht.

Ich gedachte nun auch zu gehen und bemerkte, daß von den Zuschauern außer mir niemand mehr da war. Aber dennoch war ich nicht allein. Unhörbaren Ganges hatte sich ein Mensch an mich herangeschlichen, wohl im unklaren über meine Absichten, und obschon ich ihm so unerwartet gegenüberstand, erkannte ich in ihm sogleich ebensowohl den Taschenspieler im Zaubergewand als den Friedhofsfechter.

Ich entschuldigte mich und sagte ihm, daß ich nur wissenschaftlichen Interesses halber eine Annahme auf ihre Richtigkeit hin geprüft hätte und damit vollauf befriedigt sei. Keinesfalls sei es meine Absicht, durch Wiedererzählen des Entdeckten, mir übrigens längst Bekannten, seinen Erfolg beeinträchtigen zu wollen.

„Der Herr ist offenbar ein Kenner", sagte der Mann sehr höflich und verbeugte sich. „Vielleicht habe ich die Ehre, ebenfalls einen Meister der weißen Magie vor mir zu sehen?"

„Dies nicht", erwiderte ich. „Es lag mir nur daran, zu wissen, ob der treffliche Effekt, den das Phantom hervorrief, mit Hilfe großer Hohlspiegel oder mit der schrägen Glasplatte erzeugt worden sei. Glasplatten solcher Größe sind meines Wissens sehr kostbar und werden, wie mich deucht, nur in Venedig hergestellt."

„Ich sehe, daß der Herr ausgezeichnet unterrichtet ist", antwortete der Zauberer. „Die drei Platten sind unser wertvollster Besitz und erfordern beim Reisen viele Vorsicht."

Ich dankte ihm mit einigen Worten und ging gegen den Vorhang, vor dem der Harlekin neuerlich lärmte und schrie.

„Wenn jedoch der Herr meine eigentliche Kunst in Anspruch nehmen wollte –", sagte der andere stockend und machte eine Handbewegung gegen die Erde zu, auf der wir standen.

Eine Ahnung ergriff mich.

„Was Sie hier sehen", sagte der andere, „dient nur der Schaulust des ungebildeten Volkes und dem Erwerb des notdürftigen Lebensunterhaltes. Für tiefer Eingeweihte bin ich der Nekromant Magister Eusebius Wohlgast aus Ödenburg, und man hat mich in der Tat schon mit dem Namen eines ungrischen Dr. Faust beehrt. Ich müßte mich sehr irren, wenn die Wünsche des Herrn, dessen Äußeres schon tiefste und unverheilte Trauer kündet, nicht auf das Glühendste das Wiedersehen mit einer geliebten, ihm durch den grausamen Tod entrissenen Person herbeisehnten."

Ich lachte bitter auf.

„Sie halten mich für einfältiger, als ich bin, Herr Magus Wohlgast“, gab ich zurück. „Mit dem Dunst giftiger, den klaren Verstand gänzlich umnebelnder Kräuter und mit einer verborgen angebrachten *laterna magica* kann man Leichtgläubigen vorspiegeln, was sie zu sehen wünschen.“

Der Mann schüttelte lächelnd den Kopf und antwortete sanft und bescheiden:

„Leute meines Standes, die in fahrenden Wagen wohnen, müssen es sich gefallen lassen, wenn man sie der großen Menge umherziehender Gaukler und Betrüger zuzählt. Um diesen Verdacht zu entkräften, erkläre ich Ihnen ausdrücklich, daß ich keinerlei Lohn beanspruche, wenn Sie meine Dienste in dieser Hinsicht annehmen wollen. Es bleibt ganz und gar Ihnen überlassen, ob Sie mich einer Belohnung nach vollbrachtem Werk für würdig halten oder unter dem Eindruck, düpiert worden zu sein, von einer solchen abzusehen gedenken. Auch weiß ich sehr wohl, in wessen Dienst ich meine Kunst stelle, und bleibe des Gewinnes wegen unbesorgt, so sehr ich mit Nebeneinkünften rechnen muß. Im übrigen genoß ich vor kurzem die überaus hohe Ehre, einen derartigen Wunsch Seiner Kaiserlich Römischen Majestät in den Räumen der Freimaurerloge „Zu den drei Feuern“ erfüllen zu können. Wenngleich Seine Majestät infolge einer sie höchstselbst sehr ergreifenden Erscheinung aus dem Jenseits einen Schrecken davontrugen und einige Tage unpäßlich im Bette verbringen mußten, bis das insultierte Gemüt sich wieder beruhigt hatte, wurde mir ein sehr ansehnlicher Lohn zuteil. Es mag Ihnen als Zeugnis dienen, daß weder Seine Majestät noch die anwesenden hochadeligen Herren mich für einen Betrüger ansahen, vielmehr sehr ergriffen und schweigend den Tempel der Freimaurer verließen. Ja, es ward mir sogar ausreichend Schutz zuteil vor einer Verfolgung, die Ihre Majestät die Kaiserin gegen mich einzuleiten befahl, als sie durch einen mitteilsamen Herrn die Ursache der Erkrankung höchstdero Gemahls in Erfahrung gebracht hatte.“

Widersprechende Gefühle regten sich in mir. Der Mann erschien mir ehrlich und seiner seltenen Fähigkeiten sicher. Aber mein Mißtrauen ließ sich nicht so schnell beseitigen.

„Wen oder wessen Geist ließen Sie vor Seiner Majestät erscheinen?“ fragte ich.

„Darüber mit irgendwem, und sei es auch ein vertrauenswürdiger Kavalier, zu sprechen ist mir weder gestattet, noch liegt es in meinen eigenen Gewohnheiten“, lehnte er ab. „Ich würde es ebensowenig für wohlanständig finden, dritten Personen Mitteilungen über Erscheinungen zu machen, die etwa dem Herrn zuteil würden, wenn meine ergebensten Dienste in Anspruch genommen werden sollten.“

Mein Verlangen, die Kunst dieses Mannes zu erproben, wuchs bei seinen Worten und ich sprach:

„Wenn es Ihnen möglich wäre, eine aus diesem Leben abgeschiedene, mir überaus teure Person noch einmal zurückzurufen, würde ich mich Ihnen mehr als erkenntlich zeigen.“

Er machte eine abwehrende Bewegung.

„Das bleibt dem Belieben des Herrn überlassen, in dem ich trotz aller durch die Trauer hervorgerufener Negligence seines Exterieurs unschwer einen vornehmen Edelmann erkenne.“

„Wie soll ich mich also verhalten, und wann soll diese Beschwörung vor sich gehen?“ fragte ich schnell, denn schon traten zwei Leute in das Zelt und nötigten uns, leise zu sprechen.

„Ich bitte den Herrn, sich in drei Tagen eine halbe Stunde vor Mitternacht hier einzufinden. Am Tage, an dem das Werk vor sich gehen soll, muß der Herr sich absolut jeglicher Speise und auch der Getränke, mit Ausnahme reinen Wassers, enthalten. Sodann ist eine Reinigung des Körpers und frische, saubere Kleidung vonnöten. Außerdem möge ein Gegenstand mitgebracht werden, der der abgeschiedenen Person zu eigen war, wenn möglich etwas, das sie am Leibe getragen hat. Strengste Verschwiegenheit gegen jedermann, wer immer es auch sei, ist ein Gebot, dessen Nichteinhaltung jegliche Mühe vergeblich macht.“

„Ich habe verstanden und werde dies alles einhalten“, sagte ich. „Sonst ist nichts erforderlich?“

„Für den Herrn weiter nichts.“

„Und Sie?“

„Ich, mein Herr, muß von heute an, also volle drei Tage, fasten. Die Vorstellung hier werden mein Bruder und unser Gehilfe abhalten, da ich bis zur Stunde der Beschwörung mich in Einsamkeit vorbereiten muß.“

Ich sah ihn zweifelnd an, aber die Bude füllte sich dermaßen, daß ein weiteres Gespräch nicht tunlich war.

Der ungarische Magus beachtete mich nicht weiter, sondern schritt gleich mir auf den Vorhang zu. Ich sah ihn einige hastige Worte mit dem bunt gekleideten Harlekin sprechen, der ernsthaft nickte.

„Also in drei Tagen –“, sagte ich im Vorübergehen.

„Gegen Mitternacht“, antwortete er und verschwand im Menschengetümmel vor der Bude.

Als ich nach einer Weile absichtlich vorüberkam, war der Harlekin verschwunden, und der Mann, der bisher in seiner vielfarbigen Tracht das Publikum angelockt hatte, stand nun im Zauberkleid vor dem Eingang und forderte zum Eintreten auf.

In tiefen Gedanken trat ich den Heimweg in meinen Gasthof an.

Gott selbst hatte meine Seele im Feuerofen des Schmerzes ausgeglüht. Ich fühlte es zutiefst in der Einsamkeit des Tages, an dem ich mich fastend auf den Abend beim Magus vorbereitete. Wie anders war mein ganzes Wesen seit jener furchtbaren Stunde geworden, da die Liebste mir ins Schattenreich entglitten war. Der alte Jähzorn, der doch noch manchmal in mir aufgezuckt war, die Überhebung, der ich mich oft genug schuldig machte, die Sucht nach Tafelfreuden und Zerstreuungen verschiedener Art, der Hang zur Wollust - das alles war von mir abgefallen und erschien mir nichtig und schal. Der Glanz, mit dem sich das Leben dem Manne darbietet, war für mich erloschen unter dem grauen Staube der Vergänglichkeit.

Nur eines stand ehern fest in meinem Herzen: die Gewißheit, daß ich Zephyrine wiedersehen würde. Sie und Aglaia, denn sie waren ein und dasselbe Geschöpf Gottes, für mich bestimmt von Anbeginn und mir stets wieder genommen zu unbekannten Zwecken ewiger Mächte.

Tagsüber war ich in meinem Gasthauszimmer geblieben und hatte jede Störung mit dem Hinweis auf Unwohlsein und Ruhebedürfnis hintangehalten. Im Laufe der Nacht, als sich der Zeiger der elften Stunde näherte, verließ ich das Haus und trat den weiten Weg zum Lustwäldchen an.

Es war feuchtes, laues Wetter, der Frühlingswind fuhr klappernd unter die Dachziegel und ließ die Wetterfahnen knarren. Die Wege waren trocken. Am hellen Mond jagten in langem Zug dunkle Wolken wie seltsame, im Lauf gestreckte Tiergestalten vorüber.

Ein- oder zweimal wurde ich von Ronden oder Polizeiwachen angehalten und ward genötigt, meine Papiere vorzuweisen und meine Antworten auf die Fragen so einzurichten, daß man etwa daraus entnehmen konnte, ich befände mich auf geheimen Liebeswegen, über die sich näher auszusprechen für einen Kavalier undenkbar sei. Auf solche Art, die mir Mißvergnügen genug bereitete, war es mir möglich, durchzukommen und sogar in der ägyptischen Finsternis unter den vom Sturme ausgeblasenen Laternen von den Hütern der öffentlichen Ordnung über den weiteren Weg unterrichtet zu werden. Denn es fiel mir keineswegs leicht, in so großer Dunkelheit, die nur die Mondsichel manchesmal erhellte, den Weg zum Lustwäldchen zu finden.

Dortselbst ging ich einige Male in die Irre zwischen den unförmigen Zelten und Buden, die in nächtiger Finsternis ja vollkommen anders aussahen als am lichten Tage. Aber der Magus und sein Bruder schienen aufmerksam nach mir ausgespäht zu haben, denn als ich nach vergeblicher Umschau in anderer Richtung weitergehen wollte, trat plötzlich ein Mensch, in dem ich den Harlekin erkannte, neben mich, faßte mein Handgelenk und sagte leise und rasch: „Kommen Sie, Herr Baron – wir warten schon lange!“

Er führte mich zwischen aufgefahrenen, finsteren Wagen und Leinwandhütten zu einer großen Bude, aus deren Spalten sehr schwacher bläulicher Lichtschein drang, nestelte irgendwo an der Wand einen Schlitz auseinander und schob mich behutsam vor sich her. Im nächsten Augenblick stand ich, wie ich gleich erkannte, auf der kleinen Bühne hinter dem herabgelassenen Vorhang. Im Hintergrunde hing noch von der Vorstellung her der Friedhofsprospekt mit den Kreuzen und Denksteinen. Die Seitenteile der Bühne waren mit dunklen Vorhängen abgeschlossen, so daß ich mich in einem Quadrat aus beweglichen Wänden befand.

Einige Öllampen aus blauem Glase gaben ein schwaches, aber ungemein wohltuendes und kaltes Licht, bei dem man nach einiger Gewöhnung ganz gut sah. Ich setzte mich auf Einladung des Bruders in einen leidlich bequemen Stuhl, der für mich hingestellt worden war. Ein kupfernes Becken mit schwach glühenden Kohlen stand vor mir. Der Bruder kam auf mich zu und flüsterte:

„Sprechen Sie ihn nicht an, wenn er kommt. – Haben Sie das Eigentum der Person, die Sie zu sehen wünschen, mitgebracht?"

Ich ließ nach einiger Überwindung den der Westentasche entnommenen Silberring mit dem Feueropal in seine Hand gleiten, und er begab sich zu einem der Seitenvorhänge, in dessen Falten er verschwand. Gleich darauf stellte er eine Schale mit Körnern darin neben das Kohlenfeuer und einen kleinen dreibeinigen Hockestuhl.

Dann bewegte sich heftig der mir gegenüber befindliche Vorhang, und der Magus erschien. Er war in ein dunkles, weites Gewand gehüllt und trug um den Kopf eine weiße Binde, wie ich sie schon auf alten Bildern gesehen hatte. Sein Gesicht war fahlgrau und verfallen, seine Augen halb geschlossen. Er schien mich nicht zu sehen und ging mit vorgestreckten Händen wie ein Blinder auf die Glutpfanne zu. Sein Bruder kam rasch hinter ihm her, lenkte ihn mit seinen Händen und drückte ihn auf den Schemel nieder. Regungslos blieb der Zauberer sitzen. Der Bruder nahm eine seiner herabhängenden Hände, öffnete, wie mir deuchte, nicht ohne Gewalt die geschlossenen Finger und legte den Ring in die Hand, die sich gleich wieder schloß. Dann schob er für sich selbst einen ähnlichen Schemel herbei und streute Körner aus der Kupferschale über die knisternden und glimmenden Kohlen. Sogleich stieg ein blauer, angenehm duftender Rauch empor von ähnlichem Geruch wie jener kostbare Weihrauch, den die katholische Kirche an hohen Festtagen verwendet.

Unbeweglich und ohne jedes Zeichen von Aufmerksamkeit saß der Magus vor mir und etwas hinter ihm der Bruder, auf dessen jenem ähnliches, hageres und hohlwangiges Gesicht unschwer erkennbar die Spuren fortgeschrittener Lungensucht das Siegel eines frühen Todes gedrückt hatten. Ich wandte meine Aufmerksamkeit wieder dem andern zu und sah nun, daß seine Augen mit einem starren, glanzlosen Blick auf mich gerichtet waren. Gleichzeitig begann ein anschwellendes, melodisches Summen und Klingen, und ich entdeckte, daß der Bruder eine

Maultrommel zwischen den Zähnen hielt und mit dem Zeigefinger der rechten Hand die Zunge des kleinen Instruments in beständigem Schwirren erhielt.

Der Magus saß einstweilen in unveränderter Haltung da. Langsam jedoch sank sein Kopf schief gegen die rechte Schulter, und sein Mund öffnete sich. Die Hand, die den Ring hielt, begann leise zu zucken. So saßen wir geraume Zeit im blauen Lichte, und das Brummen und Säuseln der einschläfernden Musik stieg und fiel.

Auf einmal aber bemerkte ich zwischen den offenen Lippen des regungslosen Magus etwas wie das Ende eines bläulichweißen, leuchtenden Tuches, das allmählich hervorzuquellen anfing. Zudem begann es in der Lehne meines Stuhles heftig zu pochen und zu knacken, und dieses Geräusch ging zeitweilig mit noch größerer Stärke in den Bretterfußboden über, um dann wieder in den Stuhl aufzusteigen, so daß ich mehrmals die kurzen, scharfen Schläge mit größter Deutlichkeit im Rücken spürte und mich unwillkürlich umsah. Es stand aber niemand hinter oder neben mir, wiewohl das Klopfen mit unverminderter Stärke fortdauerte. Das weiße Gewebe, das aus dem Munde des Schlafenden fast bis auf seine Brust niederhing, verschwand ebenso rasch, wie es gekommen war, und das Klopfen hörte mit einem krachenden Schlag in der linken Armlehne meines Sessels plötzlich auf. In dem tiefen Schweigen griff der Bruder am Magus vorbei neuerlich in die auf dem Boden stehende Weihrauchschale und streute Körner auf die Kohlen. Etwas Kaltes und Klebriges berührte ganz unerwartet meine Wange und strich mir über die Stirne. Rasch griff ich hin, faßte aber in die leere Luft. Dafür erschien auf des Magus Schulter eine große schneeweiße Hand, mit ihren flachen Fingerformen beinahe wie ein Handschuh anzusehen. Aber dann streckte sie sich in einem übermäßig langen, armartigen Gebilde über seinen Kopf empor, sank herab, und lag eine Weile ruhig wie ein dritter Arm auf seinem Knie, bis alles in wenigen Augenblicken verblaßte und unsichtbar wurde.

Der Schlafende begann nun aber unruhig zu werden, wiegte sich mit dem Oberkörper hin und her und ließ einen leisen, jammernden Singsang hören, dessen Worte ich nicht verstehen konnte. Es begann wieder sehr stark gegen den Bretterboden und dann gegen meinen Stuhl zu hämmern, und ein leerer Schemel, der am Vorhang stand und den ich bisher übersehen hatte, tat vier oder fünf froschartige Sprünge gegen mich, drehte sich dann um, blieb eine Weile mit seinen drei in die Luft gestreckten Beinen liegen und begann dann, sich auf dem Sitzbrett langsam im Kreise zu drehen. Ich vermutete, daß nunmehr starke magnetische Fluida tätig seien, die von dem offensichtlich in tiefem Schlummer Liegenden ihren Ausgang nahmen. Gleichzeitig aber verstärkte und beschleunigte sich die zitternde Melodie des Spielers, und die bisher wiegenden Körperaktionen des Magus gingen in heftige und konvulsivische Zuckungen über, die sehr unheimlich wirkten, um so mehr, als der aufs neue genährte duftende Rauch sich verstärkte und die mir gegenüber befindlichen zwei Personen ganz schattenhaft und unwirklich erscheinen ließ.

Da war es mir, als läge neben dem Kohlenbecken ein zusammengefaltetes, schimmerndes weißes Tuch, das vorher nicht dort gewesen war. Es bewegte sich in seiner Mitte in unbegreiflicher Weise so, als versuche ein darunter liegendes, sehr kleines Kind oder ein vom Linnen bedecktes Tier sich zu erheben. Aber rasch wuchs das seltsame Tuch oder der leuchtende Nebel in die Höhe, wurde größer und schmaler und schien Menschengestalt annehmen zu wollen. Ich blickte in äußerster Erwartung und angestrengt hin und glaubte Falten eines Gewandes und sich abzeichnende Glieder wahrzunehmen. Eine Gestalt war es – eine menschliche Figur, die da vor mir entstand.

Und auf einmal sah ich, wie gelähmt von freudigem Schreck, ganz blaß und fast durchsichtig das geliebte Gesicht Zephyrines, ihre auf mich gerichteten unbeweglichen Augen – dann aber wuchs aus dem zarten Haupt etwas empor, aus feinen Fäden – glitzernd und leuchtend – Aglajas Totenkrone –

Ich wollte aufspringen, meine Arme um das ersehnte, so glühend ersehnte Weib schließen – . Aber vor meine Augen legten sich Schleier, meine Füße staken in bleiernen Schuhen, mein Herz stand still.

Alles war verschwunden. Ich sah nur den rohen Bretterboden, den qualmenden, süßen Rauch, den Magus, der mit verdrehten Augäpfeln vom Schemel gestürzt war und in Krämpfen lag. Die Musik verstummte.

Füße polterten auf dem Bodenbelag. Der Bruder riß den Magus eilfertig in die Höhe, fuhr ihm mit tuchumwickelter Hand in den Mund und zog die Zunge heraus. Mit einem wilden Röcheln schlug der Zauberer die Augen auf, blickte um sich und stieß einen Seufzer aus.

„Wach auf, Eusebius!“ schrie der Bruder und schüttelte ihn sanft. „Wach auf! Wach auf!“

Der Magus sah erst ihn, dann mich an, ließ daraufhin seinen Blick im Kreise gehen, als müsse er sich erst besinnen, wo er sei. Er schauderte heftig zusammen, griff mit der Hand nach der Stirn, stierte mich an und gurgelte:

„Zwei! – Zwei waren es – – Zweie – –“

Der andre holte eilig einen Zinnbecher und eine Flasche, goß einen dunklen, starkriechenden Wein in das Gefäß und hielt es dem Bruder an die Lippen. Der trank in gierigen Schlucken, setzte ab, trank wieder.

Ich entdeckte, daß meine Wangen naß von Tränen waren.

Nach längeren Bemühungen, von seinem Helfer unterstützt, erhob sich der Nekromant und ging schwankend auf mich zu. Sein Gesicht war schlaff und schweißbedeckt.

„Der Ring – –“, stammelte er. Ich nahm das silberne Kleinod und barg es bei mir.

„Warum zwei?“ Er streckte die Hand gegen mich aus. Sie zitterte heftig. „Warum zwei, Herr?“

Ich nickte und sagte leise: „Es waren zwei, und doch ist es nur eine.“

„Nie mehr –“, ächzte er und stützte sich auf seinen Bruder.

„Schrecklich – – ich hatte – schon die – Schwelle – überschritten.“

„Was ist dir, Eusebius?“

„Der Bucklige –“, schrie er auf. „Zwei Köpfe – zwei Kinderköpfe –.“

Und ohne Besinnung stürzte er zusammen, vom Arm des Bruders vor schwerem Fall bewahrt. Der sah mich hilflos an, gab blutigen Auswurf von sich und Stotterte

„Genug, Herr – genug! Haben Sie Erbarmen!“

Ich drückte ihm eine große Gabe in die Hand. Sein armes, mageres Gesicht strahlte einen Augenblick vor Freude, dann hielt er dem Ohnmächtigen das Gold hin und rief:

„Da schau, Eusebius – da schau nur her!“

Er ließ den Körper des Bruders, der leise zuckte, sanft auf den Boden gleiten und zeigte auf den Spalt in der Zeltwand.

„Es hat ihn arg mitgenommen diesmal!“ wisperte er. „Der Tag kommt schon herauf. – War der Herr zufrieden?“

Voll Mitleid mit diesen armen Menschen, im Innersten aufgewühlt und doch mit einem lichten Schein übersinnlichen Hoffens in der Brust, schritt ich durch den grauen, regentriefenden Morgen der erwachenden Stadt zu.

Lange Zeit lebte ich ruhig und nur in die Erinnerung glücklicher Tage versunken in einem kleinen, weltabgeschiedenen Orte und gedachte, dort mein Leben zu beschließen.

Eines Morgens jedoch entstand vor dem Laden des Bäckers ein Auflauf, der für mich von großer Bedeutung wurde. Ein fremder Handwerksgesell, der Brot hatte kaufen wollen, ward von dem Bäcker unter großem Zulauf von Neugierigen beschuldigt, daß er ihn mit falschem Gelde habe betrügen wollen. Der arme Kerl, wohl bekannt mit den grausamen Strafen, die auf solche Verfehlungen gesetzt waren, wehrte sich aus Leibeskräften seiner Haut und schrie, als er mich kommen sah, mit lauter Stimme: „Herr, helfen Sie mir! Schützen Sie mich!“

Die Leute, die mich alle kannten und wegen unbedeutender Guttaten, die ich dem und jenem, vorzüglich aber den Kindern zuteil werden ließ, Zuneigung für mich gewonnen hatten, machten mir Platz, und einige sagten: „Recht so! Der Herr Baron soll entscheiden, ob es ein Goldstück oder bloß ein schlechter Rechenpfennig ist, den der Bursch auf den Bäckertisch gelegt hat.“

Ich sah das Goldstück an. Es war eine türkische Zechine, wie ich deren von dem Schatz aus der Ruine noch fünf bewahrte. Die krausen Schriftzeichen auf der Münze erschienen nicht nur dem Bäcker, sondern auch den anderen Leuten als ein so unsinniges Krixkrax, daß sie die Schwere des Goldes nicht beachteten, sondern den Dukaten des

Großherrn einfach für eine Spielmarke und den Burschen für einen Beutelschneider hielten.

Als ich die Leute aufgeklärt und wir das Stück auf der Goldwaage des Bäckers abgewogen, ja zur größeren Sicherheit auf dem Stein geprobt hatten und der arme wandernde Tuchscherer noch eine Anzahl von Silber- und Kupfermünzen auf sein Brot als Zugabe bekommen hatte, fragte ich ihn, wie er denn in den Besitz der in dieser Landschaft gewiß äußerst seltenen Münzsorte gekommen sei. Und da erhielt ich eine Antwort, die mein bisher stilles Leben wie ein zündender Blitz traf und meine mühselig geschaffene Ruhe vollends und für immer zerstörte.

Ein Fremder habe ihm ganz in der Nähe das Geld gegeben, sagte der Bursche, und ihm aufgetragen, in diesen Ort zu gehen, wo er weiteres erfahren werde. Halb verhungert sei er auf der Straße dahingetrottet, als ein schöner Mann, der ein schwarzes Tuch um die Stirne trug, ihm entgegengekommen sei. Den habe er noch nach Kundenbrauch angefochten und das Geld von ihm bekommen. Ob er nach Art eines Mönches gekleidet gewesen sei, fragte ich atemlos. Aber der Bursche erinnerte sich nur an ein schwarzes Kopftuch und an die schönen, dunklen Augen des Mildtätigen. Er habe sich wohl noch einmal nach dem fremden Herrn umgesehen, aber dieser sei von der langen, schnurgeraden Straße völlig verschwunden gewesen.

Diese Mitteilung und die Gewißheit, daß der geheimnisvolle Mann aus dem Morgenlande keine drei Tagreisen von hier sich leibhaftig gezeigt hatte, erregte mich dermaßen daß ich für den anderen Tag Extrapost bestellte, um womöglich seine Spur zu verfolgen, so lange bis ich ihm Aug' in Auge gegenüberstünde und auf alle jene Fragen Antwort finden würde, die mich seit vielen Jahren, ja zeit meines Lebens beschäftigten. Als ich Geld zur Reise hervorsuchte, kam ich auch an die türkischen Zechinen. Ich war erstaunt und erschrocken. Denn es waren nur noch viere da. Ein sonderbares Gefühl kam über mich, ein Suchen nach Erinnerung. Aber es versank wieder, und ein neues Rätsel blieb.

Anderntags schon fuhr ich in der Chais lustig dahin und erreichte mit gewechselten Pferden am späten Nachmittag den großen Wald, durch den die Straße in jene Flecken führte, unweit dessen der ehrliche Tuchscherer zu seiner goldenen Zechine gekommen war. Aber gerade als wir ein Dorf passierten und der Schwager lustig den „Jäger aus Kurpfalz" auf seinem

Horn blies, brach das Rad, und der arme Musikus wurde durch die um die Linke geschlungenen Zügel von dem stürzenden Sattelgaul dermaßen vom Bock gerissen, daß er nur stöhnend sich erheben konnte und mit schmerzverzogenem Gesicht erklärte, seine wunde Schulter erst mit kalten Umschlägen pflegen zu müssen, ehe er wieder die Leitseile regieren könne. Auch dem gestürzten Braunen, der sich das Knie aufgeschlagen, tue Ruhe und Behandlung not, solle nicht das Chaislein mit Menschen und Tieren als ein Wrack zwischen Dorf und Stadt am Wege liegenbleiben.

Unentschlossen stand ich inmitten der staunenden Dorfjugend beim übel zugerichteten Wagen, als eine alte Frau auf mich zutrat und sagte:

„Ihr Quartier ist schon bereit, wie es uns angesagt worden ist, und auch der Postknecht kann ein Lager und einen Imbiß bekommen. Für die Gäule ist Raum in des hochwürdigen Herrn Stall!“

Ich wunderte mich sehr über diesen Empfang und fragte, wer mich angesagt habe und ob das Ganze nicht ein Mißverständnis sei? Es gebe sicherlich ein Gasthaus im Ort, wo man zur Not herbergen könne.

„Nein, Herr“, fuhr die Frau fort und ging mir ohne weiteres als Führerin voraus. „Wir haben kein Gasthaus hier, und Fremde von Ansehen, die der Zufall hierher bringt, pflegen im Pfarrhof zu wohnen, der weitläufig gebaut ist und genug eingerichtete Zimmer enthält. Der Herr aber ist dem Hochwürdigen ganz besonders angesagt und anbefohlen worden. Weiteres ist mir nicht bekannt, als daß der Herr Pfarrer, der gegenwärtig bei einem Sterbenden weilt, mir auftrug, die Straße in acht zu nehmen und den angekündigten Gast nicht zu verfehlen.“

Mittlerweile waren wir bei dem stattlichen Hause neben der Kirche angelangt, und ich trat durch das Tor, über dem an eisernen Ketten ungeheure Knochen ausgestorbener Tiere hingen, in einen mit grauen Ziegeln gepflasterten Gang und von dort in ein gewölbtes, weißgestrichenes Zimmer, in dessen Mitte ein großer Tisch mit Lederstühlen stand. An der Wand war ein Gestell mit vielen Büchern, unter denen ich die Werke des Paracelsus bemerkte. Obenauf standen ausgestopfte Vögel seltener Art, wie sie der Sturm manchmal aus fremden Zonen hierher verschlägt, und allerlei Mineralien und versteinerte Ammonshörner Auf dem einfachen Schreibtisch am Fenster thronte die mit grünem Rost überzogene spannhohe Figur einer Frau, die ein Kind in den Armen hielt, und meines Erachtens ebensowohl die Mutter unseres Herrn und Heilandes als eine heidnische Göttin sein konnte. Über einem schwarz gestrichenen Betschemel hing mit ausgespannten Armen, das Dulderantlitz milde den sündigen Menschen zugeneigt, der Erlöser am Kreuze.

Als nach einer Weile die alte Frau eine blanke Messinglampe auf den Tisch stellte und die Stube sich mit freundlichem gelbem Lichte füllte, trat fast gleichzeitig der Pfarrer ein.

Er war ein großer Mann mit grauem Haar und gesundem Gesicht, aus dem kluge und nachdenkliche Augen lugten. Freundlich bot er mir die Hand, sah mich aufmerksam an und bat mich, vorliebzunehmen und sein Tischgast zu sein. Nach dem Essen wolle er mir das Rätsel lösen, in das mich die zur Schau getragene Kenntnis meiner Ankunft gestürzt habe. Auch der Postknecht sei bereits untergebracht und der vom Schmied notdürftig hergerichtete Wagen, sowie auch die Pferde, stünden geborgen in Schuppen und Stall.

Sogleich war der Tisch gedeckt und das Essen aufgetragen, das aus einem gespickten Hecht in Rahm bestand. Dazu tranken wir einen leichten Johannisbeerwein. Als wir mit dem Mahl zu Ende waren, bat der Pfarrer, es möge ihm gestattet sein, Tabak zu rauchen, und zündete sich eine Pfeife an.

Ich muß gestehen, daß mich trotz der innerlichen Ruhe, mit der ich alles, was geschah, als unabänderliche Fügung zu betrachten gelernt hatte, eine große Wißbegierde befiel, auf welche Art der Geistliche von meiner bevorstehenden Ankunft unterrichtet worden sein könnte, und ich stellte die Bitte an ihn, mich über diese merkwürdige Sache aufzuklären, nachdem ich meinen Namen und Stand ausgesprochen hatte.

„Es ist dies, wie Sie sagen, in der Tat merkwürdig genug“, entgegnete er und blies blauen Rauch in großen Wolken von sich. „Vor drei Tagen ging ich meiner Gewohnheit nach die Dorfstraße hinunter, um mein Brevier zu beten. Ein Menschenpaar, das mir entgegenkam, setzte mich durch seinen Anblick in so helles Erstaunen, daß ich stehenblieb und die beiden herankommen ließ. Die Frau kannte ich wohl. Es war die achtzigjährige Nenin, die trotz ihrer Betagtheit und ihrer Schwäche um diese Zeit das untertags zusammengeklaubte Reisig in einem großen Bund heimzutragen pflegt. Es war immer ein kläglicher Anblick gewesen, die schwache Greisin, die sich auf solche Art noch immer betätigen zu müssen glaubt, unter ihrer Last einherschwanken zu sehen, und nicht selten hatte ich kurzerhand irgendeinen herumlungernden, feiernden Burschen angewiesen, der Armen die Last abzunehmen und heimzutragen. Diesmal aber kam sie ohne das gewohnte Huckepack und schien mir aufrecht, fast wie verjüngt neben ihrem Begleiter zu gehen, der freiwillig, wie sie sagte, die Bürde von ihr genommen und mühelos auf seine Schultern geladen hatte. Der Mann aber, mit dem sie ging, war auf jeden Fall eine Erscheinung, die hierzulande in Erstaunen setzen mußte. Er trug nämlich –"

„Eine braune Kutte und ein schwarzes Kopftuch oder einen Turban von solcher Farbe und Bernsteinkugeln um den Hals – –", fiel ich bebend vor Erwartung ein.

Der Pfarrer sah mich ohne Verwunderung an und sagte:

„So löst sich denn auch das folgende Wunderbare teilweise in nichts auf. Ich sage teilweise. Denn wunderbar bleibt es immerhin, daß weder die alte Frau noch der zufällig vom Felde kommende Schneidermichel, der das Reisigbündel artig auf seinen Handwagen lud und der Nenin damit heimfuhr, in dem so seltsam gekleideten Manne etwas Besonderes oder Auffälliges zu sehen schienen. Durch spätere Fragen überzeugte ich mich, daß nicht einmal die außergewöhnliche Tracht den beiden Menschen zu Bewußtsein gekommen war. Das andere aber, daß nämlich dieser Mann mir Ihre Ankunft mitteilte und für heute voraussagte, ist nunmehr dadurch erklärt, daß Sie ihn offensichtlich kennen und mit ihm gewiß von Ihrer Reise gesprochen haben."

Ich versicherte dem geistlichen Herrn auf das eifrigste, daß ich den besagten Mann wohl öfters in meinem Leben von weitem gesehen, niemals aber auch mit ihm nur ein Wort gesprochen habe.

Der Pfarrer sah mich an und schüttelte den Kopf.

„So wird das Erlebnis nun doch wieder wunderlich und irgendeiner Erklärung bedürftig. Nämlich als die Alte und der Schneidermichel mit dem Reisig ihres Weges zogen und ich mit dem Fremden in der braunen Kutte allein und Aug' in Auge auf der Straße stand, fühlte ich den natürlichen Wunsch, von ihm etwas über seine Herkunft und das Ziel seiner Reise zu erfahren. Zudem lag in seinem Blick und in den wahrhaft edlen Zügen seines Gesichts eine so starke Anziehungskraft, daß es mir unmöglich war, den Blick von ihm zu wenden. Daß er ein Morgenländer, erkannte ich unschwer an seinem Äußeren. Und da ich einmal vor Jahren mit ziemlichem Fleiß die arabische Sprache erlernt hatte, wagte ich es, mich dieser Sprache und des feierlichen Grußes „Salem aleikum!“, das ist: Der Friede sei mit dir!, zu bedienen. Und der Fremde gab mir allsogleich in dieser Zunge überaus freundlich und lieblich den schönen Segenswunsch zurück und fügte hinzu: „Wenn zum dritten Male die Sonne sich senken will, wird ein Mann in diesem Orte erscheinen, der mich sucht. Nenne ihn deinen Gast!“ Und als ich dies, von einer eigentümlichen Rührung ergriffen, zusagte und die Frage hinzufügte, wohin ich den Ankömmling weisen solle antwortete er nur: „In das große Haus am Ende des Waldes.“ Damit neigte er mit schöner Gebärde das Haupt und ging dem Walde zu, aus dem die Nenin ihr Reisig geholt hatte. Aber kaum hatten ihn die ersten Büsche verdeckt, als mir einfiel, der großen Häuser könne es viele da herum geben, besonders, wenn etwa auch Schlösser darunter zu verstehen seien. Und da lief ich ihm nach, um ihm Genaueres abzuringen. Aber wie ich auch suchte und rief, ich konnte keine Spur mehr von ihm entdecken. Gewiß war er mit rascheren Schritten, als ich vermutete, seinen Weg gegangen und mir deshalb entschwunden. Auch gestehe ich, daß mich dieses Erlebnis so sehr aus der Fassung gebracht hatte, daß ich heute nicht mehr sagen kann, wie lange ich in Gedanken stand, indessen er von mir ging. Dadurch läßt sich sein Entschwinden ohne die Annahme eines übernatürlichen Vorgangs gut erklären.“

Nach diesen Worten senkte sich Schweigen auf uns herab, und wir saßen lange Zeit, jeder mit seinen eigenen Gedanken beschäftigt. Das, was ich gerne gesagt hätte, mußte ich bei mir behalten. Nichts hätte mich bewegen können, einem anderen, und mochte er auch so würdig und so vertrauenerweckend sein wie dieser Pfarrherr, die dunklen und verborgenen Wege meines verflossenen Lebens zu offenbaren. Und das hätte ich tun müssen, um ihm mein unerklärliches Verhältnis zum Ewli auch nur beiläufig zu erklären. Aber gab es überhaupt eine Erklärung? War nicht vielmehr durch die letzte Erscheinung des Wundermannes alles nur verworrener und unklarer geworden? Es sei denn, und dieser Gedanke befiel mich mit durchdringender Gewalt, daß der Freund meiner Kindheit nun, da das Alter mich gemach in seine müden Arme nahm, die Zeit für gekommen erachte, sich mir zu offenbaren. Dann freilich waren der Auftritt beim Bäcker, das gebrochene Wagenrad, der arabisch sprechende Priester deutliche, wenn auch ungewöhnliche Wegweiser zu jenem Orte, zum „großen Hause“, wo endlich alles

Unerklärliche und Unbegreifliche in meinem Leben eine wie immer geartete Erklärung finden sollte.

„Nun – jedenfalls ist es gut, in jüngeren Jahren geübte Künste nicht zu vergessen“, unterbrach da mein Gastfreund meine Gedanken. „Und so bin ich froh, daß ich einmal in diesem Leben unerwarteter- und sonderbarerweise meine Kenntnisse des Arabischen gebrauchen und nützen konnte!“

„Ich wollte, hochwürdiger Herr, daß ich an Ihrer statt und derselben Sprache kundig gewesen wäre, um mit dem Ewli sprechen zu können.“

Hastig legte der Geistliche die Pfeife auf den Tisch, sah mir mit einem fast erschrockenen Blick ins Gesicht und wiederholte:

„Ewli? Wie kommen Sie auf dieses Wort?“

Ich sah, daß ich nun doch irgend etwas von der Rolle, die der Mann aus dem Morgenlande in meinem Leben gespielt hatte, preisgeben mußte, und erzählte in kurzen Worten von dem Vorfall in meiner frühesten Kindheit, der das Wachsmännlein unter dem Glase und die einstürzende Zimmerdecke über meinem Muschelbett betraf, und wie man das bei diesem Unglücksfalle verschwundene Figürchen nie anders als den Morgenländer oder den Ewli geheißen, ohne zu wissen, was dieses letzte Wort zu bedeuten habe.

Der Pfarrer trommelte mit den Fingern auf den Tisch, schüttelte mehrmals den Kopf, als wolle er einen Gedanken verneinen, der sich seiner bemächtige, setzte mehrmals zum Reden an und brachte endlich nur ein Wort heraus: „Mysterium!“

„Ob das Wort Ewli nun einen Namen oder eine Eigenschaft andeutet, weiß ich nicht. Es stammt jedenfalls von meinem Großoheim, der die Rarität aus der Seestadt Venedig mitgebracht und überaus wert gehalten hat. Als ich ein Kind war, stand – –“

Mit großer, bisher nicht gezeigter Lebhaftigkeit unterbrach mich mein Gastfreund:

„So hören Sie denn, Baron Dronte, wie wunderbar oft die göttliche Vorsehung in das Menschenleben eingreift und wie sich nach dem Willen des Allerhöchsten Menschen zusammenfinden und einander Mitteilungen machen müssen, die kein Zufall, wie man es nennt, je zutage fördern könnte. Als ich heute die notwendigen Vorkehrungen zu Ihrem Empfang traf, wurde ich zu einem Sterbenden gerufen, und zwar war es der hochbetagte Häusler Milan Bogdan, der als österreichischer Soldat seinen Abschied bekommen hatte, und mit diesem und einigen ersparten Gulden vor vielen Jahren hierhergekommen und hängengeblieben war, geheiratet und ein kleines Gütel sich erwirtschaftet hatte, das er zur Stunde vielleicht schon mit den ewigen Gärten Gottes vertauscht hat. Dieser alte kroatische Kaisersoldat war ein braver und rechtschaffener Mann und zudem ein guter katholischer Christ, an dem ich mein Wohlgefallen nicht nur um seines Glaubens willen, sondern auch seines Fleißes und seiner Friedfertigkeit halber hatte. Er liegt schon seit längerer Zeit darnieder, Und sooft ihm der Bader auch schon das Wasser abgezapft hat, steigt es doch wieder zum Herzen auf und bringt Todesgefahr. Deshalb hatte der Bogdan schon vor zwei Tagen die Sterbesakramente mit vieler Andacht empfangen, Und so wunderte es mich, daß er heute eilig nach mir verlangte. Ich ging jedoch ohne Zaudern zu ihm, und als ich sah, daß er seine alte Frau und die beiden Söhne aus dem Zimmer wies, meinte ich, dies sei nicht not, da er ja mit dem lieben Herrgott seine Rechnung sauber und richtig abgeschlossen habe und ein neuerliches Beichten gewiß nicht vonnöten sei. Aber er bestand heftig auf seinem Willen, und da ließen sie ihn mit mir allein, und ich setzte mich an sein Bett.

„Was bedrückt dich noch, lieber Sohn?“ fragte ich.

„Bedrücken – nichts, Hochwürden“, sagte er schweratmend. „Meine Sünden sind vergeben. Und dennoch kann ich nicht ruhig in Gottes Schoß hinüberschlafen, ehe mir nicht ein frommer und gelehrter Mann ein Geschehnis erklärt, das mir als Soldaten widerfahren ist und an das ich jetzt mehr denken muß denn je.“

Ich fordere ihn also zu ungescheutem Reden auf, und da erklärte er mir etwas, welches ich Ihnen, Herr Baron Dronte, als eine nicht unter dem Beichtsiegel stehende und vor allem für Sie merkwürdige Tatsache mitteilen muß.

Der Bogdan war also als junger Infanterist in einem an der türkischen Grenze stehenden Bataillon gelegentlich eines Geplänkels an der Sau, wie man den in die Donau rinnenden Fluß nennt, von wilden Baschibozuks gefangen und verschleppt worden. In der türkischen Gefangenschaft mußte er schwere Arbeit in einem Tretrad tun, das die Felder eines Bergs bewässerte. Außer der Arbeit aber ging es ihm nicht schlecht, und er durfte sich frei in dem kleinen Orte seiner Haft bewegen. So lernte er einen jungen Türken von großer Schönheit, jedoch mit einem Male zwischen den Augenbogen, kennen, der sich sehr liebreich des armen Gefangenen annahm und ihm ohne Lohn viel Gutes tat. Wie es aber in den dortigen ungesunden Gegenden häufig vorkommt, befiel unseren Bogdan dermaßen die schwere Not oder Blutruhr, daß er immer elender und schwächer wurde und keine Nahrung mehr aufnehmen konnte. Der junge Türke pflegte ihn getreulich und zeigte vielen Kummer, fragte den Bogdan auch oft, ob er ihm nicht einen rechten Wunsch erfüllen könne. Und als es sich auf die Letzte zeigte und der Bogdan kaum mehr reden konnte vor Schwäche, lächelte er und sagte zu dem Türken: „So übel es mit mir steht, Bruder, so könnte mir doch geholfen werden, wenn ich aus dem bunten Glase, das auf meiner Mutter Tisch steht, von dem Zwetschenbranntwein trinken könnte, der in unserem Keller in Zagreb liegt." Da ging der Türke zur Türe hinaus. Der Bogdan wurde schwächer und schwächer, und er befahl seine Seele Gott. Als aber noch keine Stunde vorüber war, trat der Türke wieder zur Türe herein und trug in seiner Hand das mit bunten Blumen bemalte Glas von Bogdans Mutter mit dem starken Zwetschenbranntwein gefüllt, und hielt es dem Kranken an die Lippen. Der trank und fiel in tiefen Schlaf. Als er erwachte, fragte er nach seinem Retter. Aber niemand wollte etwas von ihm wissen. In seiner Not ließ er sich den Hodscha, den mohammedanischen Priester, rufen und erzählte, was ihm widerfahren und wie wunderlich es sei, daß der Türke viele Meilen in einer Stunde hin- und zurückgelaufen sein solle. Da sagte der Hodscha: „Wisse, daß dein Freund ein Ewli war. Einer, der gestorben und wiedergekommen ist. Wohl dir, daß du einen Führer hast durch das Reich des Todes!" Der Bogdan genas und kam durch Gefangenenaustausch in die Heimat. Und da erzählte ihm seine Mutter, daß an dem Tage, an dem seine Genesung einsetzte, ein Fremder an ihre Türe gepocht und nach dem bunten Glase und dem Branntwein verlangt habe. Und ohne Widerstand habe sie ihm beides gegeben, und nach kurzer Zeit habe es wieder ans Fenster geklopft, da sei der Fremde gestanden und habe ihr das leere Glas hingeschoben und gesprochen: „Freue dich, Mutter, dein Sohn kehrt wieder!" Und so geschah es auch. – Dies, Herr Baron Dronte, hat mir heute nachmittag der sterbende Soldat erzählt und mich gefragt, ob es Sünde sei, daß er in seiner Todesstunde so sehr an den Ewli denken müsse, an sein Gesicht und an das rote Mal zwischen seinen Augenbrauen. Ich erwiderte ihm, er möge seine Gedanken lieber auf den Herrn Jesus lenken. Dieses tue er aus allen Kräften, war Bogdans Antwort, doch nehme das Antlitz des Herrn Jesus in seinen Gedanken ohne sein Zutun die Züge des Ewli an. Da ich sah, daß der Arme in Gewissensqualen war und doch dieser Vorstellung nicht Herr werden konnte, tröstete ich ihn und sagte, der Herr und Heiland sehe in sein frommes Herz, und ihm allein sei es vorbehalten, in welcher Gestalt er sich ihm zeigen wolle. Da lächelte der Bogdan und meinte, nun sei ihm leicht, und die Hoffnung auf ein weiteres Leben könne ihm nichts mehr rauben."

Ich sprang vom Tische auf. Wie in helles Licht gestellt, sah ich einen kleinen Augenblick lang in den Zusammenhang aller Geheimnisse meines Lebens. Aber rasch sanken hüllende Schleier auf ein Bild, das den gewöhnlichen Sinnen nicht zugänglich ist.

„Darf ich eine große Bitte aussprechen?" fragte ich.

„Wenn es in meiner Macht steht, sie zu erfüllen –"

Führen Sie mich zu dem Sterbenden", bat ich.

So kommen Sie", sagte der Pfarrer.

Wir kamen rasch zu dem kleinen Häuschen am Ende des Dorfes. Durch die winzigen, trüben Scheiben drang rötliches Licht. Wir hörten vielstimmiges Murmeln, und als wir in das niedrige Gemach eintraten, erblickten wir mehrere Männer und Frauen, die kniend beteten.

In einem kargen Bette lag ein alter Mann. Sein kleines, ganz verschrumpftes Gesicht hob sich von einem blauen Kissen ab und wurde von dem Schein der zu seinen Haupten brennenden Sterbekerze überstrahlt.

Wir traten an sein Lager. Die Augen des Schweratmenden blickten glasig, sein Mund stand offen.

Ich sah gleich, daß dieser Mensch in seiner Todesnot die Fragen, die mir auf den Lippen brannten, nicht mehr beantworten könne.

Da geschah etwas Unbegreifliches.

Langsam drehten sich die starren Augen und wandten sich mir zu. In das bereits vom lähmenden Finger des Todes gezeichnete Antlitz kam eine schwache Bewegung, ein freudiges Lächeln spielte um die dünnen, eingesunkenen Lippen, und ehe wir wußten, was in dem Abscheidenden vorging, hob sich sein Oberleib, streckten sich seine abgezehrten Arme nach mir aus, und eine fast schluchzende, dünne Greisenstimme drang aus seinem Munde:

„So bist du doch gekommen – – endlich!"

Strahlende Freude flammte in den Augen, zeichnete sich im Gesicht –. Dann fiel der Kopf in die Kissen zurück, ein grauer Schatten lief über Mund und Nase, der Körper streckte sich, daß die Bettstatt knackte.

Der Geistliche trat hinzu und strich mit der Hand über die Augenlider.

„Ruhe nun aus, du getreuer Knecht", sagte er leise. „Lasset uns beten!"

Wir sprachen ein Vaterunser, und als wir danach aus der Stube gingen, fühlte ich aller Blicke auf mich gerichtet.

In mir hatte der Verschiedene seinen Freund, den Ewli, zu sehen geglaubt.

Der Geistliche sprach kein Wort.

Als wir wieder in seiner gastfreien Stube waren, sah er mich mit unruhigen Blicken an.

„Die Narbe muß es gewesen sein –", sprach er vor sich hin.

„Welche Narbe?" fragte ich erstaunt.

„Die rote Narbe, die zwischen Ihren Augenbrauen ist, Baron Dronte. – Nein, nein!" rief er plötzlich. „Weiteres Grübeln über diese Dinge hieße Gott versuchen! – Wenn es Ihnen genehm ist, will ich Ihnen Ihr Schlafzimmer zeigen!"

Ich verbeugte mich dankend und ging mit ihm.

Als wir in dem mir angewiesenen Gemach standen, faßte er mich mit beiden Händen an den Schultern und sah mir lange ins Gesicht.

„Verzeihen Sie mir meine unhöfliche Verwirrung!" sagte er dann. „Aber auf mich alten Mann ist in den letzten Tagen zuviel Unbegreifliches und Störendes eingestürmt. Ich selbst bin nicht imstande, die furchtbaren Rätsel der Vorsehung zu lösen. Ich möchte allein sein. Sie werden mir deshalb nicht zürnen. Aus der Wirrnis dieser unheimlichen Vorfälle flüchte ich in einen sicheren Hort! In den Glauben an Den, der alles nach Seinem hohen Willen lenkt, und in den Frieden des Gebets."

„Beten Sie auch für mich, hochwürdiger Herr", bat ich ergriffen.

Dann war ich allein.

Und ruhelos tastete ich mit dem Gefühl, daß der Verstand mir keine Hilfe zu bringen vermöge, die dunkle Mauer ab, die mich von der Erkenntnis trennte, um ein Schlupfpförtlein zu finden, das zur Wahrheit führte.

Aber zeigte sich auch da und dort in schlafloser Nacht ein schwacher Schimmer des Ahnens – erfassen konnte ich nichts von dem, dem im allertiefsten und dunkelsten Grund meiner Seele etwas zustrebte.

Ein Bauer, den ich mit seinem Gespann in meine Dienste nahm und nach dem stattlichsten Gebäude im weiten Umkreis fragte, versicherte mir, daß dies das Schloß Krottenriede sei. Doch führe der Weg dorthin an die zwei Tagreisen durch dicken Wald und abscheuliches Moor und sei keineswegs sicher. Die Bande des Spillermaxe habe vor nicht allzulanger Zeit im Verdammten Bruch und im Klosterholz nächst der Straße gelagert, und auch die Wilddiebe täten sich nicht allzu selten zusammen, um etwa ein feisteres Wild zu erjagen als einen Hirschen oder Rehbock.

Auch der Pfarrer, dem ich deutlich eine durchwachte Nacht ansah, warnte mich vor dem weiten Forst, in dem es nicht geheuer sei. Als er mich aber zur Ausfahrt entschlossen sah, nahm er mit sichtlicher Bewegung Abschied von mir und empfahl mich dem Segen Gottes, der mich gnädigst vor falschen Künsten und Blendwerk des Satans bewahren möge. Denn nach reiflichem Nachdenken könne er nicht glauben, daß Gott sich eines mohammedanischen Mönches oder Derwisches wolle bedienen, um einem gläubigen Christen, als welchen er mich erkannt, habe Weisungen zukommen zu lassen.

Ich dankte ihm für die Nachtherberge und die Zehrung und trieb den Bauern, der Görg Rehwang hieß, zur Eile an, da ich allen Grund zu fürchten hatte, der wenige Mut des Mannes könnte sich noch vor Antritt der Reise verflüchtigen. Nachdem ich mich noch vergewissert hatte, daß der Postknecht im Laufe des Tages die Heimreise wohl wagen könne und ziemlich wohlauf sei, fuhren wir mitten in den Wald hinein.

An dem geduckten Nacken und den scheuen Seitenblicken, die der Rehwang nach rechts und links tat, merkte ich bald, daß er das Herz in den Hosen hatte, und es dauerte auch nicht lange, so wendete er sich halb um und fragte mit käsweißem Gesicht: „Habt Ihr nichts gehört, Herr?“

„Nichts“, sagte ich.

„Zur rechten Hand hat einer einen Pfiff getan oder ich soll nicht selig werden!“ wisperte er und kraulte sich im Haarfilz.

Aber es geschah nichts. Es mochte vielleicht ein Wildvogel gewesen sein.

Dann aber, als wir in eine moorige Heidegegend gelangten, begann er von dem Wirtshause zu erzählen, in dem wir Unterkunft finden sollten für eine Nacht und das „die Kugelmühle“ genannt war.

„Es soll dort manch einer mit schweren Steinen an den Füßen, ohne Kleider und Habe, in der Tiefe der schwarzen Moorwässer einsam stehen, zur Freude der Krebse, Wasserkäfer und Aale“, schwätzte er, und seine Zähne klapperten. „Herr, wie wär's, wir drehten die Gäule mit den Stirnen dorthin, von wo wir gekommen?“

Ich gab ihm keine Gegenrede, und so fuhr er mit einem tiefen Seufzer weiter. Die Gegend war düster und traurig. Zwischen schillernden Lachen standen uralte und knorrige Bäume, mit Warzen und Kröpfen bedeckt. Abgestorbene und vom Blitz geschälte Stämme breiteten verzweifelt ihre gewundenen Schlangenarme aus. An Wassertümpeln mit einer Haut aus dickem grünem Schleim lauerten Krüppelweiden, auf denen hungrige Krähen hockten. Ganz bekalkt waren Stämme und Äste von dem Kot der rastenden Vögel. Manchmal stieg mit pfeifendem Flügelschlag eine Ente aus dem Röhricht auf. Sehr ferne, traurige Flötentöne säuselten im Winde, und graue Nebelweiber schleppten ihre triefenden Gewänder durch die Baumkronen.

„Hier heißt man's beim Verdammten Bruch", begann der Bauer wieder. „Und der Weg da, zwischen den jungen Birken, führt zur Kugelmühle, wo man nächtigen kann."

Aber es ging noch lange Zeit dahin, bis wir vor dem finstergrauen und unfreundlichen Hause angelangten. Große, grünbemooste und von Regen und Schnee zerfressene Steinkugeln lagen neben der Türe, und ein schimmelmodriger Kolk zeigte noch, wo die gestauten Wasser des Moorbaches die Mühle getrieben hatten, die längst zu einem Wirtshaus geworden war.

Der Bauer stieg mit krummem Rücken vom Wagen und schrie einige Male sein: „Heda, Wirtshaus!" Aber nichts rührte sich, dennoch glaubten wir, wilden Gesang zu vernehmen, der durch die grünlichen Fenster hinter den starken vierkantigen Stäben hervorzudringen schien.

Nach langem Rufen erschien endlich der Wirt mit einem riesigen schwarz und weiß gefleckten Hund, dessen stumpfes, rohes Gesicht ihm, dem Menschen, nicht unähnlich war. Der breitschultrige Mann, dem in der fetten Lederhose ein übermäßig langes Messer stak, sah uns unfreundlich genug an und grunzte:

„Hoho, Rehwang, was bringst du uns da für vornehme Herrschaften?"

„Der Herr hat einen weiten Weg", entschuldigte sich der Bauer. „Und so ergeht Anfrage von wegen dem Nachtlager."

„Weißt noch immer nicht den Hausbrauch, du lebender Kuhfladen?" fuhr der Grobian den armen Görg Rehwang an. „Und wenn der Kaiser und der Papst und alle Kurfürsten und meinetwegen und wegenmeiner auch die Frau Kaiserin und des Erzbischofs Bettwärmerin geritten und gefahren kommen, so gibt es doch in der Kugelmühle nichts anderes als eine Strohschütte im großen Zimmer. – Damit sich der Herr zu richten weiß!" sagte er mit einem tückischen Blick auf mich.

Hinter ihm, spitznasig, zausig und klapperdürr wie die Waldkrähen auf dem Müllhaufen beim Hause, stand plötzlich, wie aus der Erde gewachsen, die Wirtin und lächelte schief: „Beliebe der Herr nur näher zu treten! Gibt es auch nichts als Armemanns-Bettstatt, so haben wir doch guten Wein und eine Gesellschaft im Hause, bei der es über alle Maßen lustig hergeht."

„Am Weine fehlt es nicht“, fiel der Wirt im Wollwams freundlicher ein. „Wollte den vornehmen Herrn nur gewarnt haben, daß er sich nichts Feines bei uns erwartet und nicht vor Abscheu das Rad schlägt, wenn nächtens etliches Rülpsen und Ausdünsten der Schlafgenossen um ihn her ist.“

Ich entgegnete dem groben Klotz nichts auf seine ungehobelten Reden und trat in das Haus. Brüllendes Lachen und Schreien drang mir aus der Zechstube entgegen, als ich die Türe auftat, und beizender Pfeifenrauch quoll in Schwaden heraus.

An dem langen Tisch, über dem ein kunstvoll in Holz geschnitzter sechsspänniger Fuhrmannswagen mit allem Zubehör in Spielzeuggröße hing, brannten sechs oder sieben Lichter in Zinnleuchtern. Daran saßen drei Studenten, die langen Raufdegen umgeschnallt, die Ärmel aufgesteckt, und soffen Runda. Bei ihnen war ein baumlanger, hagerer Gesell mit einem kahlen Schädel und feuerroter Geiernase, in ein abgeschabtes schwarzes Gewand gekleidet, der hielt ein freches braunhäutiges Mensch auf dem Schoß, mit der Hand ein gelbes Busentuch in der Luft schwenkend. Das schwarzäugige Weibsbild lachte so, daß ihre entblößten Brüste zitterten, und kniff den alten Galan in die Säufernase, daß er hell aufschrie und sie losließ.

Unser Eintritt erregte lärmende Aufmerksamkeit. Den Görg zogen sie allsogleich zum Tisch und brauten in einem Becher schnell ein Gemisch von Bier, Wein, Spucke und Pfeifensaft, das er flugs als einen Willkommen auf das Wohl der vier Fakultäten leeren mußte. Mich aber redete der Glutmassige spöttisch mit „Eurer Ehrwüden“ an und fragte, ob ich nicht wisse, daß man vor so illustrer Gesellschaft drei Verbeugungen und einen Kratzfuß zu machen habe, wenn man eintrete, oder ob es den feinen Herrn nach einigen Gängen mit dem Rapier gelüste. Dies könne ich gleich haben.

„Tust du noch immer so wüst, bayerischer Haymon?“ fragte ich und mußte in Wehmut lächeln, als ich meinen alten Ordensbruder erkannte.

Der saß da mit offenem Munde, als hätte ihn der Schlag gerührt.

„Kenn dich wohl“, sagte ich und trat nahe zu ihm. „Wenn auch die Zeit davongerannt ist!“

„Zwick mich, Hoibusch, zwick mich!“ stotterte er und stieß den Studiosen neben sich an. „Ein Gespenst steht vor mir –“

„Ei was, Gespenst!“ sagte ich. „Der Mahomet ist’s und kein andrer!“

Etwas wie eine armselige Freude war in mir, daß ich ihn, wenngleich verkommen und vor der Zeit gealtert, noch einmal wiedersah. Und am Aufschlag seines dürftigen Rockes trug er noch wie einst die aus Silberdraht kunstvoll verschlungenen Anfangsbuchstaben unserer geheimen Losung: „Vivat circulus fratrum amicitiae!“ Es lebe der Bruderkreis des Freundschaftsordens. Ich deutete mit dem Finger darauf und sagte lächelnd: „Vivat, crescat, floreat!“

Da sprang er auf beide Füße und schrie:

„Mordhagelbombenelement! Stinkfüchse, kniet nieder! Ein alter Amiciste stehet vor euch, der Mahomet, der mehr Blutes von seiner Stoßklinge gewischt als in euren sauergewordenen Adern rinnt. O Herzbruder! Welch ein Geschlecht hat uns abgelöst! Saufen aus Becherlein, schreien nach der Mutter, wenn ihnen das Kalbfleisch geritzt wird, und rennen mit Pennal und Heften in den Hörsaal. – O alte Zeit! O Amicitia!“

Er warf seine langen Arme um mich, küßte mich schallend auf beide Wangen, und die Tränen rannen aus seinen entzündeten Augen.

„Und jetzt her da, an meine grüne Seite, Herr Bruder, und daß mir keiner das Maul auftut, ehe der Mahomet nicht seinen berühmten Lebenslauf zum besten gegeben hat – He, Kugelmühlwirt, he, Bärbel, spring und schwing dich und hol Wein, was der Tisch ertragen kann. Und der Bauer soll mitsaufen!“

Aber der war hinausgegangen und nicht mehr zu sehen.

Der Wirt trat nun überaus höflich an den Tisch und fragte nach unserem Begehren. Ich sah ihn mit einem gewissen Grauen an. In seinem einen Auge war ein falsches Blinzeln, das andere lag als weiße, blinde Glaskugel zwischen geschlitzten Lidern. Eine feuerrote Schnittnarbe, gestaltet wie ein ‘S’, lief über den kahlen Schädel, das Auge und die Wange, zum fetten Doppelkinn. Ich wußte, daß Mordbrenner mit solchem grausamen Mal die Verräter zeichnen.

Bald standen große Schüsseln mit Wildbret nebst Schleifkannen mit Wein auf dem Tisch, und ein wildes Zechen begann, an dem ich mit Vorsicht teilnahm. Mein Herz war mit Gefühlen beladen, die mit denen der Menschen am Tische nichts zu tun hatten, und es fiel mir schwer genug, die Fragen des Haymon zu beantworten. Die drei anderen hörten ganz bescheidentlich zu, und das Mädel glotzte uns an wie die Kuh das neue Tor.

Als die Kerzen niedergebrannt waren und des Haymon Zunge schwerer und schwerer wurde, erfuhr ich erst, wie sich sein Leben gestaltet hatte, wie er, als alles elterliche Gut vertan war, froh sein mußte, als Stadtschreiber irgendwo unterkriechen zu können. Und auch damit war es nun aus, seit ihm die Hand vom fortgesetzten Suff so zitterte, daß seine Schnörkel nimmer lesbar waren. Nun hatte er sich aufgemacht, um einen seiner reichgewordenen Pächter von ehedem zu besuchen, bei dem er noch etwas fordern zu können glaubte, so wenig es auch war, und auf der Wanderschaft hatte er heute die drei Studiosen getroffen und mit ihnen gemeinsam den Weg fortgesetzt. Nach langem Hin und Her im wilden Wald hatten sie etwa zwei Stunden, ehe ich mit dem Görg kam, die einsame Kugelmühle getroffen, froh für die Nacht ein Dach zu finden, um so mehr, als ein sausender Westwind immer wildere Wolken heraufführte und die Erde nach Regen roch.

Jetzt aber hatte der viele Wein das Herz des bayerischen Haymon ganz und gar erweicht, und mit vielem Schlucken, Aufstoßen und Weinen konnte er sich gar nicht genugtun, jene wilde Zeit voller Jugendtorheit und Überschwang im magischen falschen Licht der Erinnerung aufleben zu lassen, wobei er nach Menschenart das Gute und Angenehme behalten, das Übermaß von Ungemach und bitteren Sorgen aber gänzlich verschwitzt und vergessen hatte. Und nach jedem Satz, den er sprach, ließ er einen neuen Becher durch seinen mageren strickädrigen Hals rinnen, indes die drei jungen Studiosi sich nur leise flüsternd zu unterhalten wagten beim Zwiegespräch der bemoosten Häupter. Mir war weh genug. Freundschaft und Jugend waren dahin.

„Schlag und Schwerenot, Herr Bruder!“ schrie er ein um das andere Mal, „was waren wir doch für Kerls! Denkst du noch derselbigen Nacht, wie der lange Heilsbronner im Straßendreck seinen Geist aufgab? Wie der wackere Montanus zum letzten Male den gläsernen Stiefel in seinen Gierschlund ausleerte? O Bruder, der Fink ist auch dahin, ist in der Murg ersoffen, und der Portugieser hat im Spittel zu Erlangen bei lebendigem Leib müssen verfaulen, so arg hat ihn die Tanzliese hergerichtet, mit der er gelebt hat. Und der Wechler, weiß jetzt nicht, ob du ihn hast noch gekannt, ist ein Domherr geworden und kennt mich nimmer, hat er mir sagen lassen. O vanitas, vanitatum vanitas! Dahin alle Schwüre und

Bruderliebe! He, Bärbel! Wo steckt die läufige Hündin? Licht her! Sollen wir jetzt schon in der höllischen Finsternis weilen? Geld haben die drei Füchslein genug, um etliche Kerzen zu zahlen!“

Da kam hinter dem Kachelofen der Wirt hervor, wo er ohne unser Wissen gelauert hatte, und sagte grob und heiser, es sei nun Schlafenszeit, und neue Kerzen müßten erst von weither geholt werden. Nur ein Stümplein sei mehr da, und das reiche gerade, um das Lager zu finden.

Einer von den jungen Burschen wollte etwas sagen, aber ein anderer neben ihm, ein stiller, netter Junge, der, wie ich die ganze Zeit beobachtet, fast nichts getrunken hatte und ganz nüchtern war, stieß ihn rasch an und sagte leise, doch so, daß ich es hören konnte: „Schweig, Hans! Wir werden deine Kerzen vielleicht noch brauchen!“

Der Flegel von Wirt nahm ohne weiteres das letzte, kaum mehr für eine Viertelstunde ausreichende Licht vom Tisch und brummte: „Wer nun schlafen will, der gehe mir nach. Wer nicht mag, kann in der finsteren Stube hockenbleiben. Ausgeschenkt wird nichts mehr!“

Der Haymon wollte auffahren, aber ich nahm ihn rasch unter dem Arm, und so gingen wir hinter dem Wirt und seinem großen Hund drein, um unsere Ruhestätte aufzusuchen.

Wir durchschritten einen langen Gang mit etlichen dickverstaubten oder mit Brettern verschlagenen Fenstern. Des Haymons Rausch kam nun erst heraus beim Gehen und ich hörte ihn etwas von einem gottverfluchten Stadtpfeifer lallen, dem er eins auswischen wolle.

Indes dachte ich daran, daß der Bauer nicht mit uns war.

„Wo ist mein Fuhrmann untergebracht?“ fragte ich den Wirt, dessen Riesenschatten an der Wand hinglitt.

„Der Rehwang?“ brummte er und sah sich halb um. „Der ist längst heimzu mit seinem Geschirr.“

„Warum sagtet Ihr nichts?“ ärgerte ich mich. „Wie soll ich nun morgen weiter?“

Der ungeschlachte Kerl blieb vor einer Türe stehen und zuckte die Schultern.

„Hätte der Herr weniger gekneipt und auf den Görg Rehwang geachtet, so hätt' er ihn leichtlich hierbehalten können. Meines Amtes ist's nicht, mich um derlei zu scheren.“ Er warf einen schielenden Blick mit dem Einauge nach mir. „Und wer weiß, ob´s morgen gar so eilig wird sein.“

Ich schwieg, und er stieß mit dem Fuße eine Holztüre auf, die Hand vor den Lichtstumpf im Zinnleuchter haltend.

Wir traten ein und befanden uns in einem großen, ganz leeren Saal, der wohl einst den Schüttboden vorgestellt hatte. In der Mitte des Raumes stand, sonderbar genug, eine dicke, runde Säule, die auf breitem Kranz den Hauptbalken der Decke trug. Sternenförmig um diese Säule waren fünf Liegestätten hergerichtet, besser, als wir gedacht hatten. Auf sauberes, frisches Stroh waren grobe, aber weiße Leintücher hingelegt, hart an der Säule war für jeden ein Kopfpolster da, und zum Zudecken lagen fünf rotwollene, dicke Decken gebreitet.

„Besser haben wir`s nicht in der Kugelmühle“, sagt der Wirt, wie verlegen. „Die Herren müssen vorliebnehmen.“

Wir bezeugten uns zufrieden, und so stellte er, lächelnd und Bücklinge machend, das ausbrennende Licht auf einen Schemel, wies uns das wenige Gepäck, das unser eigen war, und wünschte unter dem bösen Geknurre seines Köters eine geruhsame Nacht. Wir hörten, wie er durch den Gang davonschlurfte und nachher die schwere Haustüre zuwarf und mit Riegelstoßen und Schlüsseldrehen verwahrte.

Die zwei, die den Haymon bisher geführt hatten, ließen ihn nun sachte auf eines der Lager gleiten, und es dauerte keine zwei Minuten, als er schon zu schnarchen anhub und dazwischen sinnlose Worte murmelte, die ihm der Wein eingab. Eine ängstigende Unruhe war in mir, und irgendeine dunkle Ahnung lag warnend und schwer in meiner Magengrube. Ich nahm das Licht und sah mich um. Verrußte Spinnweben hingen wie Trauerfahnen von den alten Balken der Decke; die drei kleinen Fenster mit den erblindeten, bleigefaßten Butzenscheiben ließen sich nicht auftun. Ein würgender modriger Kellergeruch brütete in dem weiten Raum mit der Säule. Der breite Ring, den sie oben trug, war vor kurzem weiß gekalkt worden, so daß er von der verräucherten Decke grell abstach.

Als ich mich umwandte, sah ich, daß meine unheimlichen Gefühle von den drei Studiosi geteilt wurden. Keiner von ihnen traf Vorbereitungen, das verlockende Lager aufzusuchen oder den Degen von sich zu tun.

„Hier riecht es nach altem Blut“, sagte der helläugige Hoibusch, der mir schon am Tische durch seine Nüchternheit und Ruhe aufgefallen war. Auch der Hans Garnitter, der die Kerzen in seiner Umhängtasche hatte, sagte: „Hier soll der Teufel nächtigen!“ und der dritte, ein junger Herr von Sollengau, der allgemach von den Weingeistern frei wurde, nickte bedenklich.

Da die Kerze zu erlöschen drohte, bat ich den Garnitter, mit seinen Schätzen herauszurücken, und bald darauf stak ein neues brennendes Licht im Leuchter.

„Hängt Mäntel oder Decken vor die Fenster, damit sie von draußen den Lichtschein nicht sehen“, mahnte ich, und sogleich gingen sie daran, den Rat auszuführen. Derweilen sah ich mir die Türe an. Es war wohl außen ein starker Holzriegel daran, aber von innen war sie auf keine Weise zu schließen. Die Angeln aber dünkten mich ganz frisch geölt, und ich machte die andern darauf aufmerksam.

„Der Hundsfott von Wirt führt etwas im Schilde“, stieß der Junker von Sollengau heraus, „und wenn wir auch unser vier sind, da der Besoffene nicht zu rechnen ist, so heißt es doch, höllisch auf der Hut zu sein, denn der Wirt kann Zuzug bekommen von des Spillermaxen Bande oder von den Blaupfeifern.“

Ich sagte nichts und fuhr in meiner Untersuchung fort. Der Boden war aus festgestampftem Lehm, die Wände waren mit Wackersteinen und festem Malter aufgerichtet worden und uralt, die Decke hatte keine sichtbare Öffnung und bestand aus schwerem, altersdunklem Gebälk, wie man es in solcher Länge und Stärke wohl nur selten noch finden mochte.

Da stieß der Hoibusch einen leisen Pfiff aus und winkte mir hastig. Er stand an der Säule. Wir traten auf das raschelnde Stroh und folgten mit dem Licht seiner tasten den Hand. Und da sahen wir etwas, das uns die Spur der satanischen Büberei aufdeckte, die hier im Spiele war.

In ihrer ganzen Länge, von oben bis unten, wies die steinerne rauhe Säule glattgeschliffene Streifen auf, als glitte etwas Schweres des öfteren an ihr auf und ab und verwandle die Rauheit an den Reibungsstellen in polierte Rillen. Und vom selben Gedanken erfaßt, blickten wir nach oben auf den Ring oder das Kapitell, das in übermäßiger Ausladung und mächtiger Breite die Säule abschloß. Leuchtend weiß hob es sich in seinem frischen Anstrich ab, und doppelt finster erschien der schmale, kreisförmige Raum, der den inneren Ring vom runden Umfang der Säule trennte, also daß diese schwere Last, wenn sie oben gelöst war, niederstürzen konnte.

Und gerade im Bereich dieses Ringes lagen unsere Kopfpölster um die Säule geordnet.

Der Haymon richtete sich in seinem rauschigen Schlaf halb auf und stammelte mit weitgeöffneten Augen: „Magst keine Ruhe geben, Montanus? – Kann dir deinen Mariendukaten nimmer schaffen, Bruder – laß ab, tu weg die blaue Hand – –", und dann brach er Wein und Speisen aus seinem längst zernichteten Magen und besudelte sich garstig. „Zieht ihn weg von dieser Todesstätte!" rief ich.

Da packten sie ihn an den Beinen und zogen ihn von dem gefährlichen Bette weg, aber er kroch in seinem Wahn zurück, während wir weiter beratschlagten, und noch einmal wurde er weggeschafft. Nun schien er Ruhe halten zu wollen und blieb liegen.

„Pscht!" wispelte der Garnitter, der an der Tür horchte.

Wir löschten rasch das Licht und blieben mausestill.

Leichte Schritte kamen den Gang entlang.

„Die Bärbel, das falsche Luder –".

„Pscht!"

Es lauschte an der Tür, lehnte sich an. Das Holz knackte leise, der Haymon plapperte im Schlaf.

„Was sagst von schweflichten Flammen, Portugieser? – Potz Schellensau, Bruder, wie stinkt es giftig aus deinem Rachen! Die Hand reich ich dir nicht – bist ja schwarz über und über, du Teufelsbraten –".

Leise huschte es von der Tür weg, den Gang hinunter.

Wir hörten den Haymon im Stroh rascheln, mit dem Fuß den Boden schlagen und sich stöhnend strecken.

Wieder Schritte. Die Burschen zückten leise die langen Stoßklingen, ich zog, den Daumen am Hahn, den Finger am Abzug, ohne Knacken das

Terzerol auf. Es hüstelte, krabbelte an der Tür. Dann schlich es wieder davon.

„Jetzt sind sie sicher, die Mordhunde!“ sagte der Hoibusch. Über uns auf dem Boden schlapfte es nun. Ein leises Rasseln hob sich. Eine dumpfe unverständliche Stimme sprach etwas. Ein Schnurren, Schleifen, ein sausender Fall – –

Bumm! – schlug es schwer und stampfend, weich gedämpft nieder. Füße trommelten wie wahnsinnig auf dem Lehmboden, ledern, klatschend – bei uns im Zimmer.

„Schlag Feuer, Hoibusch!“ rief heiser der Junker.

Pink, pink! Der Zunder glühte auf, der Schwefelfaden zuckte blau und brutzelte mit beißendem Stank, die Kerze brannte –.

„Allmäch –!“ wollte der Garnitter aufschreien, aber der Hoibusch legte ihm rasch die Hand auf den Mund.

Der Atem blieb uns aus. Der breite Säulenring war heruntergekracht und hatte die Kopfpolster unter sich begraben Und das unselige Haupt des armen Haymon, der im Dunkel ohne unser Wissen zurückgekrochen war. Gespreizt standen seine Füße auseinander, die Hände waren auf der Brust ins Gewand gekrampft und weiter hinauf lag er unter dem Mordstein. Wie eine dicke, dunkle Schlange, glitzernd im Kerzenlicht, kam sein Blut aus dem Stroh geronnen.

„Licht aus!“ befahl der Junker. „Sie kommen!“

Stoßbereit standen sie zu beiden Seiten der Türe in der Finsternis.

Laut sprechend und hallenden Schrittes kamen der Wirt und sein spitznasiges Weib den Gang entlang, stießen die Türe auf.

Da standen sie. Der Wirt trug in der linken eine große Stallaterne, in der rechten Faust ein scharfes Beil, und die Furie hinter ihm umkrallte ein Schlächtermesser. Wir sahen sie nur einen Augenblick lang. Des Hoibusch Klinge fuhr dem Kerl durch und durch, und der Garnitter durchstieß den gelben Hals des Weibes, so daß sie mit dem Quieken eines gestochenen Schweins hinfiel. Der Wirt war sogleich tot, ins Herz gespießt wie ein anlaufender Keiler. Die Frau zappelte noch, krümmte sich und lag dann still auf der Seite.

„Bist hin, Bluthund?“ schrie der Garnitter und trat mit dem Fuße nach dem Wanst des Toten. Oben im Haus heulte der Hund.

„Der Hund! Die Bärbel!“ rief der Hoibusch. „Wir müssen das Mensch fangen, sonst entläuft sie uns und hetzt uns die Spießgesellen des Wirts auf den Hals!“

Er und der Junker machten sich mit der Laterne auf, das Weibsbild zu suchen.

Nun sahen der Garnitter und ich die vier Löcher in der Decke und die Stricke, an denen hängend der Stein wieder aufgezogen werden konnte. Wir machten uns daran, den toten Haymon zu befreien. Aber der Stein war zu schwer, als daß wir ihn hätten lüften können, und als wir an den Füßen des Gemordeten zogen, knirschten die Knochen des zerschmetterten Kopfes so gräßlich, daß wir schaudernd ablassen mußten.

Da hörten wir einen Schuß, das Klagen des Hundes, dann ein Schleifen und Winseln, und gleich darauf kamen der Hoibusch und der Sollengau mit dem Frauenzimmer in Hemd und Kittel, das sie aus dem Bett gezerrt, in dem es sich unter die Decken verschloffen und schlafend gestellt hatte. Mit einem Kälberstrick hatten sie ihr die Hände gebunden.

„Ich bin unschuldig“, jammerte die Bärbel, als sie uns sah. „Jesus Maria!“ kreischte sie auf, als sie mit dem nackten Fuß in die Blutlachen trat, in denen der Wirt und die Wirtin lagen.

„Gesteh, Metze, oder wir legen dich neben die beiden!“ sagte der Hoibusch ruhig. „Hast nicht den Hund noch auf uns gehetzt? Gesteh, sag ich dir!“

„O du blutiger Heiland! Was soll ich gestehen?“ heulte die Dirne und fiel auf die Knie. „Hab nichts verbrochen, als daß ich bin auf Geheiß der Frau horchen gegangen, ob schon geschlafen wird. Von Mord hab ich mein Lebtag nichts gewußt –“.

„Und was ist das, du ausgeschämtes Weibsstück?“ schrie der Hoibusch mit starker Stimme und brachte etwas hervor, was er hinter dem Rücken in der Hand verborgen gehalten hatte. Steine und Gold blitzten – ein Halsband mit Almandinen und kunstvoll geschmiedeten Gliedern strahlte im Licht.

Das Mädchen war vor Angst weiß im Gesicht und sah mit wirren Blicken um sich.

„Red!" sagte der Hoibusch ganz kalt und setzte ihr die Spitze der Klinge auf die bloße Brust, so daß ein kleiner roter Tropfen aufsprang.

„Au weh! Barmherzigkeit –", zeterte die Bärbel und wand sich hin und her. „Von der Dame im Keller –".

Dann fiel sie in Krämpfen nieder, und Schaum quoll aus ihrem Mund. Es war zum Erbarmen anzusehen.

Aber der Hoibusch blieb ungerührt.

„Hast deine Blickschlagerkunst brav gelernt, du Räuberhure!" sagte er. „Hör auf, aus Speichel Schaum zu machen, und steh auf!" Und noch einmal kitzelte er sie mit der Degenspitze.

Da sprang sie trotz der verschnürten Hände wie eine Katze auf die Füße und schrie verzweifelt:

„Nun – ist`s an dem, so will ich lieber gleich hin sein als mich vom Galgenmann mit den Daumenschrauben aushorchen lassen!"

Und sie tat einen so raschen und heftigen Sprung gegen die gezückte Klinge, daß diese auf ein Haar durch ihren Leib gerutscht wäre. Aber der Hoibusch war auf der Hut, ließ augenblicklich die Hand vom Griff, und so zerschlitzte sie sich nur das Hemd, daß ihre dunkle Brust hervorquoll.

„An die Säule mit ihr!" rief der Garnitter, und die drei Studiosen schleppten sie hin trotz Beißens und Kreischens und banden sie an Leib und Beinen neben den toten Haymon hin, so daß sie in stiller und schrecklicher Gesellschaft bleiben mußte. Denn wir nahmen die Laterne mit und ließen nur die Kerze als Totenlicht für den Gemeuchelten brennen, als wir den Raum mit seinem süßlichen Blutdunst verließen. Als wir im Gange standen, hörten wir das gellende Schreien der Angebundenen.

Und ich muß es gestehen: Sie erbarmte mich, denn ich fühlte, daß es nicht allein ihre Schuld war, daß sie so werden mußte. Sicherlich hatte ein böses Schicksal sie von Kindheit an umkrallt; hatten unbewachte Jugend, früh entfesselte Triebe, Mißbrauch, den man mit ihrem Kinderleib schon trieb, Armut, Elend und Mangel an Liebe ein schlimmes

Werk an ihr getan. Durfte ich richten, wenn ich die Abgründe der eigenen Seele auftat? Aber so klug die drei Studiosen waren und so gut des einen oder des anderen Herz sein mochte, zu dieser Stunde und angesichts des armen Toten hätten sie mit Abscheu auf mich gesehen, wenn meine Gedanken laut geworden wären, und geholfen hätte ich niemandem damit. So schwieg ich und trauerte im stillen bei mir, wie verkehrt der Menschen Bräuche sind und wie man tausend und abertausend Kinder ohne jede Sorgfalt aufwachsen läßt. Und nicht etwa nur die Brut der armen Leute – –. Wie war es denn mit mir selbst gewesen?

Müde tappte ich hinter den anderen drein, die von des Wirtes Gurt den Schlüsselbund gelöst hatten und nun in den Keller stiegen. Im Flur lag, groß wie ein Kalb, der vom Garnitter erschossene Hund.

Hinter leeren Weinfässern und sonstigem Gerümpel fanden wir eine Eisentüre, entdeckten am Bunde den Schlüssel und taten auf. – Rostiger Staub flog uns in die Augen – aber, hilf Himmel, was war dies?

Alle vier sprangen wir zurück vor Entsetzen.

Da lagen wohl zwanzig Leichname, braun vertrocknet, von Ratten angefressen, aller Gewänder bar. Und auf den Schultern trugen sie breitgequetschte Scheiben mit Mund spalten, Haarwirrnissen, durcheinandergewürfelten weißen Zähnen. Ein Ohr sah man, einen Unterkiefer, der bis zu den leeren Augenhöhlen hinaufgepreßt war, eine wurmartige schwarze Zunge, die sich seitwärts reckte, gekrallte Hände, Blutkrusten, gesplitterte Knochen – –

Wir polterten die Stiegen hinauf, liefen aus dem Hause und setzten uns tiefatmend auf die moosigen Steinkugeln, und der Regen rann an uns herunter.

Im Osten leuchtete es trüb.

Als es ganz licht wurde, fütterten sie den dicken Schimmel des Wirts mit Hafer und Heu, und spannten ihn dann ein.

Vorher hatte der Hoibusch nach dem Mädchen gesehen. Sie hing mit verdrehten Augen wie ohnmächtig in den Stricken. – Dann stiegen sie noch in das Schlafzimmer der Wirtsleute hinauf, kramten in Schränken und Truhen und fanden einen ganzen Hort von Gold- und Silbermünzen, Schmuck, kostbaren Gewändern, feiner Wäsche und Waffen aller Art.

Unterdessen schlich ich mich in das Gemach des Grauens. Das Mädel war wach, und ihr Gesicht glänzte von Tränen. Schweigend ging ich hin und schnitt mit dem Messer der Wirtin, das ich aufgehoben, die Stricke so durch, daß sie selbst sich lösen konnte.

„Warte, bis du uns fahren hörst“, sagte ich, „und dann sieh zu, daß du dich rettest –.“

Ein Hoffnungsleuchten ging über ihr verfallenes Gesicht, in dem trotz aller Verderbtheit noch das harmlose Kind von einst zu erkennen war.

„Gnädiger Herr–“, stotterte sie.

„Schweig und rühr dich nicht, bis wir fort sind. Vielleicht, daß du wieder ehrlich werden kannst, Mädchen. Ich wage es darauf!“

„Alle Tage will ich für Euch zu Gott beten, gnädiger Herr–“, flüsterte sie. „Daß er mit Euch Erbarmen habe, wie Ihr mit der Bärbel –“.

Rasch ging ich hinaus.

Ich bat die drei Burschen, als sie aus dem Hause kamen, mich aus dem Spiel zu lassen, da ich im Krottenrieder Schloß Wichtiges zu tun hätte und das Gerichtlaufen alle meine Pläne könnte zunichte machen.

Es war ihnen recht, und da der Weg zur Stadt gewiß am Schlosse vorbeiging, fuhren wir miteinander durch den trüben Morgen der Heerstraße zu, die Schauer der Nacht in allen Gliedern.

„Von Herzen erbarmt mich das junge Blut an der Säule“, sagte nach einer Weile der Garnitter. „Ganz und gar ist schwere Schuld bei ihr nicht erwiesen, und wenn sie auch lauschen ging, weil sie so mußte, und eine oder die andere Beute in ihren Schoß fiel –“.

„Was schwätzest du?“ fuhr ihn der Hoibusch an und hieb auf den lahmen Schimmel ein. „Man sieht, daß du ein windiger Philosoph bist und von Rechtsangelegenheiten nichts verstehst. Ich kenne das römische Recht sowohl, als auch den berühmten Carpzov genug, um heute schon das

Urteil zu wissen, das sie treffen wird und muß. Und zudem weiß ich mich eines Sinnes mit dem Herrn Baron Dronte und dem Sollengau–".

„Es gibt auch ein *Jus divinum,* und von dem ist dir augenscheinlich nichts bekannt. Mit Gelehrsamkeit hat es freilich nichts zu schaffen, hat keine Paragraphos und Spitzfindigkeiten und ist bei einfältigen Menschen besser zu finden als bei denen, die wie Pfauen ein grüngoldenes Rad zu schlagen wissen, aber eine garstig-unmenschliche Stimme haben", entgegnete Garnitter.

„Willst du mich etwa tuschieren?" fragte der Hoibusch und hielt die Zügel an.

„Keinen Streit, ihr Herren" mahnte ich. „Wir wollen lieber dankbar der Vorsehung gedenken, die uns vor jähem Tod bewahrt hat."

„Dieses ist auch meine Opinio!" stimmte der Junker bei.

So war der Frieden wieder hergestellt, und der Philosoph gab dem Juristen die Hand.

Aber sooft wir auch versuchten, das Gespräch auf erfreulichere Dinge zu lenken, immer wieder kam uns die furchtbare Nacht in den Sinn und die Gefahr, der wir zwar entronnen waren, der aber die Unglücklichen im Keller und unser Gefährte Haymon, der letzte Baron Treidlsperg, zum Opfer gefallen waren.

Gegen Mittag trafen wir auf einer Heide, die sich in den Wald hinein verlor, einen alten Schäfer mit seiner Herde und fragten nach dem Weg, der zum Schloß Krottenriede führe.

„Da müssen die Herren weit umfahren", sagte der alte Mann und streichelte seinen Wolfshund. „Oder aber vom Wagen absteigen und den schmalen Waldsteig rechter Hand einschlagen. Der führt schnurgerade zum Schloß, dessen Schafe ich hüte."

Da kletterte ich rasch vom Wagen herunter, nahm meinen Mantelsack und drückte den braven Burschen, die mich bis hierher gebracht hatten, die Hände, ihnen alles Gute auf ihren Lebensweg wünschend. Dem Garnitter aber sah ich besonders in die Augen; hatte mir anfangs der Hoibusch am besten gefallen, als ich in die Kugelmühle eintrat, so war mir nun dieser da, wegen seiner Herzensgüte, lieber geworden, und es tat mir leid, daß ich nicht ein mehreres mit ihm geredet hatte.

Nochmals bat ich, mich, der ich weder von der Waffe hatte Gebrauch machen müssen noch geschädigt worden war, den Gerichten zu verschweigen, da ich in andere, mir überaus wichtige Angelegenheiten verstrickt sei.

Sie versprachen es mir herzlich und fuhren dann weiter, um Gerichtspersonen und Häscher zu holen, die das Räubernest aussuchen und für ein christliches Begräbnis der bejammernswerten Leichname im Keller sorgen, den Haymon aber vom Todesstein erlösen und ebenfalls begraben sollten.

Als ich mich zum Gehen wandte, stand der Hoibusch im Wagen auf und schrie:

„Baron Dronte, ich habe wohl verspürt, daß Ihr auf seiten des Philosophen steht, und Euch zuliebe will ich es so drehen, daß die Bärbel mit dem Turm davonkommt und ihr Leben behält!“

Ich winkte ihm zurück und ging langsam meines Weges.

Dann aber mußte ich mich unter den Bäumen niedersetzen und weinen. Ich weinte um den bayerischen Haymon und um unsere jungen Jahre – – .

Der Pfad, den ich auf Rat des Schäfers eingeschlagen hatte, war ein alter, verfallener Kleppersteig, der ziemlich steil bergan führte. Stellenweise hatten stürzende Wasser und Erdrutsche viele Meter weggerissen, und ich mußte, durch den Mantelsack arg behindert, über die abschüssigen, steilen Lehmhalden klettern. Aber je höher ich kam, desto besser wurde der Steig, da allerlei Büsche und Auwald das Erdreich gefestigt und so den Weg vor Zerstörung bewahrt hatten. Die Wanderung dauerte lange genug, und erst spät gelangte ich auf den obersten Teil des mäßig hohen Schloßberges. Nach einer Biegung des Weges stand ich unvermutet vor dem Schloß Krottenriede, von dem ich sehnsüchtig erhoffte, daß mir in ihm endlich die Aussprache mit dem Ewli zuteil werden würde.

Aber wenn es etwas gab, das noch trauriger, verwahrloster und düsterer aussah als die Kugelmühle, so war es dieses Schloß. Ein ungeheurer, grauer Steinkasten mit ehemals rot-weiß-rot gestrichenen Fensterläden, die nun verblichen, abgeblättert und windschief in ihren Angeln hingen, stand es zwischen zerzausten, wipfeldürren, mächtigen Pappeln und zwei in verwitternden Stein gefaßten Teichen mit braunem, fauligem Wasser, das von giftgrünen Linsen überwuchert war. Auf dem steilen, schadhaften Dach pfiff eine von den Stürmen schiefgebogene und grünspanzerfressene Windfahne, einen aufrechten Löwen darstellend. Ein Teil der Fensterscheiben war grau von Staub, ein Teil steckte nur noch mit zackigen Scherbenresten in den morschen Rahmen. Ein großer Unrathaufen, in dem zerbrochene Flaschen, Kleiderfetzen, Hadern, Knochen und Asche vermengt waren, türmte sich unweit des Haupteinganges, einem spitzbogigen Tor, über dem als Wappen ein Mohrenkopf ausgehauen war, in dessen einem Auge ein Pfeil stak.

Da sich niemand sehen ließ, betrat ich den Schloßhof und wurde sogleich von einer Meute fleckiger Hatzhunde überfallen. Aber ehe die wilden Rüden recht nach mir schnappen konnten, erschien ein noch junger Mann mit einem verdrießlich-faltigen Gesicht und peitschte sie in ihren steinernen Zwinger, dessen umgerissenes Eisengitter er wieder aufstellte und durch ein paar schwere, dagegengelehnte Steine notdürftig festigte. Dabei sah ich, daß ihm vorzeiten beide Ohren glatt vom Kopfe geschnitten worden waren.

Ich wollte mich an ihn wenden, aber da kam aus einem Tor ein ungeheuer dicker, weißhaariger Mann mit rotem Gesicht und glühender Nase auf mich zu und fragte barsch nach meinem Namen und Begehren.

Ich nannte mich, und sein Gesicht wurde sogleich heiter. Er streckte mir seine Hand hin und schrie überlaut, während er mir meine Rechte schüttelte: „Wie? Was? Ein Dronte? Ein Melchior Dronte, etwa gar der Sohn meines alten Kumpans und Weidgenossen?“

Als er nun den Namen und letzten Wohnort meines toten Vaters erfuhr, umarmte er mich, blies mir den warmen, weindunstenden Atem ins Gesicht und schüttelte mich an den Schultern.

„Mein Herr Baron, ich freue mich bis tief in meine achtzigjährige Jägerseele hinein, Sie kennenzulernen. Ihr gottseliger Herr Vater, der war ein Jäger *comme il faut,* und es wird in diesen beschissenen Läuften nicht mehr viel seinesgleichen geben. Ei, wie die Zeit dahinfährt, da lerne ich nun den Melchior kennen, dessen Geburt wir mit Champagner aus dem großen herzoglichen Silberbecher, die „Sauglocke“ genannt, begossen haben, und sieh da, dieses Kindlein, das ich mit nassen Höschen sah, hat auch schon graue Haare an den Schläfen. Aber was liegt daran? Hat der magere Jäger auch schon die Kugel ins Rohr gestoßen, um mich alten Hirschen auf die Decke zu legen, so wollen wir doch fröhlich sein, mein Herr Baron, und der ritterlichen Tage gedenken, an die mich Ihr Name so heftig erinnert."

Ich dankte ihm, seltsam und nicht angenehm ergriffen durch die Tatsache, daß er meines Vaters Freund gewesen war. Auch der verdrießliche Mensch, dem die Ohren fehlten und dem nun befohlen wurde, irgendwo im Schloß eine Unterkunft für mich ausfindig zu machen, stimmte mich nicht sehr heiter.

„Nun will ich mich aber in aller Form vorstellen", sagte der alte Herr und richtete sich stramm auf in seinem grünen Rock. „Ich bin der Rüdenmeister des weiland Herzogs von Stoll-Wessenburg, Eustach von Trolle und Heist und sitze seit zwanzig Jahren hier unter Krähen und Eulen mit einem schmalen Gehalt auf Krottenriede. Hätten wir uns damals nicht gedacht Junker, nicht gedacht, der Herr Vater und ich, als wir Serenissimo den Kopf hielten, wenn ihm der Wein oben ausrinnen wollte."

Wir gingen im kühlen Laubengang des Schloßhofes auf und ab, und ich sah, quälende Unruhe im Herzen, gleichgültigen Blickes die Hunderte von holzgeschnitzten Hirschhäuptern, Sauwaffcn und Rehgeweihen an den Wänden, an denen lange Spinnenfäden hingen und Schwalbennester klebten. Auf dem Boden lagen fast haarlose Wolfsbälge und abgetretene Hirschdecken, die den Eindruck des Verfalles und der Verlassenheit noch erhöhten. Und der alte Mann neben mir war jener Heist, von dem mein Vater erzählt hatte, daß er des Herzogs Hofpoeten im Zweikampf erschossen und von dem die Gudel mit Ekel geredet hatte.

„Ei, ja wohl!" sagte der Rüdenmeister stehenbleibend und stopfte sich eine Prise in die feurige Nase. „Mort de ma vie, Sie sind ja kein Kind, Dronte, und es wird Sie nicht aigrieren, wenn ich Ihnen sage, daß Ihr Herr Vater und ich die besten Beschälhengste bei Hofe waren. Wird nicht heute noch der Spaß erzählt, wie wir eine von den Kammermägden der Herzogin auf den Kopf stellten und das Weibsbild mit Champagner anfüllten so daß Serenissimus fast einen Schlagfluß lachenshalber erlitt? Oder wie wir die hoffärtige Annemarie Sassen im Dunkeln in das feste Sitzfleisch zwickten, daß sie um Hilfe schrie und die Frau Herzogin schwur, die Übeltäter öffentlich auspeitschen zu lassen, auch wenn sie von Stande seien? Oh, es waren schöne Zeiten, wilde Tage! Was wißt Ihr Jungen davon?!"

Um ihn von diesen wüsten Erinnerungen abzulenken, die mich in schrecklicher Weise an alles Leid erinnerten, das von meinem Vater über mich gekommen war, fragte ich ihn nach dem Manne mit den fehlenden Ohren, der auf die Suche nach einem Obdach für meine Person ausgeschickt worden war.

„Der?“ lachte der Alte. „Das ist ein ehemaliger Magister, der sich allenthalben umtrieb und auch an den Hof des Großherrn kam. Und dort scheint es ihm schiefgegangen zu sein, denn sie haben ihm bei der Brücke von Stambul die Ohren abgeschnitten. Er lebt hier seit etlichen Jahren und besorgt mir gegen Kost, Quartier und wenige Stüber die Schreibereien, wird aber ziemlich kurz gehalten.“

Gerade in diesem Augenblick war der Mensch geräuschlos hinter uns aufgetaucht; ein säuerliches Lächeln auf seinem vergrämten Gesicht verriet mir, daß er die Worte des Rüdenmeisters noch vernommen hatte. Dann aber sagte er, trocken und ohne jedes Heben und Senken der Stimme, zu seinem Herrn:

„Unterkunft ist gefunden, Gnaden Herr Rüdenmeister. Im Saal des ehemaligen Patrimonialgerichts ist die Decke leidlich und undurchlässig, falls neuer Regen eintreten sollte. Die Bettstatt ist mit genügendem Leinenzeug versehen, die Fenster gewaschen, auch ziemlich ganz. Der fremde Herr kann dort hausen, wofern – – wenn nämlich – –.“

„Red’ Er nicht so lange herum mit „wofern“ und „wenn“, sondern sag’ Er, was für ein Haken dabei ist!“ schnaubte ihn der Achtzigjährige an. „Er gelehrter Esel!“

Der Mürrische verzog bei dieser Gelegenheit keine Miene.

„Wofern der Herr sich nicht vor Spuk fürchtet, der in so alten Gemächern manchmal vor sich geht.“

„Dreifach gehörntes Dromedar!“ polterte der Rüdenmeister. „Es bleibt also beim Gerichtssaal! Was gibt`s zum Abendessen?“

„Hirschziemer mit viererlei Sulzen, blaugesottene Schleien mit Hirsebrei und eine Muskatentorte“ sagte der Magister her.

„Gut. Mach’ Er sich wieder an seine Schreiberei!“

Der graue Mann ging gebückten Rückens von dannen.

„Sie behandeln den Armen nicht gut“, konnte ich mich nicht enthalten zu sagen.

„Also muß man solchen gelehrten Schwänzen um das Maul wischen, sonst reitet sie der Dünkel und der Hochmut“, lachte der Trolle. „Glauben Sie mir, Dronte, niemand muß mehr geduckt und geschuriegelt werden als das gelehrte Pack, das uns das gemeine Volk aufwiegelt und unzufrieden macht. Aber nun will ich Ihnen Ihr Gemach zeigen – ein Schelm, der mehr gibt, als er hat!“

Während wir die Treppe hinanstiegen, fragte er mich von ungefähr, ob mich Geschäfte in die Gegend führten und als ich sagte, daß ich hier mit jemandem zusammenzutreffen hoffe, dem ich keinen geschickteren Ort habe bezeichnen können, gab er sich zufrieden und meinte, ich könne sein Gast bleiben, solange ich wolle, denn an Nahrung und Wein habe er so reichlich Deputat, daß es gleichgültig sei, ob noch etliche mitäßen oder nicht.

Dann zeigte er mir die Türe meines Zimmers und mahnte mich, rechtzeitig zum Mahle zu erscheinen.

Mit trostlosem Herzen betrat ich das weite Gemach, in dem ich nun aufs ungewisse weilen und den Ewli erwarten sollte. Die Art des Greises war mir äußerst zuwider, und die Form, in der er mir zuletzt seine Gastfreundschaft unter Hinweis auf die Fülle des Essens angeboten, erschien mir so verletztend, daß ich am liebsten meinen Mantelsack gar nicht ausgepackt hätte. Auch graute mir vor dem ständigen Zusammensein mit dem herzensrohen, durch sein Alter keineswegs verinnerlichten Manne, und es war mir völlig unbegreiflich, daß der Ewli gerade diesen Ort ausgewählt haben sollte, um mir zu nahen. Peinigende Zweifel befielen mich und erweckten den Gedanken in mir, daß ich mich in falsche Richtung gewendet und den eigentlichen Platz verfehlt haben könnte. Aber nun mußte ich mich wohl oder übel zufriedengeben und hoffen, daß der Mann aus dem Morgenlande mich auch hier zu finden wissen werde, wenn dies in seinem Sinne stünde.

Da ich in dem weitläufigen Raume erst später Umschau zu halten gedachte und der trübe Tag das ohnehin düstere Gemach kaum erleuchtete, ich auch kein Licht vorfand, beeilte ich mich mit notdürftiger Reinigung in einem Metallbecken, in das ich aus einem hängenden Delphin Wasser mittels eines Hahnes sprudeln ließ, und ging dann hinunter in den Speisesaal.

Der Saal war ein Abbild des ganzen Elends in dem alten Steinkasten. In einer Ecke war ein Teil des Mauerbelags niedergegangen und bildete einen Schutthaufen, den offenbar niemand wegzuräumen bemüßigt gewesen war. Die nachgedunkelten Ahnenbilder der Grafen von Treffenheid, denen auch das Wappen des pfeilgetroffenen Mohrenkopfes zugehörte, blickten mit weißen, starren Augen von der Wand, und in einem einst schönen, aber schlimm zugerichteten Drachenkamin loderte trotz des nicht kalten Tages ein riesiges Feuer aus Buchenklötzen. An der großen, schweren Tafel saß ich neben dem Rüdenmeister inmitten aller Hunde, die nach hingeworfenen Fleischbrocken und Tortenstücken schnappten und einander bissen, und ganz am Ende der Tafel hockte wie ein grauer Schatten der unselige Magister Hemmetschnur. So war sein Name, dessen Sonderbarkeit dem alten Heist noch immer schallendes Lachen entlockte, wenn er ihn, auf alle Arten verdreht und verunstaltet, aussprach. Das Essen aber war gut, und wenn der Wein in den Zinnbechern auch herb war, so prickelte er doch angenehm auf Zunge und Gaumen.

Nach dem Essen, das rasch vor sich ging, wurden die Hunde hinausgetrieben, und der Alte zündete sich eine von den vielen Kalkpfeifen an, die gestopft in einem Becher vor ihn gestellt wurden. Wenn er eine ausgeraucht hatte, warf er sie in Scherben und griff nach der nächsten, so daß wir bald in dickem blauem Nebel saßen und die ewig hüstelnde Gestalt des grauen Schreibers in dem Dunst fast verschwand.

Ich war müde und traurig, auch von dem schrecklichen Abenteuer in der Kugelmühle elend erschöpft und mußte doch aus Höflichkeit aushalten und den derben Späßen und Zoten des Rüdenmeisters lauschen, die gar kein Ende nehmen wollten und mir das Bild meines Vaters, mit dem er einen Großteil seiner Taten verübt haben wollte, noch häßlicher und unlieber machten, als es ohnehin schon in meiner Erinnerung stand. Aber da der alte Mann unmäßig trank, wurde seine Zunge bald schwer. Als die elfte Stunde schlug, tat er den Mund weit auf und begann aus Leibeskräften mit falscher und dröhnender Stimme Lieder zu brüllen: „Ein Häslein tät sich schleichen“ und „Wohlauf, Gesell, es geht zu Holz“, und so fort, ohne innezuhalten, bis endlich sein kahles Haupt mit einem Ruck auf die Brust sank und aus dem offenen Munde ein sägendes Schnarchen und Röcheln drang. Als ob darauf gewartet worden sei, traten allsogleich zwei kräftige Jäger und ein Waidjunge ein, packten den Rüdenmeister bei Kopf, Schultern und Füßen und trugen ihn hinaus, ohne sich um mich oder um den stummen Magister zu scheren.

Obschon Neugier mir fernlag, tat ich doch einige Fragen an den so schnöde Behandelten, der mir schon wegen seiner Bildung einiger Beachtung wert zu sein schien, und erfuhr, daß alle Tage um dieselbe Zeit Rausch und Gesang gleichzeitig einsetzten. Und dies habe seine Ursache darin, daß vor Jahren zwischen elf und der halben Mitternacht die Frau des Rüdenmeisters ihren Mann in den Armen einer Hausmagd angetroffen und sich so alteriert habe, daß ein Schlagfluß sie auf der Stelle tötete. Manchesmal jedoch erscheine ihm auch des Herzogs von Wessenburg Hofpoet, der von seiner Hand getötet worden sei. Dies sei der Grund, weshalb der Greis mit Saufen und Brüllen diese Zeitspanne zu übertäuben suche. Sei niemand anwesend, so singe der Alte allein, doch müsse dann vor elf Uhr der Oberjäger Räub mit seinem Jagdhorn erscheinen und bis zum Augenblick des Einschlafens dreinblasen, so laut er könne.

Nach dieser Erklärung ergriff der Hemmetschnur einen der Leuchter mit fünf Kerzen und erbat sich die Ehre, mich in mein Schlafgemach geleiten zu dürfen.

Wir stiegen durch das totenstille Haus, um das der Wind winselte und die Pappeln rauschten, in das obere Stockwerk, und vor meiner Tür gab mir der Magister das Licht, indem er sich demütig verbeugte und mir eine gute Nacht wünschte.

„Sagen Sie mir noch, Herr Magister, was Sie damit meinten, als Sie von einem Spuk in diesem Zimmer redeten?“ hielt ich ihn an. Zugleich öffnete ich die Türe und lud ihn ein, mit mir in das Gemach zu treten.

Er verbeugte sich und schloß hinter uns die Türe, wobei ein Lächeln über sein griesgrämiges, graues Gesicht glitt.

„Gewisses kann ich nicht aussagen“, sagte er, sich umsehend. „Aber bedenken Sie, was in diesem Gemach alles vorgegangen sein mag, die ungezählten Jahre hindurch, da das *Ju gladii* und die Gerichtsbarkeit überhaupt auf Krottenriede ruhten. Die Leute sagen manches. Wie zum Beispiel, daß der alte Krippenveit, den sie hier zu Tode torquiert haben, manchmal mit dem Kopf die Falltür im Boden hebe und gräßlich umherblicke. Oder daß der Pferdejud Aaron, dem sie sein Geld herauskitzeln wollten, plötzlich in einer dunklen Ecke stehe und um Erbarmnis schreie. Auch ihn haben sie hier gepeinigt, und weil er über siebzig Jahre alt war und beim Aufziehen augenblicks in den Ohnmachtsschlaf der

Gefolterten fiel, so sollen sie ihm siedenheiße Eier in die Achselhöhlen gelegt und mit den Armen angepreßt haben, um das Goldversteck von ihm zu erfahren. Aber er ist lieber gestorben, als daß er *Emmes gedabert* hätte, wie sie ihn ihrer Sprache das Wahrreden nennen. Dort oben ist noch der eiserne Ring an der Decke, durch den der Strick lief. Hier haben sie auch die Bienenagnes, auch Honigschleck genannt, zum Geständnis gebracht und dem Rotrock übergeben, der sie zuletzt verschmort und verbraten auf dem Schindanger von Sankt Leodegar mit einer schwarzen Katze und einem alten Hündlein, die nicht von ihr gewichen, eingescharrt hat. Die Weinschrötterin jedoch, eine Frau von Adel, die im bitteren Frostwinter Rosen und Lilien aus ihren Töpfen hervorhexte, hat man zum Schwert begnadigt. Ihr Bildnis hängt hier im Zimmer. Sie sehen, schätzbarster Herr Baron, daß die Roheit und Dummheit der Menschen in diesem Gemach Feste gefeiert haben. Von den vergeblichen Seufzern und Tränen der Armen, die diesen Tieren in die Hände fielen, und von den abscheulichen Vorgängen hier mag wohl noch ein Schemen oder Abbild an den verfluchten Wänden haften, und hierzu veranlagten oder durch besondere Gemütsart geeigneten Personen noch einmal jene Ereignisse lebend erscheinen lassen. Das ist es, was ich meinte."

„Ich will es darauf wagen", sagte ich.

„Ihnen, einem Menschen mit edlem Herzen, wird das Zimmer nichts Gefährliches anhaben, obschon – –", er stockte und biß sich auf die Lippen.

„Obschon?" drang ich in ihn.

„Ich, Herr Baron, möchte hier nicht schlafen, und wenn ein einziger anderer Ort im Hause wäre, wo es nicht bei der Decke hereinträuft oder durch leere Fensterlöcher weht, hätte ich ihn lieber für Sie ausgewählt als dieses verdammte Gerichtszimmer! Aber nun wünsche ich eine geruhsame Nacht!"

Er verbeugte sich tief und ging.

Ich war allein und nahm den Leuchter, um mich umzuschauen.

Das weite Gemach war vorzeiten mit einer kostbaren Ledertapete ausgeschmückt gewesen, die nun freilich allenthalben schadhaft und zerfetzt von der Wand hing. Sie wies in hundertfacher Wiederholung das

Treffenheidische Wappen mit dem Mohrenkopf auf, dem ein Pfeilschaft aus dem Auge stand. Darunter war auf einem Band der Wappenspruch zu lesen: „Eines Tod – des Anderen Leben.“ In der Ecke neben der Türe stand ein zweischläfriges Himmelbett mit gedrehten Säulen und Engelsköpfen, deren Vergoldung abgestoßen war. An den bleigefaßten Fenstern, die kleinere Lücken aufwiesen, wanderte hinter Wolkenfetzen der blasse Mond vorüber, und ein verdorrter, besenartiger Pappelwipfel pochte manchmal an die klapprigen Scheiben. Ein Tisch und einige Stühle waren, wie man am Staub des Bodens sah, erst für mich hereingestellt worden.

Bemerkenswerter als all dieses waren aber zwei große Bilder, die nebeneinander an der Wand hingen, getrennt durch einen waagrecht ausgestreckten nackten Menschenarm, der, aus einem roten Ärmel sich reckend, ein bloßes Richtschwert hielt. Ich ging mit dem Lichte nahe an die Bilder heran. Das erste war reich an kleinen Gestalten, und ich mußte längere Zeit im unruhigen Kerzenlicht schauen. Bis ich auf der dunklen Leinwand einen Zug erkannte, der den auf den Karren gebundenen Sünder mit feierlichem Ernst zur Richtstätte geleitete. Unter dem Bilde, auf weißem Grunde, stand zu lesen:

„So du Geduld hast in der Pein,

Wird sie dir gar nützlich sein,

Drum gib dich willig drein.“

Der unbekannte Maler hatte es verstanden, in die Gesichter der Begleitpersonen, heimlich und nicht für jeden gleich erkennbar, dummstolze Würde, Gedankenlosigkeit, Bosheit, Grausamkeit, Gleichgültigkeit, feiste Zufriedenheit zu legen; aus dem Antlitz des Menschen auf dem Henkerkarren aber schrie die Angst, und die stieren Blicke waren fast mit dem Verlangen nach endlicher Erlösung auf den Rotmantel gerichtet, der winzig und ferne auf dem Gerüst stand.

Dieses Bild ließ mich in eine Tiefe des Bewußtseins oder der Ahnungen stürzen, die mich mit angstschwerem Dunkel auf Minuten umhüllte. Es sagte mir etwas Gewesenes oder Bevorstehendes, und aus meiner Seele sprach kaum hörbar eine Stimme: „Ich weiß – –.“ Meine Haarwurzeln brannten, Schweißtropfen bedeckten die Innenfläche meiner Hände. Aber was es war, das konnte ich mit dem Verstand nicht mehr fassen, als es rasch, wie es kam, wieder untersank in finstere Schlünde. Ich wendete den Blick von dem schrecklichen Bilde, duckte mich unter dem dräuenden Schwertarm, um ihn nicht zu streifen, und hob das Licht dem anderen Gemälde entgegen.

Da ging mir ein feiner und schneidender Stich durchs Herz.

Dieses Gesicht, holdselig und kindlich, mit rötlich schimmernden Flechten unter einer kleinen Haube, mit der zarten Nase und dem kleinen Munde, mit den geschwungenen Augenbogen, das war…

„Aglaja", flüsterte ich leise, und fast entfiel der schwere Leuchter meiner Hand.

Aber da war es mir, als ginge ein trauriger, dunkelnder Schein über das liebliche Gesicht. Nein, nicht Aglaja! Zephyrine war es, die mich anblickte, als ob sie atmen würde. Die schlanke Hand, aus einer Spitzenkrause kommend, trug einen aus Schlangenleibern geflochtenen Silberring mit einem Feueropal und hielt zierlich zwischen Zeigefinger und Daumen drei purpurrote Rosen und eine schneeige Lilie. Aber was darunter stand, verwirrte mich in meinen Gesichten, die stets ein geliebtes Antlitz herbeiriefen. Ich fuhr mir mit der Hand über die Augen und las die Schriftzeichen unter dem Gemälde:

Contrafayt der Heva Weinschrötterin,

Stiftsfräulein zu St. Leodegar, der

Zauberey überwiesen und mit dem Schwert

gerichtet allda anno 1649.

Und dann stand ich lange, bis die Kerzen zu knistern begannen und das Wachs tropfte. – Was war Schein und was war Wahrheit?

Die Nacht war ruhig verlaufen bis auf einiges Rieseln und Krachen im Zimmer und im Fußboden, wie es in so alten Baulichkeiten natürlich ist.

Der neue Tag war von trübem Licht und unfreundlich, voller Windesbrausen und Tropfenfall. In den Mauern raschelte es, wie von Ratten.

Der Diener, der mein Frühstück brachte, teilte mir mit, daß der Rüdenmeister vom Podagra befallen sei und vor dem Abend nicht sichtbar sein werde. Ich möge ja nicht ungebeten in sein Zimmer treten, denn er habe eine mit Salzbrocken und Schweinsborsten geladene Reiterpistole neben sich und sei in seinen bohrenden Schmerzen wohl imstande, mir und jedem eines aufzubrennen, wie er es dem Magister Hemmetschnur schon einmal gemacht.

So sah ich im trübseligen Licht das Zimmer noch einmal an, dessen verfallenes Gesicht nun noch deutlicher sichtbar war als im Kerzenschein. Ich entdeckte auch die Falltür im Fußboden, durch die man in die Verliese und Kammern unter der Erde gelangen mochte. Und was immer ich tat, überallhin verfolgten mich die grauen Augen des Bildes, auf dem die Heva Weinschrötterin gemalt war. Aber als ich, eingedenk der abendlichen Empfindungen, fest und aufmerksam in das rosige Gesicht unter der Goldhaube blickte, schien es mir doch fremd und entrückt, die Ähnlichkeit mit Aglaja-Zephyrine schwand gleichsam in immer weitere Ferne und verlor sich endlich ganz.

Beim Umherwandern in dem weitläufigen Gemach entdeckte ich meinem Bette gegenüber eine so sorgsam in die Tapete eingepaßte Tür, daß sie leicht zu übersehen gewesen war. Als ich sie aufdrückte in ihren knarrenden Angeln, kam ich in eine schmale Kammer mit Gestellen, vor denen morsche, ganz mit Staub bedeckte Vorhänge aus geschossenem, grünem Damast hingen. Als ich sie beiseite schob, fand ich in den Fächern ganze Bündel und Stöße alter Akten, und allerlei ehemals konfiszierte *Corpora delicti*, wie Stechmesser, Beile, Prügel, verrottete Radschlösser, Diebshaken, Wurfangeln der Zigeuner und dergleichen mehr, und an jedes Ding war sorgfältig und gewissenhaft ein beschriebener Zettel geheftet. Einige davon las ich: „Das Messer, mit dem der Matz vom Schellenlehen den Schieljörg gestochen“ und „Spreng- und Brecheisen, Reb Moische genannt, des Hendl aus Polen“. Schließlich kam ich an ein irdenes, bauchiges Töpflein, blaugeglast, das fest mit einer Schweinsblase zugebunden war und am Henkel ein viereckiges Pergament trug, auf dem mit bräunlich verblichener Tinte geschrieben stand: „ Numerus 16. Flug- oder Hexensalbe, unter der Bettstatt der Höllerin aus der Erde gegraben und entdeckt.“

Dieses Relikt einer der Frauen, die hier in scharfer Frage gestanden hatten, erregte meine Neugier doch sehr, und ich verbarg es in der Nähe meines Bettes, um es später zu besichtigen.

Beim Mittagmahl erschien nur der Magister, fragte mich höflich nach der verbrachten Nacht und meinte dann, ich sei der erste, dem dies Zimmer den ruhigen Schlaf vergönnt habe. Nach dem Essen machte ich mit ihm trotz der Regenschauer und Windstöße einen Spaziergang und unterhielt mich mit ihm. Erstaunlich war das Wissen dieses Mannes, seine genauen Kenntnisse in den Sprachen, und ich konnte nicht umhin, ihn zu fragen, wie er mit seiner Gelehrsamkeit nichts Besseres habe sich finden können, als den seiner unwürdigen Schreiberdienste bei dem alten Rüdenmeister, dem es ja besondere Freude zu machen scheine, den andern um seiner Bildung willen zu demütigen und zu kuranzen.

Er seufzte tief auf und sagte, wenn er nur so viel Geld hätte, daß er bis in die Stadt Paris gelangen könnte oder nur nach Straßburg im ehemals deutschen Land, das die Franzosen geraubt, so stünde es augenblicklich besser um ihn. Dort habe er Freunde, die sich gern weiterhin seiner annehmen würden Aber selbst wenn er über so viel, wie zur Reise nötig, verfügte, müsse er noch auf der Hut sein. Denn der Rüdenmeister scheue, wie er ihm, dem Magister, schon unverschämterweise angedroht, durchaus nicht davor zurück, ihn des Unterschleifs zu bezichtigen und strafen zu lassen, was er als Armer und Hilfloser, unbekannt und ohne Anspruch auf Wirkung seiner Gegenreden, dann über sich ergehen lassen müsse.

Ich sagte nichts, faßte aber den Entschluß, diesem so zu Unrecht gequälten Menschen zu helfen, wenn ich könne.

Zum Abendessen ließ sich der Herr von Trolle und Heist in einem Tragsessel zu Tische bringen, den rechten Fuß dick eingebunden und schwitzend vor Schmerzen. Es war kaum ein Gespräch mit ihm zu führen, und nur im Hinblick darauf, daß ich um jeden Preis hierbleiben mußte, ließ ich mir verschiedene seiner streitsüchtigen und gereizten Stimmung entspringende Flegeleien gefallen. Schlimmer als mir erging es dem Magister, dem er ohne jeden Grund einen Schweinsknochen an den Kopf warf und den aufwartenden Jägern, die er mit Wein anspie oder mit einem Stock traf. Um zehn Uhr begann er wieder mörderisch zu saufen, und gegen elf hub er seinen heulenden Angstgesang an. Aber der Rausch wollte sich diesmal nicht einstellen, und ich sah, wie er mit angstverquollenen Augen in die vom Mauersturz verwüstete Ecke des Gemaches glotzte. Schließlich schleuderte er einen schweren Becher in die Richtung der für ihn sichtbaren Erscheinung, lachte auf und sank dann, mehrmals etwas von einem nichtsnutzen Reimeschmied und Hofdichterlein vor sich hinmurmelnd, in rauschigen Schlaf, worauf sie ihn mit einem Tragsessel aufhoben und davontrugen.

„Die Hölle! Die Hölle!“ ächzte der Hemmerschnur und fuhr mit den Händen in seinem wildem Haar herum.

„Könnt’ ich nur fort von hier!“

Ich sagte ihm gute Nacht und begab mich in mein Zimmer.

Beim Schein der brennenden Kerze suchte ich das Töpflein der Höllerin hervor und schnitt mit dem Messer die steinharte, vertrocknete Blase herunter. Darin war ein kreuz und quer zersprungener Satz grünbraunen Aussehens. Das mochte wohl eine Salbe gewesen sein, aber die überlange Zeit hatte sie fest und spröde gemacht. Vielleicht aber, so dachte ich, ließ sie sich durch die Kerzenflammen so weit erwärmen, daß sie annähernd ihre alte Konsistenz annahm, und so hielt ich den blauen Tiegel über meinen Leuchter. Das schmelzende Zeug stank widerlich nach altem Fett und scharfen Kräutern, aber es gelang mir nach und nach, den Bodensatz aufzuweichen, so daß ich die Salbe erproben und auf ihre zauberische Natur hin prüfen konnte.

Im Schein meiner fünf Wachskerzen sah ich wieder die grauen Augen der Weinschrötterin, die lächelnd meinem vorwitzigen Beginnen zuzusehen schienen.

„Soll ich nicht?“ redete ich das Bild an. Aber es kam weder Antwort noch Zeichen von dem heute so leblosen Gemälde, das mich gestern mit einer nun entschwundenen Ähnlichkeit bis in die Seele erschreckt hatte.

War es die Hitze der Kerzen oder das dunstende Fett und Giftkraut, das mich so benahm: eine fliegende Hitze, die ich schon des Nachmittags beim Spaziergang wahrgenommen hatte, befiel mich, und beim Entkleiden fühlte ich, wie bleischwer meine Glieder waren. Mein Blut ging in raschen Stößen, als ob ein Fieber nahe wäre.

Dennoch blieb ich eigensinnig oder durch irgend etwas gezwungen bei meinem Plan, die Salbe zu versuchen. Ich zog das Hemd ab, bestrich mit dem Zeug die Brust, Bauch, Hände, Füße und Stirn, sagte, wie ich es aus den Schauermärchen, die mir in der Kindheit die alte Margaret erzählt hatte, noch wußte, den Hexenspruch her: „Oben aus und nirgends an!“, lachte bei mir selbst über meine Albernheit, blies die Kerzen aus und legte mich in das krachende Himmelbett.

Das Blut läutete in meinen Ohren, ein Kribbeln und Laufen ging durch meine Glieder. Ich sah den halben Mond im Fenster stehen, das ich zu schließen vergessen hatte.

Und dann stieg ich langsam im Bette empor, glitt unter dem niedrigen Betthimmel heraus und schwebte zwischen Zimmerdecke und Fußboden, ohne daß ich dies als seltsam befunden hätte. Oft war ich im Träume schon so geflogen, mit lässigen Bewegungen der Arme oder einigen Fußstößen den Flug lenkend. Aber dabei sah ich mich nun selbst im Bette liegen, vom blauen Mondlicht beschienen. Offenen Mundes mit den zwei scharfen Falten im Gesicht, die mancherlei böses Erleben von den Nasenflügeln zum Kinn gezogen hatte. Ich sah die erloschenen Kerzen mit den langen Schnuppen, die blanke Putzschere, mein Gewand auf einem Polsterstuhl, den offenen Haarbeutel. Ich staunte über nichts, erschrak auch nicht, als die Heva Weinschrötterin behutsam aus dem Wandrahmen stieg und durchs offene Fenster entschwebte. Ich trat die Luft mit Wohlbehagen, wie ein Schwimmer das Wasser tritt, das ihn trägt. Alle zogen sie der Heva nach. Ein alter Jud mit Kaftan, ein anderer, der den weißen, grindigen Schädel spähend aus der erhobenen Falltür reckte, ein buckliges Weiblein mit verschnupfter Nase und ewig schmatzendem Mund, dem ein schwarzer Kater auf dem Höcker saß und ein weißes, lahmes Hündlein nachlief, ein anderes häßliches und rinnäugiges Weibsbild, das zu meinem Bette schlich, den ruhenden Leib böse anzischte und mit krummen Fingern nach dem Töpflein griff, um flugs die gelbe, runzelige Haut zu schmieren. Und da wandte ich mich in unendlichem Wohlgefühl dem offenstehenden Fenster zu und flog im Nu über die gebogenen und windzerfetzten Pappeln hin, voller Freude über die wiedergewonnene Fliegekunst.

Nach Belieben stieg ich mit ganz leichtem Hand- und Fußrühren auf und nieder, schoß federleicht empor oder senkte mich langsam, wandte mich sogleich, ließ mich waagrecht von der Luft tragen oder sank bolzengerade, wie es mir eben gefiel. Dennoch ging es mit mir dahin, ohne daß mich dies erschreckt hätte, und ich trieb wie eine fliegende Feder vor dem Winde. Auch wenn ich regungslos blieb, sah ich unter mir Baumkronen, spiegelndes Wasser, Wiesenflächen und einsame Häuschen fortgleiten. Aber dies beunruhigte mich keineswegs, vielmehr gab ich mich mit satter Lust der Seligkeit hin, von der Körperschwere befreit durch das Mondsilber zu ziehen wie eine Wolke. Auch machte ich keine lenkenden Bewegungen mehr, sondern gab mich ganz und gar solcher Wonne eines erdbefreiten Zustands hin.

Dann jedoch sah ich näher und ferner Gestalten in der milchigen Luft, eines Wegs mit mir, die sachte dahintrieben und schwebten wie Altweibersommer. Junge Frauen mit weißen und goldbraunen Gliedern, mit offenem Haar und willig nackt, die Augen wie im Schlaf geschlossen, die Arme gebreitet; dazwischen aber auch knochige und ungestalte Vetteln, dann wieder fette mit hängender und schlaffer Fülle, dürre Greisinnen, widerlich behaarte und grobe Mannsgestalten, schlankgliedrige Mädchen mit schwach gewölbten Brustschalen, schöne Knaben und häutige, jammervolle Körper hagerer Greise. Sobald ich mich jedoch bemühte, ein Gesicht schärfer ins Auge zu fassen, ward es zu einem unbestimmten Eirund aus quirlendem Nebelrauch und zerfloß. Aber auch das versetzte mich nicht in Angst oder Verwunderung. Vielmehr war mir alles längst bekannt, seit jeher gewohnt und ganz richtig, als hätte ich dies oftmals erlebt und gesehen. Und unausgesetzt, ohne Schwächung der Wollust dieses Fluges, beseligte mich die willenlose köstliche Gelöstheit der eigenen Glieder und die Leichtigkeit des Leibes, den die Luft zwischen Wolken, Mond, Sternen und der tief unten wuchtenden Erde so freundlich trug.

Ich sank. Dichter sammelten sich die Gestalten um mich.

Es ging in die Tiefe hinab, sanft und sinkend.

Fahler Schein blendete. Lichter hüpften unter mir, bläuliche und gelbe Lichter. Gesichter waren es mit schiefgezogenen Augen und emporlodernden Schöpfen aus Feuer. Und Feuer überall. Zwischen Büschen und Gras war ein Wimmeln und Hüpfen, ein Verrenken und Drehen unzähliger Gestalten, die mich umgaben. Manche hockten in starren Knäueln um rotgelbe Reisigflammen, murmelten in anschwellendem, näselndem Sang aus Büchern, schlugen mit den Händen den Takt. Ein brauner Knabe mit Spitzohren, hübsch und frech, rundhüftig wie ein Weib, jagte auf einem schwarzen, bärtigen Zottelbock mit wilden Fersenstößen mitten durch Paare, die in krampfartigen Umschlingungen sich im Kraut wälzten. Zwischen nackten, schönen Frauen mit rotleuchtenden Augen schlichen graue Wölfe, denen dunkler Schweiß von den Lefzen rann. Ein Krüppel ohne Beine schob mit behenden Affenarmen den auf einem

Rollwäglein lastenden Leib durch das Getümmel und blickte aus langgestielten Augen wie ein Krebs. Einer, dem sich die Haut wie Pergament über die fleischlosen Knochen spannte, blies quäkend auf einem löcherigen Totenbein, derweil in seinen Augenhöhlen Glühwürmer durcheinander krochen. Eines Zwerges Leib bestand aus einem Dudelsack, und die schnurrenden und brummenden Pfeifen standen ihm hinten aus der Hose, indes der Rüsselmund ins Luftrohr blies und seine verdrehten Hände die Finger über die unanständigen Flöten wandern ließen. Ein Reihen graumähniger Frauen mit baumelnden Zitzen tanzte Hand in Hand im Kreise und um diese Musikanten. „Bist auch da? Hussah!" grölte es neben mir, und als ich hinsah, schob eben der Montanus vorüber, und sein Bauch hing rot wie glühendes Eisen aus der gesprengten Hose. Immer neue Tanzgruppen bildeten sich. Ich sah Beine, von denen die Haut in Fetzen hing und lachende Mäuler, aus denen weiße und gelbe Würmer krochen. Lasterhafte Kinder mit widerlich verdrehten Augen wanden sich in den Armen von Zwittergeschöpfen, Weiber schrien brünstig auf und zerrten kichernde, magere Knaben zu ihrem dampfenden Schoß, aus Ziegeneutern rann fette Milch in zahnlose Greisenmäuler. Einer mit gebrochenen, einknickenden Gliedern leitete den anderen, der, bleigrauen Gesichtes den Strick um den Hals und eine ungeheuerliche Männlichkeit zur Schau tragend, vorwärts stolperte zu einem schwarzhaarigen Weibe, das kreischend und zuckend sich wälzte. Flämmchen tanzten und schossen spitzig aus der Erde, und aus einem Busch hob sich mir des bayerischen Haymon todtrauriges, blasses Gesicht mit der zerquetschten roten Nase entgegen, und sein Mund wisperte: „Laß dir raten und schau, daß du weiterkommst, Mahomet!"

Da entstand ein ungeheures Schreien, Jauchzen und ein wilder Gesang stieg auf. Sie winkten mit den Händen, schleuderten zuckend die Beine gegen einen hohen schwarzen Steinblock, auf dem in waberndem, ungewissem Licht eine Gestalt kauerte, die Knie bis zum Kinn emporgezogen, eckig und stumm.

Ich starrte hin und erkannte mit wütendem Grauen den Fangerle.

Wie mit dem Fels verwachsen hockte er, sein böses verkniffenes Gesicht unter dem großen Bauernhut leuchtete wie faulendes Holz, sein langschößiger Rock glomm in allen Knopflöchern, als sei blaues Feuer unter ihnen verborgen. Die stechenden Geißenaugen waren gerade auf mich gerichtet, unbeschreiblicher Bosheit voll. Und dann stieß er den entsetzlichen Schrei aus, den der Heiner vor dem Rad getan.

„I - i - i - i - iiiih!“

Da streckten sich tausend Arme, Finger, Krallen und Nägel nach mir aus. Ich wollte rasch empor ins freie Luftreich, aber sie hängten sich an meine Füße, zogen mich nieder– – –

„Fangt ihn! Haltet ihn!“ kreischte der Satan auf dem Block.

Verzweifelt stieß ich mit den Füßen, schlug um mich. Aber Neue kamen, Weiberarme schlangen sich schwer und weich um meinen Hals, heiße Lippen preßten sich saugend an mein Gesicht, Klauen zerrten an meinem Haar, schwere Massen hängten sich an mich, zerpreßten mir den Atem. Ich kam nicht mehr empor, sah in Todesangst die gelben Bocksaugen starren, die Sägezähne blecken, Lähmung war wie zäher Teig um meine Glieder, das Herz hämmerte, dem Zerspringen nahe, der Atem stockte, ein Ersticken würgte meinen Hals.

„Herr, mein Gott!“ schrie ich auf in Todesnot.

Da faßte mich die Hand des Fangerle und schleuderte mich hoch in die Luft. Hohnlachen gellte wiehernd hinter mir drein. Die Feuer erloschen in tiefer Nacht, Schatten huschten, wirbelten, in der Luft pfiff es, weinte, schrie, heulte– – –

Ich lag im Hemde mitten auf einer nassen Wiese. Kälte war in meinem Gebein, und doch glühte mein Leib. Schauer rüttelten mich und ließen mich emporschnellen. Schwarz und massig lag Krottenriede vor mir mit dunklen Fenstern. Blutrot versank hinter gepeitschten Bäumen der Mond.

Irgendwer kam, legte mich in eine Wiege und sang dazu, so daß ich einschlafen konnte.

Aber ich war gleich wieder wach. Lag im Bett mit den Engelsköpfen, sah im ersten Morgenschein die Kerzen, die lichten Rechtecke der Fenster, wollte mich bewegen Aber die Glieder waren zu schwer.

„Sie haben das Fieber!“ sagte eine matte Stimme.

Neben mir saß in einem geflickten Schlafrock der Magister und rührte in einem Glase.

„Ich sah Sie zufällig auf der Wiese draußen sonderbare Sprünge tun, Herr Baron“, sagte der Hemmetschnur. „Der Johann und ich liefen hinaus und brachten Sie mit vieler Mühe zu Bette. Das ist alles, was ich weiß. Wäre ich nicht noch des Nachts über den verfluchten Holzrechnungen gesessen, wer weiß, ob wir Sie nicht erfroren im kalten Tau aufgeklaubt hätten.“ Er hielt mir das Glas an die Lippen, und ich trank.

„Bin ich denn marode?“ fragte ich. Eine große Schwäche war in mir.

„Es scheint so“, gab er zurück. „Ich wußte es ja, wie es ausgehen würde, wenn eines in diesem Zimmer liegen muß zur Nachtzeit und gar erst am letzten April, zu Walpurgis. Der Rüdenmeister ist schon auf und fragt heftig, was der Lärm im Tagesgrauen für eine Ursache habe. Ich muß ihm Bescheid sagen, sonst ist der Teufel los. Schlafen Sie ein wenig und lassen Sie ein andermal die Hand von Sachen, mit denen kein Spaß zu treiben ist!“

Und er deutete mit dem Finger auf das blaue Töpflein, das zersprungen auf dem Fußboden lag.

Sein Gesicht dünkte mich so verdrießlich und mißfarbig wie der garstige Tag, der langsam emporkroch.

Ich schloß meine Augen und rief im Innern mit aller Gewalt nach dem Ewli, der mir nicht erscheinen wollte.

Ich war in der Tat ernstlich krank geworden und lag schwach und matt in dem Himmelbett, dessen zerschundene Engelsköpfe mir Fratzen schnitten, wenn die Fieberhitze stieg.

Der Magister nahm sich redlich meiner an, und einmal erschien, aufstampfend mit dem noch umwickelten Fuß der Rüdenmeister, saß eine Weile neben mir und erzählte mir wiederum ein Stück, das er und mein Vater am Hofe des Herzogs ausgeführt hätten, indem sie einen großen Wasserfrosch in das Nachtgeschirr einer vornehmen Dame praktizierten.

Abends zwischen elf und halb zwölf hörte ich seinen lauten Gesang. Ich unterschied die Weise eines Jägerliedes: „Ein Füchslein will ich fangen, rot wie der Liebsten Haar.“ Dieses Lied machte mich weinen in meiner Schwäche, und ich dachte mit neuen, heißen Tränen an meine Zephyrine in den Rosenbüschen, wie sie gesagt hatte: „Ein Füchslein weiblichen Geschlechts trage ich unter dem Herzen –“, und wie grauenhaft es ausgegangen war. Und es war doch schon so lange her, daß ich glauben durfte, der Schmerz in meiner Brust habe sich totgeweint.

Auch um Aglaja wurden meine Augen naß, und ich sah sie wieder mit der glitzernden Totenkrone im Flimmern der Kerzen liegen.

Wozu, wozu hatte mein unglückliches, elendes Leben gedient, wem war es etwas nutz gewesen? Leidenschaften, aller Unrat der Sünden und wüster Spuk war sein Inhalt, und nun senkte sich der Pfad gemach abwärts dem Ende zu. Ach, wie verachtete ich mich so tief, wenn ich zurückschaute auf die verlorenen Jahre! Fleißige Bauern pflügten im rinnenden Schweiß ihr karges Ackerfeld, Handwerker bewegten um des täglichen Brotes willen ohne Rast die ehrlichen Hände, Ärzte saßen sorgenvoll und wissensschwer an Krankenbetten, Gelehrte forschten und grübelten bei erlöschender Lampe, Musiker erfreuten mit süßem Spiel des Menschen Herz. Und ich? Da lag ich, ein kranker Stamm, der weder Blätter noch Blüten getragen hatte und bar jeder Frucht des Lebens war. Hans Dampf selbst war nicht unnützer durch das Dasein getaumelt als ich. Aber Leid, Leid war aus vollem Maß auf mich gehäuft worden, und nun empfand ich mehr als Schmerz. Denn in mir war das furchtbare Gefühl des Zwecklosen und für den Verfall Reifen.

„Alles diente deiner Läuterung“, sagte eine weiche und milde Stimme in einer Sprache, die mir völlig fremd war. Dennoch verstand ich sie, als wäre sie die meine.

Neben meinem Bett stand im Dämmer, von einem sehr feinen, klar bläulichen Eigenlicht umflossen, der Ewli.

Er war es. Unter dem schwarzen Turban sah ich zwischen den Bogen der Brauen das rote, waagrechte Mal; die Augen glänzten wie schwarze Feuer, in dem edlen, bräunlichen Antlitz war keine Falte. Um den Hals und auf der Brust lagen gelbe Bernsteinperlen auf dem rotbraunen Tuch des Gewandes.

„Wer bist du –?“ fragte ich. Meine Stimme war tonlos, wie die Stimmen, die man im Traum vernimmt.

„Ich bin da“, wehte es zu mir her.

Um die roten Lippen, die ein kleiner schwarzer Bart krönte, ging ein mildes, verstehendes Lächeln, das wie eine weiche Liebkosung für mich war.

„Endlich bist du gekommen –“, flüsterte ich.

„Ich bin gekommen.“

„Ist dies deine wahre Gestalt?“ fragte ich.

„Es ist die Gestalt, die du mir gabst.“

„Ich dir?“

„Du wähltest diese Gestalt.“

Ich sah mich plötzlich als Kind, in anbetende Betrachtung vor dem Glassturz versunken, unter dem das kleine Abbild dessen stand, der mir nun, wie schon so oft, erschien. Ich fürchtete sehr, daß er auch diesmal entgleiten würde, aber der Ewli, als ob er meine Angst erraten hätte, lächelte sanft und sprach: „Du bist mir nahe.“

Da war es mir, als sähe mich über seine Schulter ein verzerrtes, boshaftes Gesicht mit gelben, stechenden Augen an, und ich schrie auf: „Auch ein anderer ist mir nahe!“

„Er ist überall“, antwortete der Ewli. „Immer ging er neben dir und neben mir.“

„Der Fangerle–“, ächzte ich.

„Nennen ist rufen“, sprach die Stimme weiter. „Gib ihm keinen Namen, und er ist nicht mehr.“

Das widerlich grinsende Gesicht hinter ihm verschwand im Halbdunkel, war nicht mehr da. Ein goldener Schimmer trat in die Augen, die mich gütig ansahen, wie ein Abglanz unermeßlicher Herrlichkeit.

„Du bist so tief durch Not und Pein geschritten, daß er keine Macht mehr hat über dich. Nahe bist du dem Ziel, Bruder.“

„Hilf mir!“ stöhnte ich. „Ich bin so schwach –.“

„Du bist müde vom weiten Wege und mußt doch noch wandern. Nur du allein kannst dir helfen, denn ich bin du“, sagte er.

„Ich kann dich nicht verstehen –“, mühsam hob ich den schmerzenden Kopf. „Welches ist denn das Ziel?“

„Das ewige Leben“, sagte er, und in diesem Augenblick wurde das düstere Gemach blendend hell, so daß ich die Augen schloß.

Als ich sie wieder öffnete und ins Leere zu blicken fürchtete, sah ich zu meinem unbeschreiblichen Trost den Ewli noch bei mir.

„Ich bin Isa Bektschi, Isa der Wächter –“, hörte ich ihn sagen.

„So wachst du über mich?“

„Immer nur über dich.“

„Und wohin geht mein Weg, Isa Bektschi?“

Beklommenen Herzens sah ich ihn an.

„Zur Wiedergeburt“, antwortete er, und über sein unsäglich schönes Gesicht zog wieder der helle Glanz.

„Aber der Tod –“

„Das Unsterbliche kehrt zu Gott zurück“, klang es feierlich.

„Jedes Menschen Unsterbliches?“ fragte ich und streckte die Hände nach ihm aus.

„Jedes Menschen.“

„So wird jeder wiedergeboren, Ewli?“ Süße Hoffnung senkte sich auf mich.

„Zweierlei ist die Art der Wiedergeburt nach dem Gesetz“, sprach er, und seine Stimme war tief wie Glockenklang. „Unbewußt und bewußt.“

Angst erfaßte mich bei diesem Worte.

„Und ich –?“ stieß ich hervor. „Hilf mir, Bruder!“

„Nur du allein kannst es.“

Quälende Anstrengung war in mir, glühender Wunsch, zu verstehen.

Ich wollte mich aufrichten, fragen, bitten – ich konnte es nicht. Flehend sah ich ihn an, in stummer Angst betend, daß er bleibe. Aber er sprach leise und eindringlich, und aus seinem Blick ergoß sich helles Leuchten in meine Seele.

„Merke auf! Ein mächtiger Herrscher und Weiser ließ einst einen Bösewicht hinrichten, obschon eine Stimme in ihm war, daß kein Mensch eines anderen Menschen Leben vorzeitig beenden dürfe. Als nun der Verurteilte auf dem Blutleder niederkniete, um den tödlichen Streich zu empfangen, sah er den Herrscher mit einem Blick an, in dem so viel glühender Haß war, daß die Getreuen des weisen Herrschers erschraken. Da sagte der Herrscher:

„Wenn du vom Bösen lässest, will ich dir das Leben schenken."

Da lachte der Übeltäter auf und schrie: „Du wagst es nur nicht, mich töten zu lassen, denn du fürchtest die Rache, die mein abgeschiedener Geist an dir nehmen wird." Der Herrscher sah ihn an und sprach: „So wenig dein Kopf, vom Leibe getrennt, sich auf mich zu bewegen und das Wort Rache aussprechen kann, sowenig fürchte ich mich vor dir!" Der Verurteilte lachte und rief: „Henker, tu deine Pflicht!" Das Schwert fiel nieder, und zum Entsetzen der Anwesenden rollte der vom Rumpfe springende Kopf des Getöteten auf den Herrscher zu, stellte sich vor ihm auf den durchschnittenen Hals und formte mit den Lippen, deutlich erkennbar, das Wort „Rache!", indes der Blick mit entsetzlicher Starrheit die äußerste Anstrengung und Willenskraft verriet. In großer Angst sahen es die Getreuen. Da sprach der Weise: „Fürchtet nichts! Wohl habe ich Unrecht getan, indem ich diesen Menschen töten ließ, dennoch habe ich mich vor seiner Wut geschützt. Denn, seht, alle Willenskraft mußte er im Augenblick des Todes aufwenden, um das auszuführen, was ich ihm gesagt hatte. Und dadurch ist ihm für seine späteren bösen Absichten keine Kraft mehr geblieben. Sein Wille hat sich in einem nutzlosen Beginnen verzehrt, und wenn er wiederkehrt, wird er ohne Bewußtsein dessen sein, was ihm widerfahren ist. Hätte er nur daran gedacht, wiederzukommen, und das Bewußtsein über den Tod hinausgerettet, dann wäre er ein Ewli geworden, einer, der wiederkehrt. Aber kein Böser kann Ewli werden!"

Ich blieb stumm vor Staunen. Es schien mir, als stünde ich vor einem offenen Tor, an dem ich bisher achtlos vorbeigegangen, ohne zu wissen, daß hinter ihm die Lösung aller Fragen verborgen war.

„Verstehe mich, Bruder. Ich zeige dir den Weg."

„Der Wunsch im Augenblicke des Todes – –", sagte ich vor mich hin. „Das Bewußtsein über den Tod hinaus mitzunehmen – – die Erinnerung zu retten – –"

„Du hast verstanden. Lebe wohl!"

Langsam glitt er in den Dämmer hinein, undeutlich wurde seine Gestalt, nur das Gesicht leuchtete noch.

„Bleibe, bleibe bei mir –", wollte ich rufen, aber kein Ton kam aus meinem Munde.

Da sagte er langsam und deutlich Worte, deren Sinn ich nicht mehr verstand:

„Hamd olsun – tekrar görüschdüjümüze!"

Ich war wach, sah ihn nicht mehr.

„Isa Bektschi!" schrie ich. „Bleibe bei mir!"

Aber nur meine eigene, heisere Stimme hallte in dem weiten Raum wider.

Warum hatte ich ihn früher verstanden und jetzt nicht mehr? Und es war dieselbe Sprache gewesen – ich erinnerte mich an sie, wie man sich an einen verwehten Klang erinnert, dessen Tonfolge dem Gedächtnis immer mehr entschwindet.

Hastig sprach ich die unbekannten Worte vor mich hin, zweimal, dreimal, so lange, bis sie sich mir einprägten, unauslöschlich einbrannten wie eine tausendmal nachgesagte Gebetsformel.

Warum war mir denn so weh ums Herz?

Wie viele Fragen hatte ich noch zu stellen! Wie gerne hätte ich ihn nach Aglaja, nach Zephyrine gefragt, nach dem Spuk der Höllennacht.

Sagte er nicht, wir seien eins?

„Ich bin du?"

Er war in mir, und nur aus mir konnte die Antwort kommen. Aus den Tiefen des Bewußtseins, wenn das Verborgene wach würde. Wenn der

Zustand eintrat, in dem alle Rätsel sich lesbar ausbreiten, wie klare Schriftzüge.

So ruhig schlug mein Herz, frei von aller Furcht, frei von Erwartung und so sicher und froh war ich wie ein Kind in Mutterarmen.

„Tod, wo ist dein Stachel?"

Wie fernes, tröstendes Geläut kamen diese Worte aus dem heiligen Buche zu mir.

Es gab keinen Tod für den, der leben wollte. Leben in alle Ewigkeit, leben bis zur völligen Läuterung, bis zum herrlichen Aufgehen, zum bewußten Sein in Gott. Tränen der Freude rannen über meine Wangen.

Alles war nur ein Wandern im Dunklen, und mir glänzte schon ein schwacher Schimmer des unverlöschlichen Lichts, das am Ende des Weges leuchtet durch die Ewigkeiten.

So weit es auch sein mochte, soviel Bangnis und Not noch an den Seiten des Pfades lauerte – er führte zum Ziel. Isa, der Wächter, hatte ihn mir gewiesen. Was konnte mir widerfahren, und wer konnte dem unsterblichen Teil in mir etwas anhaben?

Die Türe ging auf. Der Magister Hemmetschnur trat an mein Bett, in der Hand einen silbernen Becher mit einem kühlen Trank aus Minze und Zuckerwasser.

„Sie müssen auf der Stiege einem fremden Mönch begegnet sein", sagte ich schnell. „Einem Mann in brauner Kutte mit schwarzem Kopftuch, gelbe Perlen um den Hals."

„Das Fieber steigt -", brummte er verdrießlich vor sich hin.

„Nein, nein", beschwor ich ihn. „Der Fremde war soeben bei mir, stand da vor meinem Bette. Er kann nicht unbemerkt geblieben sein." Und ich beschrieb ihm nochmals den Ewli und trieb ihn an, jenen eilig zurückzurufen.

„Herr Baron", sagte der Magister. „Sie haben einen Traum gehabt. Seit einer halben Stunde sitze ich lesend auf einem Stuhl am Gangfenster vor Ihrer Türe. Niemand ist bei Ihnen eingetreten, niemand konnte also aus Ihrem Zimmer kommen. Dafür spricht gemeine Logik."

Erschöpft sank ich in meine Kissen zurück.

„Geträumt –?“ Wie ein bitterer Geschmack trat es auf meine Zunge. Aber dann fuhr ich wieder auf. „Hemmetschnur, Sie waren lange in Stambul, und viele Sprachen sind Ihnen bekannt. Welchen Sinn enthält der Satz, den ich Ihnen nun vorsage?“

Und langsam, Wort für Wort genau betonend, sprach ich ihm den letzten Satz vor, der vom Ewli zu mir gedrungen war:

„Hamd olsun tekrar görüschdüjümüze!“

Der Magister riß die Augen auf. Der Mund blieb ihm offenstehen. Dann wischte er mit der Hand über sein Gesicht, sah mich wiederum an und schüttelte das Haupt:

„Beim Demant des Großmoguls! Herr Baron – es ist das reinste Türkisch!“

„Was heißt es? Was es heißt, will ich wissen!“ forderte ich in meiner Ungeduld.

Er holte tief Atem, sah mich mit einem scheuen Blick an und sprach:

„Es heißt: Gott sei Dank, wir werden uns wiedersehen!“

„Gott sei Dank!“ wiederholte ich mit einem Seufzer. Ich lachte vor Freude und tätschelte seine abgezehrte Hand, die den Becher hielt.

„Sonderliche Dinge treibt dies Hexenzimmer an den Tag“, nickte er mir zu. „Der Mann, den Sie gesehen haben wollen, Baron Dronte – – So sehen die islamischen Derwische aus und nicht anders. Dieses ist seltsamer als seltsam!“

„Ich will Ihnen auch die Mittel geben, damit Sie aus diesem Hause entrinnen, Herr Magister“, sagte ich rasch. „Bis jetzt mußten Sie bleiben, das erkenne ich wohl. Aber da es um meinetwillen war, daß Sie hier sich marterten, ist es auch meine Pflicht, Ihnen behilflich zu sein!“

Da stürzte er vor meinem Bette in die Knie, daß der Becher klingend zur Erde fiel und seinen Inhalt vergoß.

„Gott segne Sie zu tausendmalen, Sie großer gütiger Mann!“ schluchzte er und küßte meine Hand. „Über ein kleines wäre ich auf andere Art entflohen, hängend am Fensterkreuz, und lieber in der tiefsten Unterwelt als in der Mühle der elenden Tage hier.“

Er hob den Becher auf.

„Ich eile, einen anderen Trunk zu bringen, gnadenreicher Herr!" schrie er unter Lachen und Weinen und entlief.

Die Augen fielen mir zu.

Köstliche Mattigkeit hielt mich umarmt.

„Gott sei Dank – wir werden uns wiedersehen!"

Gott sei Dank! Gott sei Dank!

Nun mochte kommen, was da wollte.

Und nichts von dem, was in meinem Leben gewesen war, weder Gutes noch Böses, war umsonst geschehen.

Gott sei Dank!

Es war meist still um mich, und nur die Gedanken kamen und gingen. Das war mir lieberer Besuch, als wenn der Alte hereinstampfte, sich zentnerschwer auf mein Bett niederließ, alles mit Rappee bestreute und zu schweinigeln begann, oder Abenteuer aus seiner und meines Vaters galanter Zeit erzählte.

Am besten vertrug ich noch den Magister, der geschäftig und dienstbereit um mich war. Mir tat sein dankbarer Blick wohl. Am meisten freute es mich, daß er nicht weichen wollte, obwohl ich ihm gutes Reisegeld gegeben, sondern zu warten dachte, bis ich unzweifelhaft wohlauf und genesen war.

Er versorgte mich mit allem Notwendigen, und als es mit dem Bart zu arg wurde, balbierte er mich mit großer Geschicklichkeit.

Als ich wieder allein lag, nahm ich den Handspiegel, den er auf dem Nachttischchen liegengelassen hatte, und sah hinein. Gelb und abgezehrt schaute mein Gesicht heraus, und auf dem Haar lag silberner Reif. Ja, ich war alt geworden, alt und müde. Mit Wehmut sah ich auf die blattlosen Kronen der wipfeldürren Pappeln vor meinen Fenstern, die wie ich einem baldigen Tode geweiht zu sein schienen, aber in diese Wehmut mischte sich freudige Zuversicht. Mit starkem Hoffen dachte ich an den Stein, den ich auf dem Friedhof der Heimat gesehen hatte, den Stein, der den Spruch des Sir Thomas More trug: *Non omnis moriar,* ich werde nicht ganz sterben.

Wieder hielt ich mit unsicherer Hand das blanke Spiegelrund vor mein Gesicht, und da ich das Glas ein wenig schräg hielt, guckte ein süßes Frauenantlitz heraus mit rotem Haar, das nur wenig dunkler schimmerte als die Goldhaube, die es schmückte. Es war das an der Wand hängende Bildnis der Heva Weinschrötterin, das vom Spiegel zurückgeworfen wurde. Die grauen Augen blickten mich halb fragend, halb wissend an, um den Mund schien ein heimliches Lächeln zu spielen, aber es wandelte sich unter meinem Blick in einen herzzerreißenden Ausdruck. Ich konnte das Auge nicht mehr von ihm wenden, mich nicht wehren gegen den Zwang, der auf mich eindrang. Das Rund des Spiegels verbreiterte sich, verhüllte wie ein feiner Mondnebel alles, zog mich in seinen Bann –. Allmählich war es mir, als wäre ich mitten unter Menschen einer anderen Zeit und wäre einer von ihnen.

War es nicht dieses Zimmer –? An der Wand streckte sich ein Tisch, und an dem saß ich selbst in einem schwarzen, mit schmalen Pelzstreifen verbrämten Mantel. Zwei ebenso Gekleidete waren zu meiner Rechten und Linken, und am schmalen Ende des Tisches schrieb tief gebückt und blinzelnd der Magister Hemmetschnur. Er war es, wenn er auch einen weißen Klosterhabit und darüber einen schwarzen Überwurf trug.

Und vor dem Tisch, mit gelöstem, kupfergoldigem Haar, stand die Heva Weinschrötterin – nein, um Gott, die Zephyrine im dunkelgrauen, blutverkrusteten Folterhemd, aus dem ihre schneeweiße Haut leuchtete. Irren Blickes sah sie mich an; ihre Fußknöchel waren blau unterlaufen, ihre Hände an ein schwarzfettiges Lederseil gebunden; das lief oben durch den blanken Eisenring in der gewölbten Decke, und sein anderes Ende hielt ein Mensch in der groben Hand, der blickte mit kleinen, tückisch verschwollenen Augen aus den Löchern einer trübroten Gugel, die sein Gesicht und die breiten Schultern verdeckte.

Mit lähmendem Grauen sah ich mir selbst ins Gesicht, sah, wie gierig und flackernd meine Augen brannten, wie mein Mund schmal und böse war und mit grausamer Ruhe sprach:

„Weinschrötterin, eh es zum zweiten Grade der peinlichen Frag kommet, frage ich zum andernmal: Wollt Ihr verjehen oder nit?“

Da kam ein Wehschrei aus ihrem Munde, aber sie schüttelte verneinend den Kopf, daß eine rote Fahne ihn umwehte.

Der mit der Gugel raspelte in einem Glutbecken, daß es Funken spritzte, und zog ein weißglühendes Eisen aus den Kohlen.

Da brach klirrend und schmetternd das schreckliche Bild in sich zusammen.

Der Spiegel war mir aus der Hand geglitten. Splitter und Scherben lagen auf dem Boden verstreut.

Der Magister trat ein und sagte:

„Herr Baron, dies bedeutet leider sieben Jahre Unglück!“

„Ich will auf und davon“, befahl ich, „besorgen Sie mir einen Wagen. Keine Nacht will ich mehr in diesem Zimmer bleiben.“

„Sie sind zu schwach, Herr Baron“, ward er vorstellig. „Fuhrwerk wüßte ich wohl. Der Geißler Peter spannt gerne ein, wenn ich ihm Post schicke. Aber bis zur nächsten Stadt ist´s weit.“

„Besorgen Sie mir einen Wagen“, drang ich in ihn. „Ich bleibe hier nicht.“

Er ging kopfschüttelnd hinaus.

Ich fürchtete mich in diesem Zimmer. War mir auch der Mann aus dem Morgenlande hier erschienen mit einem Trost, der alle Leiden und Irrgänge meines Lebens aufwog, so hausten doch Dämonen in diesem verfallenen Gemäuer, die allem Lebendigen feind waren. Die Schmerzensschreie, die Flüche und Klagen, die noch in der zerfetzten Ledertapete hafteten, in den Ritzen des Gemäuers sich verkrochen hatten und in der Dämmerung wie Mückensummen lebendig wurden, vermochten es noch nicht, das mir der Hexensabbat vorgegaukelt hatte, war mir unter Larven Ich horchte auf und ließ mir vom Magister die Wunderdinge erzählen, die das Volk, müde des Übermuts und der künstlich geschaffenen Not, in diesem Lande bereits vollbracht hatte, und als er mit feurigen Augen und einem Antlitz, das ich an ihm nicht kannte, hoch und teuer schwor, man könnte aus den rauchenden und stinkenden

Trümmern der zerschlagenen Zwingburgen das helle Morgenrot der Freiheit lohend emporsteigen sehen, riß mich diese Schilderung so sehr hin, daß ich Lust verspürte, die Vorgänge in Paris mit eigenen Augen zu betrachten.

Vom Magister gestützt, stieg ich zum letztenmal die bröckelige Treppe von Krottenriede hinunter und pochte beim Rüdenmeister an.

Er saß an einem Tisch, pfiff vor sich hin und betrachtete die Bestandteile eines goldeingelegten Gewehrschlosses, das er auseinandergenommen und mit einer Feder aus einem Fläschchen klaren Knochenöls gesalbt hatte.

Als er von meinem Vorhaben hörte, wollte er davon nichts wissen, meinte, daß nun erst die lustigen Tage der Pirsch auf den roten Bock begännen und daß er es nicht leiden würde, wenn der Sohn seines alten Kumpans Dronte ohne glücklichen Schuß und grünen Bruch davonginge. Und davon, daß der Malefizkerl, der windige Magister, mitführe, könne nun vollends keine Rede sein, da er in den nächsten Tagen verschiedene scharfe Manifeste an die Bauern rundum zu schreiben habe, deren Köter wieder im Revier zu strolchen und zu hetzen begännen und dies allsofort abgestellt und mit schweren Strafen belegt werden müsse.

Ich erwiderte ihm sehr höflich, daß ich wohl kaum verhalten werden könne, auf Krottenriede zu bleiben, zumal ich wichtige und unaufschiebbare Geschäfte zu bereinigen hätte. Sonst fiele es mir in dem Zustand halber Genesung wohl kaum ein, meilenweit auf einem Bauernwagen zu reisen. Wenn er es auf sich nehmen wolle, mich in meinem Siechtum ohne anderen Begleiter als den Fuhrmann zu lassen, so sei dies eine Sache, die er mit seinem Gewissen abzumachen habe.

Diese Worte trafen ihn einigermaßen, aber dennoch wiegte er den Kopf hin und her und meinte, gerade den Magister lasse er nicht gern aus der Hand. Ich als Edelmann müsse verstehen, daß solche Nichtsnutze bei Gelegenheit alles aufbieten würden, um zu echappieren. Er habe den Gesellen zwar damit fest, daß ein paarmal die Holzrechnungen nicht gestimmt hätten, woran freilich er, der Rüdenmeister, selbst die Schuld trage, dennoch aber gesonnen sei, den Windbeutel, so es ihm einfiele, sich dünn zu machen, auf Grund dieser Tatsache festnehmen und ins Loch spazieren zu lassen, bis er gutwillig zu Futter und Peitsche zurückkehre. Denn, fügte der alte Betrüger zwinkernd hinzu, einen so billigen und guten Schreiber bekäme er in seinem Leben nimmer, und gerade dessentwegen dürfe er die Kanaille nicht aus den Augen lassen.

Da ich stehenblieb und ihn nochmals ersuchte, mir den Mann als Begleitung zu belassen, gab er endlich nach einigem listigen Überlegen nach und meinte, er wolle schon den Geißler beauftragen und ihm Briefe mitgeben, daß der Lump mit seinen abgetrennten Ohren sogleich zurückmüsse, wenn er mich bis ans Ziel gebracht habe. Eines aber wollte er mir raten: den eingebildeten, gelehrten Affen nicht anders zu behandeln als einen Pot de chambre, Träger und Lakaien, und bei Gelegenheit mit einem Fußtritt oder einigen Maulschellen nicht zu sparen. Denn dieses sei die beste Medizin für solche Vögel, die sich heimlich besser dünkten als ein Edelmann oder braver Soldat.

Ich gab ihm die Hand und erbat mir einstweilen Urlaub, so daß er meinen mochte, es wäre noch Zeit und ich ginge erst ans Einpacken. Anstatt mich aber aufzuhalten und am bevorstehenden Mittagessen teilzunehmen, winkte ich dem Hemmetschnur, der angstvoll wartend antichambrierte, da ihm von jeher das Betreten der herrschaftlichen Gemächer mit Ausnahme des Speisesaals untersagt war, und stieg rasch mit ihm auf den wartenden Wagen, den der junge Bauer auf dem Bock auf meinen Befehl allsogleich in Gang setzte.

Wir rasselten die steile Straße hinunter und waren erst etliche tausend Schritte von Krottenriede entfernt, als von der Höhe herunter ein heftiges Waldhornblasen erklang.

Der Bauer machte Miene, die Pferde anzuhalten, und sagte:

„Der gnädige Herr ruft uns zurück!“

„Du Narr!“ sagte der Magister. „Ist doch nur der Oberjäger Räub, der dem hochgeborenen Herrn da neben mir zum Abschied einen Hirt nachbläst. Darum spute dich!“

So fuhren wir weiter, und bald verwehte das Blasen, in dem ich den Ruf „Rallie“ wohl erkannte, im frischen Wind.

In einem Flecken kehrten wir am Nachmittag ein.

Meine Schwäche nahm arg zu. Halb im Schlaf hörte ich dem Hemmetschnur zu, der mir, nachdem er so großes Vertrauen, gefaßt hatte, die

Geschichte seiner abgeschnittenen Ohren erzählte und wie dies eine harte Strafe für einen dummen Streich gewesen sei, den er in Stambul begangen habe, als er auf das Winken und Nicken einer türkischen, verschleierten Dame über eine Mauer gestiegen, allsogleich von Verschnittenen ergriffen und auf Befehl eines Mannes in reicher Kleidung durch zwei brennende Schnitte mit einem Handschar, den einer aus dem Gürtel zog, der Ohrmuscheln beraubt worden sei. Als er vor Schmerz, Schwäche und Blutverlust zusammenfiel, schleppten ihn die Diener des Grausamen auf die menschenleere Straße, in der die Gluthitze des Mittags brütete, und warfen ihn auf einen Haufen von Mist und Unrat, wo er liegenblieb. Gegen Abend sei er erwacht und habe gespürt, wie die wilden Hunde, die sie dort in allen Gassen haben, ihm des Blutes halber die Wunden geleckt, und dies sei der Grund gewesen, daß sich keine Entzündung gezeigt habe. Mitleidige Muselmanen hoben ihn dann auf und brachten ihn in ein Franziskanerkloster, wo ihm Pflege zuteil ward. Und als das Betrübendste von allem habe er es empfunden, daß er nachher erfahren habe, die verschleierte Dame sei eine alte garstige Vettel gewesen, die sich einen Spaß habe machen wollen, der durch Hinzukommen ihres Schwiegersohnes, eines ebenso mächtigen wie gewalttätigen Paschas, dann ein so elendes Ende genommen habe.

Ich war nicht imstande, Essen zu mir zu nehmen, und immerfort sah ich die abgeschnittenen, muschelförmigen Ohren des Magisters vor mir, und wie zottige Hunde sich im gelben Straßenstaub um die blutigen Stücke balgten.

Als wir gegen Abend in die rheinische Stadt kamen und der Wagen vor der Tür des Gasthofes „Zum Reichsapfel“ vorfuhr, gab ich dem Hemmetschnur Urlaub, obschon er sich sehr um mich besorgt zeigte und bei mir bleiben wollte. Aber ich mahnte ihn, über den Fluß zu setzen, ehe die Stadttore sich zutäten oder etwa ein reitender Bote des Rüdenmeisters hinter ihnen dreinkäme. Da befiel ihn solche Angst, daß seine Zähne aufeinanderschlugen. Nochmals küßte er mir die Hand, verbeugte sich vielmals und sagte dann, gegen den breiten, ruhigen Strom weisend: „Ich gehe der Freiheit zu, mein Gönner! Wo immer ich Sie wiedersehe, mein Herr Baron, ich will Ihnen ohne Lohn getreulich dienen und der Ihre sein mit Blut und Leben!“

Nachdem ich den Geißler Peter, der das Abgehen des Magisters mit vielem Kopfkratzen und Stirnrunzeln beobachtet hatte, reichlich entlohnt hatte, betrat ich den Gasthof.

„Der Herr ist brennrot im Gesicht", sagte der Kellner, der mir mein Zimmer wies. „Geh der Herr zu Bette, ich will sogleich den Herrn Doktor Schlurich herbeirufen."

Er half mir beim Entkleiden, und gleich darauf fühlte ich die heißen Wellen und das zitternde Frösteln des aufs neue einsetzenden Fiebers. Und dann war Dunkel um mich her, aus dem in quälender Reihenfolge ein endloser Zug von Gesichtern an mir vorüberzog, noch verdrießlicher und mürrischer als das Gesicht des Magisters an dem Tage, als ich ihn zum erstenmal auf Schloß Krottenriede gesehen hatte.

Nach langen Wochen eines nur leise sich regenden Lebens, nach ungezählten Tagen, in denen mein innerer Blick fest und unverrückt das Bildnis Isa Bektschis festhielt, kam die Stunde, in der ich, wie aus einem tiefen Schlaf erwachend, den Doktor Schlurich an meinem Bette sitzen sah. Er war ein schlanker, etwa vierzigjähriger Mann, sehr vornehm und klug aussehend, mit hoher, reiner Stirn und schönen Augen. Sein schwarzer Anzug war aus dem feinsten Stoff gemacht, in seiner Halsbinde stak ein leuchtend grüner Smaragd von großem Wert, und seine Hände waren zart, weiß und gepflegt.

„Mein Herr Baron", sagte er mit angenehmer und gedämpfter Stimme. „Ich freue mich, daß Ihre kräftige Natur und der Wille zum Leben den nicht leichten Sieg über ein schweres Nervenfieber davongetragen haben."

„Und Ihre Kunst –" setzte ich höflich hinzu.

„Meine Kunst kann im besten Falle die geheimnisvollen Kräfte, mit denen der Leib sich gegen den drohenden Verfall wehrt, unterstützen, kann sie sogar wohl herbeirufen, kann Schmerzen und Unruhe lindern, muß aber – wenige Fälle ausgenommen – gleichsam zusehen, wie der Streit hin und her wogt. Wohl gelingt es, den freundlichen Kämpfern gegen den Tod da und dort mit diesem und jenem Mittelchen Sukkurs zu bringen (und es mag sein, daß dieser manchmal entscheidend ist), aber im großen und ganzem muß der Kranke das Heilmittel in sich selbsten tragen oder hervorbringen. Diesmal sind Sie, Verehrtester, auf dem Wege ins Schattenreich wandelnd, noch rechtzeitig umgekehrt!"

Damit stand er auf, riet mir das von ihm bestellte Essen, einen Schokoladepudding mit Konfitüren, nicht zu verschmähen und sodann zu schlafen.

Ich sah ihn langsam, freundlichen Gesichts, aus dem Zimmer gehen, den Stock mit dem goldenen Granatapfel zierlich ans Kinn gepreßt.

Nach einigen Tagen stand ich auf, und dies um so lieber, als in den letzten Tagen verschiedene, von außen kommende Geräusche, als Rufe, Pfiffe und Stimmengewirr, die sonstige Stille meines Zimmers arg gestört hatten.

Mit Hilfe des Gasthausdieners kleidete ich mich an und ließ mich frisieren, wobei ich die Wahrnehmung machte, daß der silberne Reif des Alters sich während meiner Krankheit vollends auf mein Haupt niedergesenkt hatte. Der schwatzhafte und gutmütige Diener erzählte mir unterdessen zahlreiche Schauergeschichten aus Frankreich, wo das Blut in Strömen fließe und ein Menschenleben keines Dreiers wert geachtet werde. Die Seuche des Freiheitsrausches beginne allbereits um sich zu greifen, und selbst in diesem sonst so ruhigen und altväterischen Städtlein hätten sich in den letzten Tagen allerlei widerwärtige und mißliche Dinge ereignet, die im Rottieren der Handwerksgesellen und Aufrichten eines Freiheitsbaumes bisher ihren Höhepunkt gefunden. Der Stadtrat habe jedoch in weiser Voraussicht submissest an höchste Stelle eine Petition um etliche Kavallerie und ein Bataillon Infanterie gelangen lassen, der, wie der hochfürstliche Büchsenspanner Gailer ihm unter der Hand mitgeteilt, baldigst entsprochen werden dürfte.

Als ich fertig war, stieg ich langsam in den Speisesaal hinunter und fand dort am gemeinsamen Tisch zu meiner großen Freude den Doktor Schlurich, der sogleich seinen Platz verließ und sich neben mich setzte.

Wir gerieten naturgemäß in ein Gespräch über die aufregenden Vorgänge in der Stadt, die sich zu der ungeheuren Purpurlohe in Frankreich wie ein schwaches Flämmchen verhielten, aber dennoch wohl beachtenswert erschienen. Ich sagte, daß ich große Lust verspürte, mich in die Stadt Paris zu begeben, um die dortigen unermeßlichen Veränderungen aus nächster Nähe studieren und beobachten zu können. Ich könne ihm nicht verhehlen, daß mir die dort begonnene Bewegung für die ganze Menschheit bedeutungs- und geradezu verheißungsvoll dünke.

Doktor Schlurich sah mich mit einem sehr aufmerksamen Blick an und meinte, es wundere ihn einigermaßen einen Edelmann aus altem und berühmtem Geschlecht solchen Geschehnissen etwas anderes als billigen Abscheu entgegenbringen zu sehen. Die tiefgehende Umwälzung, die erst in ihren Anfängen bemerkbar sei, könne doch unmöglich von einer Kaste begrüßt werden, deren bevorzugtes Dasein sich auf einem künstlichen Nimbus und einer geflissentlich geheiligten Überlieferung aufbaue. Er bitte mich jedoch, ihn nicht etwa mißzuverstehen. Denn seine eingangs erwähnte Verwunderung über mein Verhalten sei eine durchaus freudige.

Ich erwiderte ihm, daß mir eine freilich selbstverschuldete Erniedrigung in jungen Jahren Gelegenheit gegeben habe, gerade unter Menschen der tiefsten Volksklassen eine Schule durchzumachen, die, ob sie nun gut oder schlecht sei, jedenfalls die Eigenschaft habe, den Schüler von aller Überhebung und jedem Standesdünkel zu heilen. Zudem hätte ich dabei die wertvolle Erkenntnis gewonnen, daß die sogenannten Standesunterschiede durch künstlich aufgerichtete, unschwer zu beseitigende Schranken entstanden seien und aufrechterhalten würden, indem die Kinder der Armen von jeder besseren Erziehung und Pflege ihrer edlen Gefühle von vorneherein ausgeschlossen würden, damit man später auf ihre Roheit und Unwissenheit hinweisen könne. Die unleugbaren Vorzüge der Sozietät, zu welcher ich den Adel und das verfeinerte Bürgertum rechnete, seien eben nur ein Ergebnis sorgsam geführter Edukation. Wenn diese einmal nicht nur diesen privilegierten Ständen, sondern allen Angehörigen des Menschengeschlechts könnte zuteil werden, würde sich nicht nur die Menschheit mit der edelsten Waffe schützen, sondern es würde sich auch zu ihrem Heile eine unermeßliche Fülle von Talenten und Fähigkeiten im neuen Lichte entfalten, die derzeit niemals zur Geltung kämen, ja dort, wo sie trotz allen Druckes schüchtern emporblühten, als staatsgefährlich ohne jedes Gewissen unterdrückt würden.

„Sie sind ein Edelmann im inneren Sinne des Wortes“ sagte der Doktor und verneigte sich. Ich fühlte, wie mir die Schamröte ins Gesicht stieg, und stumm gedachte ich so mancher Dinge in meinem Leben, die häßlicher Art waren und immer als Flecken auf mir haften mußten.

„Jedoch, cher haran“, fuhr der Arzt fort, „ich weiß nicht, ob ich Ihnen, falls Sie mich mit einer Frage um meinen Rat auszeichnen wollten, zuraten könnte, in nächster Nähe, also in Paris, die große Umwälzung mitzumachen Bedenken Sie: Wenn einer in seinem Garten einen vernachlässigten Platz säubert, um dort nutzbare und liebliche Gewächse erstehen zu lassen, und die alten Steine und den Schutt wegschafft, zeigen sich ihm häßliche Würmer, Asseln, Tausendfüßler und allerlei widriges Geschmeiß, das nun aus seinen dunklen Stätten kriecht, durcheinanderläuft und einander wohl auch in plötzlicher Freßgier anfällt. Also ist es auch bei jenen gesellschaftlichen Veränderungen, die man Revolutionen nennt. Bis der edle Kern, das Licht der Freiheit, sich zeigt, ist abscheuliche Arbeit zu tun, die vielleicht Menschen, die nach vielen Jahren zurückblicken, begreiflich erscheint, denen aber, die sie miterleben, die Seele mit einem solchen Entsetzen erfüllt, daß sie nichts anderes mehr erkennen und gar die Hoffnung verlieren. Revolutionen sind mit Unrat, Blut, Geschrei, Übeltaten, wilder Entfaltung tierischer Triebe und gemeiner Habsucht untrennbar verbunden, und es dauert lange, bis der emporschießende Feuerstrahl rein und frei von schmutzigen Schlacken wird und die Herrschaft über die sinnlose Masse in die Hände Vernünftiger gelangt.“

Ein wildes Schreien und Brüllen vor den Fenstern unterbrach ihn. Im Speisesaal entstand eiliges Sesselrücken und Aufspringen. Man sah draußen auf der Straße Menschen vorüberlaufen, erst einzelne, dann dichtere Massen, und hinter ihnen kam eine geschlossene Front von Dragonern, die mit dem flachen Pallasch einhieben und so die Straße reinigten. Das alles ging rasch vorüber, das Schreien und der klappernde Hufschlag auf dem Pflaster verloren sich, und in wenigen Minuten lag die Straße wieder ruhig da, von verlorenen Hüten, Stöcken und sonstigen Dingen bedeckt.

„Unsere guten Deutschen reifen langsam.“ Doktor Schlurich kehrte wieder an den Tisch zurück. „Und es wird noch manches über unser Volk hinweggehen, bis es sich zur inneren und äußeren Freiheit durchzuringen vermag, von der übrigens auch die Franzosen noch himmelweit entfernt sein werden. Das Verdienst jedoch, den Anfang gemacht zu haben, könnte man ihnen belassen, müßte man es nicht vom Standpunkt höherer Gerechtigkeit aus den Engländern zuerkennen. Dennoch, Herr Baron: Die Deutschen werden nach vielem Leid und Ungemach dereinst die Auserwählten sein, von denen das Heil der Welt ausgeht und die Erlösung. Dieses ist mein Glaube.“

Wir schwiegen lange, und allgemach glitt unser Gespräch anderen Dingen zu. Ich erfuhr, daß Doktor Schlurich, aus Köllen gebürtig, sich hier niedergelassen habe, weniger um Geld zu verdienen, was bei seinen Verhältnissen nicht unbedingt vonnöten war, als um in Ruhe ein großes Werk über unbekannte Phänomene psychischer Art zu schreiben, mit deren Erforschung er sich hauptsächlich befaßte. Hier habe er einen ganz besonderen Fund getan. In einem Hause der Stadt lebe nämlich eine Demoiselle Köckering, die in Gesellschaft verschiedener Ärzte schon des öfteren in magnetischen Schlaf versetzt worden und in diesem Zustand Fragen, die sich auf Vergangenheit und Zukunft, nebstbei auch auf die verschiedensten Dinge bezogen, vollkommen richtig beantwortet habe. Falls ich zufällig für derartige Geheimnisse der Natur, die nur von Unverständigen mit Geistern und Teufeln in Verbindung gebracht würden, einiges Interesse übrig habe, sollte es ihm ein leichtes sein, mich dortselbst einzuführen. Da die Person ganz im geheimen gehalten werden müsse und von ihrer Kunst lebe, sei es allerdings üblich, beim ersten Eintritt ein Douceur in Gold zu verabreichen.

Ich war sogleich bereit, mich von ihm in das Haus führen zu lassen, und dankte ihm für sein Vertrauen.

Als es zu dämmern begann, machten wir uns auf den Weg.

Ein feuchter, kühler Wind strich vom Rhein her. Die nasse Luft drang empfindlich durch unsere Mäntel. In mehreren Straßen wurden wir von Reiterpatrouillen mit aufgestemmten Karabinern angehalten, durften aber als Personen von Distinktion passieren. Nach einigem Umherirren fanden wir das Haus „Zum silbernen Schneck", in dem die Demoiselle wohnte.

Erst nach mehrmaligem Klopfen wurde uns von einem Manne geöffnet, der sein Zögern mit der Angst vor den Handwerksgesellen und Schiffsknechten entschuldigte, die nebst üblem Volke aus den Spelunken, das „Ca ira" johlend und an die Tore hämmernd, vor einer Weile in der Gasse getobt hätten, um die im Nebenhause lebenden Dirnen herauszubekommen und mit sich zu nehmen. Soldaten hätten die Schreier rasch vertrieben und wären dann selbst in Mengen durch die Tür mit der roten Laterne eingedrungen.

Wir stiegen im Schein der Talgkerze, die zwischen seinen Fingern tropfte, die schmale Treppe hinauf und gelangten nach einer besonderen

Art von Pochen in ein helles, achteckiges Gemach, dessen Fenster dicht verhängt waren. Es war nichts darin zu sehen als ein mit verschlissenem Brokat bezogener Armstuhl, neben dem auf zwei Tischchen vielarmige Leuchter brannten, und davor eine Reihe von gewöhnlichen Holzsesseln, auf denen einige Männer wartend saßen. Sie wandten die Köpfe nach uns. Sowohl nach ihrer Tracht als auch nach dem Ausdruck ihrer Gesichter konnte man sie unschwer dem Gelehrtenstande beizählen.

Doktor Schlurich und ich traten auf die Wartenden zu und nannten unsere Namen, welchc Artigkeit in gleicher Weise erwidert wurde.

„– insonderheit die Weissagungen der Demoiselle müßten strenge geprüft werden“, setzte einer der Herren, der mit „Spektabilität“ angeredet wurde, die durch unseren Eintritt unterbrochene Rede fort. „Um so mehr, als der Mensch, der sie in magnetischen Schlaf versetzen zu können vorgibt, einen Louisdor pro Person einkassiert. Mein geschätzter Kollege Professor Fulvius, der die Vorführung mit angesehen, ist nicht in allen Dingen befriedigt. Jene bläulichen Effloreszenzen, die man an den Händen der angeblich vom Teufel besessenen Emmerentia Gock in Ebersweiler einwandfrei beobachten konnte, fehlen gänzlich, und alles, was vorgeht, beschränkt sich eben auf sicherlich mitunter staunenswerte Mitteilungen aus dem Leben und den Schicksalen anwesender Personen.“

„Wobei respektvoll zu bemerken ist“, sagte ein kleiner, magerer Mann mit rötlicher Perücke in höchster Fistel „daß die Weissagungen sive Prophezeiungen des Weibsbildes, insoweit sie sich auf Zukünftiges beziehen, wissenschaftlich völlig wertlos, weil derzeit unüberprüfbar sind.“

„Mag sein, mag sein“, knurrte ein dicker, finster blickender Mann mit grobem Gesicht und hoher Halsbinde. „Dennoch wäre es ein Fehler, den noch nicht bestätigten Betrug von vornherein als Prämisse zu nehmen. Wir sind Manns genug, um dem Ding auf den Grund zu gehen, und um Lichterscheinungen oder unsinniges Geklopfe ist es mir nicht zu tun.“

Da öffnete sich eine kleine Tapetentür, und ein etwas schiefgewachsenes ältliches Mädchen mit unschönem und gelbem Gesicht trat ein. Sie trug eine grauseidene weite Robe und setzte sich nach einem Knicks gegen die Anwesenden in den Armstuhl, ihren Rock ausbreitend und glättend. Hinter ihr trat ein dunkel gekleideter Mann mit unangenehmem Gesichtsausdruck und stechenden Augen ein, dessen Alter zwischen Dreißig und Vierzig, also nicht weit entfernt von dem der Frau, liegen mochte. In seinem Antlitz wechselten seltsamerweise beständig die Mienen, so daß man glauben konnte, seine Stimmung schwanke zwischen Lachen und Weinen hin und her. Er verbeugte sich, sammelte auf einem Silberteller das bedungene Douceur ein, stellte den Teller zu einem der Leuchter, verbeugte sich nochmals und sagte dann mit hartem Akzent, wie er deutschsprechenden Russen eigen ist:

„Diese Demoiselle Maria Theresia Köckering, aus Reval gebürtig 38 Jahre alt, ist imstande, alle Fragen, die an sie gerichtet werden, mögen sie nun die Vergangenheit, Gegenwart oder Zukunft der hier anwesenden geschätzten Persönlichkeiten betreffen, auf das beste und genaueste zu beantworten, sobald sie in den magnetischen Schlaf versetzt ist."

Er trat auf den Tisch zu, löschte einige der hellbrennenden Wachskerzen, ging dann zu dem regungslos sitzenden Mädchen, streckte die ausgebreiteten Finger gegen ihr Gesicht und strich ihr mehrmals leise über Stirne, Augen und Schläfen. Dann drehte er sich um.

„Sie schläft nun", sagte er.

Wir sahen sie an und hatten den Eindruck einer sitzenden, in Schlaf versunkenen Person.

„Ich darf bitten, meine hochansehnlichen Herren!" fuhr der Mann mit gedämpfter Stimme fort. „Es ist zu dem Experiment eine gewisse Ruhe vonnöten. Werden die gestellten Fragen gut beantwortet, so bitte ich, halblaut zu bestätigen, daß die Antwort richtig war. Ist sie es nicht, so ersuche ich, ohne Erregung darauf hinzuweisen, worauf ich die Frage erneuern werde. Denn es geschieht manchmal, daß der empfindliche Geist der Demoiselle durch gewisse, aus unbekannten Regionen stammende Schreckbilder in Verwirrung gerät. Jede gerechte Prüfung und Untersuchung ist gestattet. Strenge untersagt ist störender Lärm, rauhes Anrufen, jähe Berührung, da körperliches Erschrecken das Leben der Demoiselle aufs höchste gefährdet, weil in solchem Zustande die Seele nur sehr lose mit dem Leib in Verbindung steht."

Ein kurzes, mißbilligendes Räuspern kam aus der Reihe der Zuhörer. Aber der Vorführende achtete nicht darauf, sondern sprach weiter:

„Vorerst werde ich selbst einige Fragen stellen. Damit das gelehrte Publikum die Einfachheit des Vorganges und die Unmöglichkeit eines Betrugs konstatieren kann. Demoiselle Maria Theresia!“ wandte er sich in erhöhtem Ton an die Schlafende.

Augenblicks begann es im Gesicht der Schlafenden zu zucken, und ihre Hände fuhren unruhig hin und her, in die Luft greifend und wiederum die Armlehnen des Stuhles befingernd.

„Hören Sie mich, Demoiselle?“

„Ich höre“, sagte sie mit sonderbar veränderter und tiefer gewordener Stimme von rauhem Klang.

„Die Namen der hier Anwesenden hochansehnlichen und gelehrten Herren in ihrer Sitzordnung von rechts nach links?“ Zu uns sagte er hinter der vorgehaltenen Hand.

„Sie siehet alles gleichsam wie in einem Spiegel, und so rechnet sie von sich aus.“

Das Beben und Grimassieren wurde ärger, dann zeigte sich eine Art von Lächeln flüchtig in ihrem Gesicht, und sie sprach unaufhaltsam, rasch und ohne jede Zwischenpause:

„Doktor Achaz Moll, Professor Gisbertus van der Meulen, Doktor Johannes Baptista Schlurich, Freiherr Melchior von Dronte, Magister Benedikt Fleck, Spectabilitas Doktor Imanuel Balaenarius, Doktor Veit Pfefferich.“

Ein Murmeln und beifälliges Kopfnicken folgte. Aber der Magister Fleck meinte halblaut, solche Kenntnisse könne man sich bei so hochberühmten Männern verschaffen.

Der Mann bei der Schlafenden schüttelte mit ärgerlicher Miene den Kopf und stellte eine zweite Frage:

„Sage mir die Demoiselle, an welchem bedeutsamen Werke jener Herr derzeit arbeitet, der die Hand erhebt?“

Er gab uns ein Zeichen, und der Spektabilis hob, von allen stillschweigend aufgefordert, die Hand.

Die Köckering ward wieder lebhaft, bewegte ihre Lippen, setzte mehrmals an und stieß dann hervor:

„Über die Heilwirkung des reinen Wassers bei Obstipatio und über die Schäden des allzuhäufigen Purgierens.“

„Bene“, sagte der Dekan, „Admirabile!“

„Auch dieses läßt sich in Erfahrung bringen –“, wisperte der mißtrauische rote Magister.

„Ich bitte nunmehr die verehrten Herren, selbst nach Ihrem Belieben Fragen zu stellen.“ Der Magnetiseur sah mit einem scharfen Blick den Magister an und forderte ihn durch eine Handbewegung zum Reden auf.

„Wie – – wieviel Geld habe ich in der Tasche?“ stotterte dieser sichtlich überrascht.

Die Frau antwortete ohne Besinnen:

„Einen Laubtaler, ist aber falsch, und fünf Silbergroschen.“

Der Frager zog sein Beutelchen und zählte die geringe Barschaft nach. Es stimmte.

„Recht artig“, brummte der Doktor Moll, und sein Doppelkinn lag dräuend auf der hohen Krawatte. „Wenn der nach seinen Groschen fragt, ist es wohl verstattet, sich zu erkundigen, wer mir vor sechs Tagen meinen rotbunten Gockel vom Hause wegstahl?“

„Leberecht Piepmal“, kam es sofort zurück.

„Daß dich der Donner zerschmeiße!“ fuhr die grobe Stimme auf. „Das muß wahr sein! Habe ich doch sogleich zu meiner Eheliebsten gesagt, der Piepmal und kein anderer – –“

„Piano, mein Herr“ mahnte der Veranstalter unwillig. „Nur nicht zu laut! Ein anderer der Herren, wenn ich bitten darf.“

„An welchem Wochen-, Monats- und Jahrestag verstarb die Frau, die ich am meisten geliebt habe?“ sagte einer der Herren leise.

Das Gesicht der Schlafenden verzog sich schmerzlich, der Mund verschloß sich fest, und nach einer Weile verstand man: „Mittwoch, am 12. Hornung 1754.“

„Meine Mutter!“ Ein schwerer Seufzer besagte, daß die Frage richtig beantwortet worden war.

Ich nahm mir ein Herz und erhob die Stimme:

„Wer besuchte mich dort, von wo ich in diese Stadt kam?“

Die Schlafende streichelte mit der Hand die Stuhllehne, schüttelte leise den Kopf und ließ dann einen Ton wie ein leises Lachen hören und sprach:

„Du selbst–“, sagte sie.

Ein Raunen erhob sich.

„Attention, Demoiselle!“ klang die befehlende Stimme. „Der Herr selbst kann es nicht gewesen sein. Noch einmal!“

„Isa Bektschi – du selbst – – dein Bruder in dir – –“, flüsterte sie, kaum vernehmbar, „Ewli –“

„Ich frage, mein Herr, ob Ihnen diese Antwort verständlich ist?“

Ich nickte stumm.

„Aber wir verstehen das nicht“, fuhr der Magister Fleck auf. „Was soll das heißen?“

„Was das heißen soll, Demoiselle?“ wiederholte der Mann bereitwillig.

„Das Wiederkommen“, hauchte sie.

„Itzo faselt sie“, brummte der Doktor Pfefferich. „Dennoch war manches bisher erstaunlich. Darf ich noch eine Frage tun?“ „Bitte.“

„Was ist das? Es liegt auf meinem Schreibtisch zu Hause, war einmal lebendig und sehr geschickt und ist nun unbrauchbar und tot.“

Die Magnetisierte atmete schwer, dachte angestrengt nach und griff mit der Hand nach dem Halse, mühsam Atem holend, als käme ein Erstickungsanfall über sie. Dann sagte sie schwerfällig:

„Die Hand – des – gehängten Janitschek aus Prag.“

Der Doktor fuhr mit einem blauen Tuch über die schwitzende Stirne.

„Erraten“, keuchte er. „Die Hand des böhmischen Diebes liegt ausgedorrt auf meinem Tische.“

„Es ist immerhin erstaunlich“, räusperte sich der Dekan Balaenarius „Das Phänomen ist nicht so einfach zu erfassen –.“

Der Mann im dunklen Habit trat vor.

„Meine Hochgeschätzten“, sagte er. „Die Demoiselle ist stark ermüdet und bedarf baldiger Ruhe. Darf ich bitten, noch einige auf die Zukunft bezügliche Fragen zu stellen?“

Aber keiner rührte sich. In niemandem schien das Verlangen zu sein, hinter den dunklen Schleier zu blicken.

Da hob sich der Doktor Schlurich halb von seinem Sitze, öffnete den Mund, wollte sprechen, besann sich aber und setzte sich wieder nieder.

„Gerade jetzt ist er bei ihr“, sagte die Köckering tonlos.

Der Doktor machte eine abwehrende Bewegung, als wolle er nichts hören, und lehnte totenbleich, mit bebenden Lippen, in seinem Stuhl.

„Das also sind ihre Schwüre –!“ hörte ich ihn leise sagen.

„Darf ich noch eine Frage tun?“ Ich stand auf. Bisher war ich von dem, was mir die Hellsehende gesagt hatte, so benommen geblieben, daß ich alles um mich wie im Traum wohl wahrgenommen, aber gleichsam nur an der Oberfläche meiner eigenen Gedanken hatte hingleiten lassen.

Eine stumme, etwas ungeduldige Handbewegung lud mich ein.

„Wann werde ich Isa Bektschi wieder sehen?“ fragte ich.

Die Demoiselle hob den Kopf, schauderte zusammen und ächzte.

„Ein Messer hängt – fällt – – Ah!“

Ein gellender Schrei kam aus ihrem Munde. Sie wand sich in ihrem Stuhl, öffnete halb die Augen, daß man das Weiße sah, schnellte kurz in die Höhe und fiel schwer zurück.

Alle waren aufgesprungen.

„Eine Hysterica“, sagte jemand laut.

„Für heute ist die Vorführung beendigt“, klang die Stimme des Mannes, der neben ihr stand. „Ich hoffe, daß die Herren nicht unbefriedigt geblieben sind, namentlich der Herr, dem der Hahn gestohlen wurde.“

Jemand lachte gezwungen auf.

Alles drängte dem Ausgange zu, von den höhnischen Blicken des bleichen Menschen verfolgt.

Ich blickte mich noch einmal um.

Das Mädchen war wach, schaute wirr und erstaunt um sich.

Ein Schauer rann mir über den Rücken, als stünde der Tod hinter mir. Wir stiegen hastig die Treppe hinunter.

„Schade, daß ich nicht meinen Sterbetag zu wissen verlangte“, krähte der Magister Fleck „Hätte beizeiten meine Dispositiones treffen können.“

„Sie haben gut daran getan, diese Frage zu unterlassen.“

Der Doktor Schlurich war es, der diese Worte sprach.

Niemand gab Antwort.

Im dicken, grauen Flußnebel, der durch die Straßen quoll, trennten wir uns.

Schweigend schritt ich neben dem Doktor Schlurich hin.

„Ich ahnte es, daß sie mich betrügt. Aber es schmerzt doch, wenn man die Gewißheit hat“, sagte er leise.

Er drückte mir die Hand und verschwand um die nächste Straßenecke.

Fern und nah tönten die Anrufe der Patrouillen und Ronden.

„Ein Messer hängt – fällt –“, hatte die Pythia gerufen.

Eisige Kälte kroch unter meinen Mantel und schüttelte mich. Der Griff des Klingelzuges am Gasthof war eine kleine, messinggelbe Hand, eine kleine, kalte Totenhand.

Als meine Extrapost die französische Grenze überquert hatte und in einem ansehnlichen Flecken die Pferde gefüttert und getränkt werden mußten, begab ich mich in die Herberge und ließ mir eine Eierspeise bereiten.

Die Tische um mich waren voll von Menschen. Fuhrleute, Bauern, Händler, Bürger und Handwerker besprachen mit der ganzen Lebhaftigkeit ihrer Natur die letzten Vorfälle, die zunehmende Häufigkeit der Hinrichtungen. Vor kurzem war ganz in der Nähe dieses Ortes das Schloß eines sehr hochmutigen und gegen geringe Leute äußerst hartherzigen Vicomte von den Bauern erstürmt und nach gründlicher Ausplünderung in Brand gesteckt worden. Mancher von denen, die hier den dicken Rotwein tranken, rühmte sich offen seiner hierbei begangenen Taten.

Als ich vernahm, wie tierisch die Leute in der kostbaren Bibliothek und in der Gemäldegalerie des Schlosses gehaust, wie sie altes Sevres-Porzellan vor dem Zerschlagen als Nachtgeschirr benutzt hatten, mußte ich an die Worte des Doktor Schlurich denken, der mich davor warnte, Revolutionen aus unmittelbarer Nähe zu betrachten. Als nun noch ein sehr häßlicher, blatternnarbiger Bursche sich grölend rühmte, wie er „Bijou", das Lieblingshündchen der Schloßherrin, auf eine Pike gespießt und eine Stunde lang lebend umhergetragen habe, bis es endlich winselnd vor Schmerz und Angst verzappelt sei, faßte mich ein rasender Zorn gegen diese zweibeinige Bestie. Aber sogleich fiel wie eine schwarze Wolke die Erinnerung an einen Hund auf mich, dessen treue Liebe ich in einem sinnlosen Wutanfall mit einem tödlichen Steinwurf gelohnt hatte. Nein, ich hatte kein Recht, Richter zu sein, wenngleich ich nur im Jähzorn, dieser aber in teuflischer Bosheit gehandelt hatte. Peinigend stieg der Gedanke in mir auf, daß es Menschen gebe, die von Natur aus böse seien –. Was sollte mit diesen geschehen?

„Melchior Dronte!" flötete eine widerliche Stimme. „Melchior! Schöner Melchior!"

Ich erschrak dermaßen, daß ich beinahe mein Weinglas vom Tisch gestoßen hätte.

Ich blickte dorthin, woher die Stimme gekommen war, und sah ein altes, mit Schmutz und Lumpen bedecktes Weib, das an einem Tische saß. Sie hatte einen Kasten mit vielfarbigen Papierzetteln neben sich stehen, an dem eine kurze Stange mit einem Querholz emporstand. Auf dem Holze aber saß ein Papagei, in dessen blaugrauer, runzelicher Haut fast nur noch Federkiele steckten, während der große Kopf mit den rollenden Augen faltig und ganz kahl war. Die Frau, die meinen Blick bemerkte, stand eilig auf, näherte sich hinkend meinem Platz, nachdem sie den

Riemen über ihre Schulter gelegt hatte, und blies mir ihren branntweinstinkender Atem ins Gesicht:

„Schöner, junger Herr, Apollonius wird Ihnen wahrsagen!“

Trotz ihres jammervollen Aussehens, der triefenden Säufernase und der entzündeten Augen hatte ich in ihr die schöne Laurette und in dem Ungeheuer den Papagei des spanischen Gesandten erkannt. Ein scharfer Schmerz ging mir mitten durchs Herz, als ich das Bild von Sattlers Lorle gegen diese schauerliche, lemurenhafte Erscheinung hielt. Obwohl mich der hölllische Papagei mit meinem Namen gerufen hatte, zuckte kein Funke der Erinnerung auf in ihrem armen, verwüsteten Gesicht. Dafür erkannte ich im schielenden Blick des Vogels eine solche abgründige Bosheit und Wut, daß ich mich von einem Gefühle der Furcht nicht frei machen konnte. Das stumpfe, alte Weib, das einst jung, rosig und unschuldig in meinen Armen geruht hatte, sah mich aus halberblindeten Augen an und wiederholte lallend die Redensart von vorhin. Ich ließ in ihre gichtgekrümmten Finger eine Münze gleiten, die sie in ekelerregender Weise zur Aufbewahrung in den Mund schob, und sah mit Genugtuung, daß uns vorderhand niemand beachtete.

„Sicut cadaver–“, kicherte der Vogel. „Wie ein Leichnam küsse sie, schöner Melchior!“

Ich näherte mich ihm und sagte, als ob ich zu einem Menschen spräche:

„Mögest du bald erlöst sein, arme Seele!“

War ich es wirklich, der plötzlich diese Worte fand?

Der Papagei sah mich mit einem starren Blick an. Alle Bosheit wich aus seinen Augen, und zwei große Tränen kollerten über seinen Schnabel herunter, wie ich es schon einmal gesehen hatte. Es war über alle Maßen schaurig und ergreifend.

„Misericordia“, ächzte er. „Erbarmen!“

Und dann kletterte er eilig die kurze Stange herunter, fuhr mit dem Schnabel in den bunten Zetteln hin und her und packte einen feuerroten, den er mir hinhielt.

Ich nahm ihm das Papier aus dem Schnabel, gab der armen Laurette noch ein Goldstück und nickte ihr zu.

Kein Strahl des Erinnerns flackerte in ihren Zügen auf.

Mit ihrem Kasten, auf dessen Querholz der Papagei den Kopf auf die nackte Brust sinken ließ, schlurfte sie zum nächsten Tisch.

„O mon Dieu!“ schrie der Papagei, und der hoffnungslose Ton dieser Klage ging mir durch Mark und Bein.

„Halte Ruhe mit deinem Basilisken, alte Knochenkiste“ schrie ein Fuhrmann in blauem Kittel am Nachbartisch. „Man versteht sein eigenes Wort nicht. Es sind nicht lauter Aristokraten hier, die an solchen Albernheiten ihre Freude haben!“

„Dreh doch dem stinkenden Körnerfresser den Kragen um, Blaise“, rief ein weißbestäubter Müllerbursche. „Und wenn du einen Aristokraten unter die Finger kriegst, so nebenbei – ich helfe gerne mit!“ sagte er halblaut, mit einem schrägen Blick auf mich.

Erschrocken hinkte die Alte vom Tische fort und kauerte sich wieder in ihren Winkel.

Ich beachtete die Leute, die sich wohl hauptsächlich in prahlerischen Reden gefielen und gewiß nicht alle bösartig waren, nicht weiter und trank langsam meinen Wein. Zudem mußte ich warten, bis der neue Postillon mich zur Weiterfahrt auffordern würde.

Ich legte das rote, viereckige Papierblättchen aus dem Kasten der schönen Laurette auf die Tischplatte, und obschon ich mir vorsagte, daß derartige Dinge keinerlei Bedeutung haben könnten, mußte ich doch daran denken, daß Apollonius diesen Zettel für mich ausgewählt hatte und ich ihm also ernstliche Beachtung sichern wollte.

In schlechtem Druck stand unter einer Reihe von astrologischen Zeichen:

„Es droht Ihnen eine große Gefahr, die abzuwehren nicht in Ihrer Macht liegt. Eine gewaltige Veränderung wird mit Ihnen vorgehen, aber fürchten Sie nichts: Sie wird für Sie nichts anderes sein als die Vorstufe zu einem neuen Leben.“

Wenn ich auch in dieser Schrift nichts anderes erblicken konnte als die vieldeutige und naturgemäß ganz unbestimmte Art solcher um ein Kupferstück erhältlicher Weissagungen, die für gewöhnlich ein zu diesem Zwecke abgerichtetes Tier aus dem Haufen ähnlicher vieldeutiger

Aussprüche zieht, bewegte mich doch dieses kleine Stück Papier auf eine bedeutsame Weise. Und so sehr ich von Laurettens Schicksal, dem Schicksal so vieler leichtfertiger und sorgloser Mädchen und Frauen, erschüttert war, ergriff mich fast mehr noch Mitleid mit der Seele, die in einem elenden, langsam absterbenden Vogelleib büßen mußte für eine mir unbekannte, schreckliche Sünde. Ich war herzlich froh, als der neue Postillon, ein junger, mit der dreifarbigen Kokarde geschmückter Franzose, eintrat, an ein paar Tischen Bescheid tat und mich dann höflich ersuchte, mich zur Weiterfahrt bereitzuhalten.

Als ich das Zimmer verließ, war es mir, als ob höhnisches Gelächter und Schimpfworte mich begleiteten. Ich bemühte mich, völlig ruhig zu bleiben und vor mir selbst die grundlose Erbitterung der Menschen mit dem Unrecht zu entschuldigen, das ihnen seit vielen Geschlechterfolgen zugefügt worden war.

Ich war recht froh, als ich im Wagen davonfuhr. Freilich begleiteten mich allerlei schwere Gedanken. Der Anblick meiner einstigen Gespielin, die ich in Pracht und Glanz zu Wien verlassen und hier als Bedauernswerte, Zertretene und der Vernunft Beraubte wiedergefunden hatte, das mehr als unheimliche Zusammentreffen mit dem gespenstischen Vogel Apollonius, in dem eine verdammte Seele büßte, die schmerzliche Beobachtung, daß urteilsloser Haß und ins Blinde zielende Rachsucht das Bild einer großen Volkserhebung wie häßlicher Schimmelbelag überzogen – das alles betrübte mich sehr und wollte es mich fast bereuen lassen, diese gefährliche und anstrengende Reise unternommen zu haben. Aber gleichzeitig empfand ich die zwingende Notwendigkeit eines Schicksalsbeschlusses, die mich antrieb und vielleicht noch mehr als das: den aus Erkenntnistiefen stammenden Wunsch nach Erfüllung und Vollendung des mir Bestimmten.

Auch das Gespräch mit dem neuen Postillon, das dieser, halb zurückgewendet, mit mir begann, trug nicht zu meiner Aufheiterung bei. Er sehe, daß ich ein Herr von Distinktion sei, und trotz des Gewäsches von Freiheit und Gleichheit sei dies für ihn eine Erquickung. Täglich müsse er aus den untersten Schichten stammende Menschen führen, die große Worte machten und sich ihrer schlechten Sitten rühmten. Dennoch möchte er mir, und zwar je weiter wir ins Land kämen, um so dringlicher raten, mit den Wölfen zu heulen und mich namentlich nicht in öffentlichen Herbergen, wie ich es eben getan, abseits vom Haufen zu halten.

Nichts reize den Pöbel mehr als stumme Mißachtung, wofür die sonst dickhäutigen Kerle ein ausnehmend empfindliches Gefühl hätten. Es nütze eben nichts anderes, als den Stolz beiseite zu lassen und frischweg mit jedem Bruder und Schwein zu sein. Vorderhand sei in Wirklichkeit nur den besonders verhaßten und bekanntesten Bedrückern des gemeinen Mannes übel mitgespielt worden, und die, denen es gelang, ihr nacktes Leben davonzubringen, müßten noch froh sein. Wie aber die Zeichen stünden, werde es bald gegen alle Vornehmen, sodann aber auch gegen die das untere Volk geistig Überragenden sich wenden, da man sie als Schützer und Freunde der alten Ordnung betrachte. Ob der einzelne rechtschaffen und ehrlich gelebt, ob er vielleicht sogar ein treuer Helfer der Armen und Bedrückten gewesen, ja sogar Ungemach um ihretwillen ausgestanden, darüber pflegten bluttrunkene, verwilderte Rotten nicht nachzudenken.

Unter das sonst leichtherzige und gutmütige Volk mischte sich zu solcher Zeit Zuchthäuslergesindel und Spelunkenabhub, dem es nur darum gehe, die Raubsäckel zu füllen, zu saufen, zu huren, zu prassen und zu morden. Auch unter die Führenden, von denen viele es gut meinten, werde der und jener emporgeschwemmt, dem jedes Mittel recht sei und der die gemeinen Triebe der Menge aufreize, um sich bei der Plebs beliebt zu machen. Ein Herr von meinem Stande bliebe besser in der Sicherheit der Heimat, statt in einem Lande zu reisen, in dem es weder Zucht noch Recht noch Sicherheit gäbe. Ich würde bald sehen, daß ein begrenztes Maß von Freiheit einem stärkenden Trunk guten Weines gleiche, ein toller Überschwang jedoch, wie er hier herrsche, sinnlosem Rausch und Irrsinn gleichzuachten sei.

Diese Art des Ausdrucks bei einem Postillon wunderte mich, allerdings verriet mir seine Gesichstsbildung und Körperhaltung, daß er den gebildeten Ständen angehöre. Und so richtete ich die Frage an ihn, wie es komme, daß ein Mann von solcher Politesse keine andere Stellung als die eines Postkutschers habe finden können.

Da lächelte der Postillon und sagte: „Bemühen sich der Herr nicht! Ich bin rechtzeitig in Bescheidenheit untergetaucht und betrachte als Philosoph, was ich nicht hindern kann. Wer in solchen Zeiten seinen Kopf zu hoch reckt, kann ihn leicht verlieren, und da ich nur diesen einen besitze, bin ich besorgt um ihn und auf meiner Hut. – Verzeihen Sie, mein Herr, aber der Weg wird nun so schlecht, daß ich ihm meine Aufmerksamkeit zuwenden muß.“

Mit diesen Worten drehte er sich um und schien nur auf seine Leitseile und den Trab der Pferde zu achten. Aber schon die lässige, auf große Übung deutende Zügelhaltung und die vornehme Sicherheit seiner Bewegungen verrieten mir, aus welcher Gesellschaftsschicht mein Postillon stammte.

Vor einer Stadt, der wir uns näherten, hielt uns ein starker Haufen bewaffneter Bauern auf, denen, wie sie behaupteten, die Bewachung der Straße aufgetragen war. Einer fiel den Pferden, die im Schritt gingen, in die Zügel, während zwei mit vorgestreckten Musketen an den Wagen traten.

Der Postillion aber, über dessen feines und gebildetes Wesen ich mir eben noch meine Gedanken gemacht hatte, spuckte auf eine ordinäre Weise in die Hände und schrie im niedrigsten Dialekt der Gegend:

„Ihr Mistkratzer und Dreckkäfer, ihr Läusepack wollt es wagen, einen Bürger Kommissar aufzuhalten? Tod über mein Leben, wenn ich euch nicht unter Doktor Guillotins Maschine bringe, ihr Diebe und Stinktiere! Weg frei, bei den feurigen Klauen des Teufels, oder ich bitte den Bürger Kommissar im Wagen, eure Namen in sein Taschenbuch zu schreiben!“

Sofort wichen sie zurück, zogen die speckigen Hüte und schrien:

„Es lebe die Freiheit!“

Unser Wagen rollte weiter. Der Postillon lachte vor sich hin.

„Was sagten Sie doch von der Maschine des Doktors Guillotin?“ fragte ich ihn.

„Ah – haben Sie nichts von ihr gehört? Stellen Sie sich vor, daß man Sie auf ein Brett legt zwischen zwei Balken. Hoch droben hängt ein schweres, scharfes, blankes Messer mit schräger Schneide, das fällt und trennt den Kopf so säuberlich vom Rumpfe, als wäre er nur ein Kohlhaupt auf dünnem Stiel. Sie reist im Lande umher, die Maschine des Vaters Guillotin.“

In meinem Munde war auf einmal ein lauer, süßlicher Geschmack, von dem mir fast übel wurde. Die Luft in diesem Lande war es, die ich im Munde hatte. Sie schmeckte nach Blut.

Und mit einem sekundenlangen Erstarren dachte ich an die Worte der Demoiselle Köckering, an ihren gellenden Schrei – –

„Ein Messer hängt – fällt –!“

In der Stadt, deren Tor vor uns lag, begann tief und drohend eine Glocke zu läuten: Tod – Tod – Tod – Tod.

Meine Furcht verflog so rasch, wie sie gekommen war.

„Non omnis moriar“, sagte ich vor mich hin.

„Ich werde nicht ganz sterben!“

Ich stand unter dem Torbogen des Pariser Hauses, in dem ich wohnte und sah die Straße hinunter.

Dumpfes Geräusch kam näher. Pfiffe schrillten auf, Gelächter.

Ein Haufen Soldaten in den verschiedensten Röcken, rot und weiß gestreifte, schmutzige Hosen an den Beinen, zerdrückte Hüte mit den neuen Kokarden auf den langen Haaren, kam mit geschultertem Gewehr die Straße herunter. Zwei barfüßige Gassenjungen liefen als Tambours voraus. Auf der einen der beiden Trommeln erkannte ich noch das zerkratzte, bunte Wappen des Regiments Esterházy.

Hinter den Soldaten lief eine große Menge Volkes, Mädchen, Männer, Frauen und Kinder. Unter honett gekleideten Menschen sah man zerlumpte Dirnen, Kerle mit Mörderkiefern und niedriges Pack. In der Mitte dieses Haufens schwankte und holperte ein hochrädriger Karren, auf dem sechs Menschen saßen. Der erste, auf den mein Blick fiel – –

Barmherziger Gott!

Der Wagen hielt, da der Zug ins Stocken kam, und ich sah genau.

Der erste, den ich erblickte, war der Doktor Postremo.

Ein Fieberschauer schüttelte mich.

Ganz vorne saß er, mit auf den Rücken gebundenen Händen.

Sein schneeweiß gewordener häßlicher Affenkopf mit den kohlschwarzen dicken Brauen und dem Backenbart saß tief in den Schultern.

In seinen Augen hockte die Todesangst, und sein breiter Mund stand weit offen.

Doktor Postremo!

„Mit dem Buckel da wird Samson nicht fertig werden", kreischte es lachend auf.

„Sie werden ihm den Kürbis schon hervorziehen!" antwortete ein zweiter. „Was, Alterchen? Meinst du nicht auch, Schildkröte?"

Postremo schnitt ein greuliches Gesicht, schloß den Mund, bewegte mahlend die Kinnbacken und spie dann dem Mann, der ihn angesprochen hatte, mitten ins Gesicht.

Eine Lachsalve flog auf.

„Bravo! Gut gezielt, Höcker!"

Zwei Soldaten stießen den Wütenden zurück, der mit seinem ekelhaft überronnenen Gesicht auf den Karren wollte.

Neben dem Italiener saß ein alter, ehrwürdiger Geistlicher in zerrissener Soutane, hinter ihm ein streng aussehender Mann in einem blauseidenen, mit mattem Silber gestickten Rock, und eine hagere Dame, die betend die Lippen bewegte. Das letzte Brett auf dem Wagen nahmen ein ehemaliger Offizier vom Regiment Flandern und ein junger, gleichgültig und verächtlich lächelnder Mann in einem Morgenanzug ein. Der Offizier biß sich zornig auf die Lippen und sagte etwas zu seinem Nachbarn, das dieser mit einem Achselzucken beantwortete.

Gleich darauf setzte sich der Wagen polternd und schleudernd in Bewegung, und die Menge stimmte ein mir unbekanntes, wildes Lied an, das brausend die Gasse entlanglief. Die Soldaten steckten ihre kurzen Pfeifenstummel auf die großen Hüte und sangen begeistert mit.

Ohne Willen, von einer unwiderstehlichen Gewalt vorwärts getrieben, schritt ich mitten in der Menge hinter dem Henkerskarren drein, auf dem der Elende saß, der mir das Glück meines armseligen Lebens geraubt und zerstört hatte mit seinen satanischen Künsten. Dennoch fühlte ich keinen Groll gegen ihn, so sehr mich auch sein Anblick an den größten Schmerz erinnerte, den ich je erlitten. Aber nun war es mir, als sei er nur das Werkzeug einer unerforschlichen Macht gewesen, die alles so gelenkt hatte, wie es gekommen war. Auch erschien mir das schreckliche Ende, dem er nun auf dem schütternden Brett des Wagens entgegenrollte, nicht im Lichte einer Strafe, die an ihm vollzogen wurde, sondern als eine Erlösung für diesen armen, boshaften, in einem mißgestalteten Leibe gefesselten Geist. Zwischen diesen mehr ahnenden als klaren Gedanken beherrschte mich wohl auch das unerklärliche Gefühl, das alle die Menschen hier in Bewegung setzte, der schreckliche und unergründliche Wunsch, einer fürchterlichen Operation an anderen beizuwohnen, die in dieser Zeit des großen Sterbens und der Ungewißheit jeglichen Geschicks, ohne Zweifel vielen von denen, die heute frei und ungefährdet mitgingen, in allernächster Zeit schon drohend nahe sein mochte.

In diesen Minuten zeigte sich mir die Revolution, die in der Nähe zu sehen mein Verlangen gewesen war, als etwas unsäglich Grauenhaftes und Fürchterliches. Es war, als ob man bösartige Tiere gegen fühlende Menschen losgelassen habe, Kreaturen niedrigster Art, die sich nicht genug an den Leiden ihrer Mitwesen ergötzen konnten, als ob sich Dämonen aus der Tiefe vereint hätten, um ihre bisherigen Bändiger und Beherrscher und mit ihnen jede Ordnung auszurotten. Was ich in den geröteten, augenfunkelnden, verzerrten Gesichtern um mich erblickte, war kein Menschentum. Wenn ich den jungen Edelmann und den Offizier auf dem hintersten Sitzbrett ansah, strömte aber auch von diesen Opfern eine kalte Welle auf mich zu. Sie waren böse in ihren Herzen bis zum letzten. Man sah es ihnen an, daß die Leute auf der Straße für sie dasselbe waren wie die Pflastersteine, der Schmutz, der an den hohen Rädern des Karrens klebte, oder der halbverhungerte Hund, der kläffend um die vorgespannten Mähren sprang.

In meiner trostlosen Not und in dem brennenden Mitleid, das mir fast das Herz sprengte, wußte ich dennoch klar und deutlich, daß in den letzten Gefühlen dieser beiden auf dem Wagen ihre ganze Schuld eingeschlossen lag. Sie hatten Menschen, Gottes Geschöpfe so gut wie sie, ihr Lebtag verachtet und verachteten sie noch in ihrer eigenen bitteren Todesstunde, weil jene unsauber, ungebildet, verschwitzt und verlaust waren. Diese Vornehmen bedachten nicht, daß ihre eigene Gefühllosigkeit aus diesen das gemacht hatte, was sie nun waren: eine Horde von Halbtieren, die sich gegen die grausame Geißel der Armut und des Ausgestoßenseins empört hatten. Sie hatten es, wenn man sie als Sinnbilder einer Kaste nahm, zu verhindern gewußt, daß solche Geschehnisse unmöglich waren, hatten Mitmenschen davon abgehalten, zu den Höhen eines gesitteten Lebens aufzusteigen. Immer wieder hatten sie die Unglücklichen in ihre Hundehütten und Löcher zurückgescheucht, in die Fron gepreßt, in seichter Tändelei den dumpfen Schrei aus der Tiefe verspottet und verlacht. Zuletzt, als auch die übermäßig reichen Mittel, die den anderen entzogen wurden, zu Ende gingen, häuften sie das Korn der Felder in versperrte Scheunen, um es in der kommenden Hungersnot spärlich und mit Wuchergewinn den Darbenden zu verkaufen. Sie hatten den Verzweifelnden ein schmerzendes Zaumzeug zwischen die Zähne gezwängt und die Zügel straff angespannt, derweilen ihre Peitsche blutige Striemen riß. So waren nun endlich von irrsinniger Wut und Pein die Banden gesprengt worden, und die stumpfsinnige Masse hatte einen flammenden Willen bekommen: den Willen, die Übermütigen, die Peiniger und Verachtenden zu schlachten, in Stücke zu reißen, zu zerstampfen, sie für immer von dieser Erde zu tilgen. Wer es aber verstand, in den Gesichtern des Volkes zu lesen, in diesen unwissenden und noch immer erstaunten Mienen, der wußte rückschauend, daß die Macht, die da zerschmettert worden war, mit ein wenig Güte gebraucht, mit weiser Vorsicht und Menschlichkeit gepaart, noch lange hätte bestehen und einen unblutigen, friedlichen Übergang zu einer gerechteren Verteilung der Güter hatte ermöglichen können. So war es aber, als ob diese Könige, Herzöge, Grafen und Gewalthaber aller Art den aberwitzigen Versuch unternommen hätten, zu probieren wie lange und bis wohin man geduldige Menschen quälen könne, bis sie sich endlich aufbäumen würden gegen die Last der Martern. Und dennoch taten auch sie mir leid.

Aus meinen Gedanken weckten mich bald die Stöße der sinnlos und aufgeregt Nachdrängenden, die auch mit dabei in dem traurigen Zug sein wollten.

Ich schrak auf, als mit einem Ruck alles stehenblieb und die Menschen auseinanderströmten.

Wir waren auf einem nicht allzu großen Platz angelangt, den alte, steilgiebelige Häuser mit geschwärzten Mauern umgaben; Meine Füße versanken fast in einem klebrigen, dunklen Schlamm, der den Boden bedeckte, und ich mußte mir eine etwas erhöhte Stelle des Pflasters suchen, um dem abscheulichen Sumpf zu entrinnen, dessen fauligsüßlicher Dunst mich über seine Beschaffenheit aufklärte. Um mich war ein wildes Tosen und Murmeln von Stimmen. Alle Fenster waren dicht besetzt, und von dort winkten Tücher Bekannten auf der Straße zu.

Gerade vor mir, mitten auf einem unregelmäßigen Platz, alle Köpfe, Hauben und Hüte hoch überragend, stand ein schmaler, rotbrauner, zweifüßiger Galgen, an dem oben unter dem Querbalken schief und blinkend das Fallmesser hing. Die Pfosten, zwischen denen es lief, glänzten im Tageslicht dunkel und speckig, so sehr war das Holz mit Blut und Menschenfett beschmiert.

Die Verurteilten erhoben sich steif und mühsam von den Sitzbrettern des Karrens. Ein Pferd wieherte, den Dunst des Platzes witternd. Die Armen, die da an ihrem letzten Ziel angelangt waren, halfen nun artig und höflich einander beim Absteigen, der alte Geistliche bemühte sich um den verkrüppelten Doktor Postremo, der furchtbare Gesichter schnitt und mit den Zähnen schnatterte. Ich sah die weißgepuderten Haare der anderen und den Wuschelkopf des Buckligen die schmale Gasse zwischen den Soldaten gehen. Die Todgeweihten stiegen ruhig und langsam die kleine Treppe zum Blutgerüst hinauf. Schmähworte flogen ihnen zu, Fäuste wurden geschüttelt, häßliche, dicke Marktweiber, die in der ersten Reihe standen, ja sogar strickend auf Bänken saßen, gaben Zoten von sich.

Ich sah genau jedes einzelne Gesicht. Außer Postremo, der zuckende Grimassen machte, sahen sie alle mit steinerner Haltung in Gesicht und Gebärde dem Kommenden entgegen.

Der Menschenring um Guillotins Maschine befand sich in mahlender Bewegung, und ich wurde allmählich ganz nahe herangeschoben, so daß die Opfer mit dem Gesicht mir zugekehrt standen. Ich wünschte mich weit weg, um den schrecklichen Druck unter dem Herzen loszuwerden, mit dem mich der Anblick so trauriger Vorbereitungen quälte. Aber ich konnte mich nicht bewegen, so fest war ich eingekeilt, konnte nicht einmal den Kopf von den wirren Haaren einer unreinlichen Frau wegwenden, die nach Knoblauch roch, und mußte mich von einem Mann, den der Schnupfen befallen hatte, von hinten anniesen lassen. Aber diese kleinen Widrigkeiten schwanden rasch vor einem namenlosen Grauen.

Nun schwang sich auf das Gerüst ein Riese, dessen Anblick alles übertraf, was ich an Scheußlichkeit und Gemeinheit in meinem wechselvollen Leben gesehen hatte. Auf ungeheuer breiten Schultern, über einem nackten, rotbehaarten Brustkasten und muskelstarken Armen erhob sich auf kurzem Halse das Gesicht eines teuflischen Affen mit gefletschten Zähnen, boshaft glimmenden Augen und einem feurigen Kamm aus rotgelben Borsten. Samson, dessen Bildnis ich in einem Bücherladen gesehen hatte, war es nicht. Ich wußte, daß er unpäßlich sei und daß sein erster Gehilfe ihn vertrete. Schrecken erfaßte mich beim Anblick dieses Kerls.

Das Menschentier, dem zwei roh aussehende Gestalten folgten, grinste, leckte die blauen Lippen und zeigte dann mit dem platten Daumen auf Postremo. Die zwei Kerle hinter ihm stürzten sich im Nu auf den Buckligen, der mit den Füßen stieß und pfauchte, unverständliche Worte schrie und den unförmigen Kopf noch tiefer in die Schultern zog, banden ihn blitzschnell an ein senkrecht stehendes Brett, kippten es um, so daß der Hilflose mit dem Kinn auf einem halbkreisförmig ausgeschnittenen Doppelbrett lag, dessen obere Hälfte nun zwischen den Pfosten hinuntergezogen und niedergedrückt wurde. Ein Schauer durchlief mich, als die rotbehaarte, blutschwarze Hand des Henkers einen vorstehenden Knopf im Pfosten berührte. Sausend pfiff das Fallbeil herab. Etwas sprang in einen Korb, der bucklige Leib drehte, wand sich und schlug mit den Füßen, wie es einst der arme bayerische Haymon unter dem Mordring getan, und aus einer riesigen dunkelroten Wunde, an der ein blinkender Halbkreis zu hängen schien, sprudelte in dickem Schwalle Blut, das dann glucksend und schwer an der Seitenwand abrann. Die Hand des Henkers griff in den Korb, hob am befleckten, weißen Haupthaar den Kopf hoch empor. Das Beil hatte den Hals nicht erreichen können, und so war der Unterkiefer abgetrennt und hing mit dem Halbrund der Zähne am Körper, so daß mir die verstümmelte Fratze des Doktors entgegensah. Und dieser abscheuliche Kopf zog langsam die Lider über das rechte hervorquellende Auge, als wolle er mir zublinzeln – – –

„Schön ist's nicht, Bürger – aber wie hätte er den buckligen Engelmacher anders zurichten sollen?“ sagte ein Handwerker neben mir und zog eine Flasche aus dem oberen, aufgeschlagenen Teil seines brandfleckigen Schurzfells. „Da, trink einmal – das hält das Essen nieder, wenn es aus dem Magen aufsteigen will!“ Ich nahm einen Schluck des scharfen und brennenden Wacholderschnapses, und die rieselnde Wärme in meinem

Innern gab mir Kraft. Noch einmal blickte ich um mich, ob ich dem Kommenden nicht entrinnen könne, aber es war unmöglich, sich durch diesen Wall von Menschenleibern zu zwängen. Eine Mauer war um mich, die niemand hätte durchdringen können.

So mußte ich der Hinrichtung aller sechs Verurteilten beiwohnen, und jedesmal, wenn das lederne Klatschen des fallenden Messer ertönte, erbebte ich vom Kopf bis zu den Füßen. Der kalte Schweiß brach mir aus, und meine Beine zitterten heftig.

Als letzter aus der Schar, nach der alten Dame, die still und ohne jede Bewegung gestorben war, kam der Offizier vom Regiment Flandern dran, das dem König am längsten treu geblieben war. Er stellte sich selbst an das Brett. Während die Henkersknechte behende die blutnassen Riemen um seinen Körper schnallten, sah er dem Blutmenschen mit zornblitzenden Augen ins Gesicht und sagte laut und deutlich: „Wage es nicht, mit deinen Pfoten meinen Kopf hochzuhalten, rotborstiges Schwein!“ Aber der Henker schürzte nur die wulstigen Lippen, wartete das Umkippen des Brettes und das Einklammern des Halses in das durch die zwei Halbkreise der Doppelbrettchen gebildete Loch ab, ließ das Beil fallen, daß die zwei Blutbrunnen aus dem Halsstumpf sprangen, und griff in den Korb.

Aber augenblicklich zog er mit einem grunzenden Schmerzensschrei die Hand aus dem Geflecht und schleuderte den Zeigefinger rasch in der Luft hin und her, als ob er glühendes Eisen berührt hätte. In sinnloser Wut stieß er mehrmals mit den Füßen gegen den Korb, daß der abgetrennte Kopf darin aufhüpfte und sprang. Dann barg er den Finger der Rechten in der geballten linken Hand und stieß einen lästerlichen Fluch aus.

„Der Aristokrat hat ihn in den Finger gebissen!“ schrie der Mann mit dem Schurzfell. „Sie sind nicht so leicht umzubringen, diese Hochmütigen!“

Da mußte ich, wie wenn vom Himmel helles Licht mich beschiene, an Isa Bektschi denken und an das Gleichnis vom geköpften Übeltäter, der seinen letzten starken Willen mit einer ähnlichen Rache vertan und ausgespielt hatte.

Indessen sprang einer der Knechte, ein keck aussehender schwarzer Mensch, zum Korb, sah hinein, worüber die Umstehenden lachen mußten, und hob, mit zwei Fingern Haare fassend, den Kopf heraus. Die Augen des Toten sahen halbgeschlossen, verächtlich auf die gaffende Menge, und über sein Kinn rann ein dünner, roter Streifen – –

Fluchend kletterte der Rothaarige vom Gerüst.

In tiefster Seele verstand ich das Bemühen der Priester, ihnen selbst vielleicht nicht ganz faßbar, obschon sie es eifrig an den Tag legten, mit dem sie Sterbende ermahnten, alle Gedanken nur auf die ewige Seligkeit, auf das Bereuen der Sünden und das Weiterleben in Gott zu richten, alle Rachegedanken und irdischen Wünsche von sich zu tun. Welche unermeßliche Weisheit lag in diesem Brauche verborgen, welche Verheißung und welch ein Trost! Ein unbeschreiblich freudiges Bewußtsein der Erkenntnis durchglühte mich, als ich solches dachte, und fast bedauerte ich es, daß nicht auch mein eigener Weg hier geendet hatte.

Da es nun nichts mehr zu sehen gab, lockerte sich allgemach die Menge und strömte ab, verlor sich in den Seitenstraßen. Die Fenster schlossen sich, und die zwei Helfer erschienen mit Wasserkübeln und einem Karren, auf dem sie die sterblichen Reste der Hingerichteten in roher Weise verluden.

Ich stand noch immer wie gebannt in Gedanken an Isa Bektschis Worte, die er zu mir gesprochen, als ich krank im Spukzimmer auf Krottenriede lag, als ich fühlte, daß mich jemand ansah.

Als ich mich rasch umdrehte, begegneten meine Blicke denen eines noch jungen Mannes mit bräunlichem Gesicht von regelmäßigem Schnitt und dunklen Augen, aus denen mir eine außergewöhnliche Willenskraft entgegenblitzte. Eine große Gewalt ging von diesem Blicke aus, die mit der seltsamen, strengen Schönheit des Gesichtes und dem herben Munde harmonierten. Trotz der Kleinheit seines Körpers lag in seiner ganzen Haltung etwas Achtunggebietendes und Zwingendes, dem man sich schwer entziehen konnte. So fesselte mich seine Erscheinung im höchsten Grade. Er trug eine mir unbekannte, sehr einfache Uniform und hatte die Arme über der Brust gekreuzt.

„Sie sind ein Fremder?“ redete er mich an und lächelte kaum merklich.

„Ich bin ein Deutscher“, antwortete ich ihm.

„Ah, ein Deutscher!“ Er nickte kurz mit dem Kopfe.

„Ein treffliches Volk, klug, kriegerisch und dabei gehorsam. Ausgezeichnete Soldaten. Sie haben diese Hinrichtungen mit angesehen, mein Herr?“

Trotz der Gefahr, in die mich solche Offenherzigkeit bringen konnte, verhehlte ich ihm nicht meinen Abscheu.

„Ja, ja“, lächelte er düster „Sie müssen beim Anblick dieser Bestien eine vortreffliche Meinung von der französischen Nation bekommen haben. Aber das tut nichts. Dieses Volk ist gut. Nur hat es gegenwärtig das Fieber. Man wird es kurieren, es ein wenig zur Ader lassen –“

Ich zögerte, ihm zu antworten, obschon sich keine Zuhörer in der Nähe befanden. Denn mir war es wohl bekannt, daß der sogenannte Wohlfahrtsausschuß zahlreiche Agenten unterhielt, deren Aufgabe es war, auf die Reden des Volkes zu achten und Unzufriedene zu Äußerungen zu veranlassen, deren Wiedergabe das Mittel zu ihrer Unschädlichmachung bot. Aber gleich darauf schämte ich mich eines Verdachts, über den dieser Mann sicherlich erhąben war. Soweit meine Menschenkenntnis reichte, las ich in diesem Antlitz allerdings Rücksichtslosigkeit, unbeugsamen Willen, die Kraft, unliebsame Hindernisse mit Gewalt aus dem Wege zu räumen. Vielleicht war der kleine Mann mit dem harten Munde einer gigantischen Niedertracht fähig, wenn seine gewiß ungewöhnlichen Pläne es erforderten, kaum aber einer kleinlichen Handlung gegen jemanden, dessen Pfade die seinen nicht kreuzten. All dies las ich in dem finsteren Abgrund seiner Augen, aus dem der Funke eines Genius leuchtete.

„Ich beklage es“, sagte ich zu ihm, „daß Blutgier und Rachsucht das Gewand der Freiheitsgöttin besudeln und daß es gerade die häßlichsten Triebe sind, die beim Zerfall einer festgefügten Ordnung am auffallendsten in Erscheinung treten. So geschieht es mir, daß das, was mir aus räumlicher Entfernung groß und erhaben zu sein deuchte, in der Nähe erschreckend und aller Größe bar sich zeigt. Die Freiheit eines Volkes – –“

„Ach was, Freiheit!“ unterbrach er mich. „Das sind alberne Redensarten. Das Volk braucht keine Freiheit, sondern die feste Hand eines Führers. Jahrhunderte werden vergehen, bevor das Volk für Ideale reif sein wird, für die haltlose Schwärmer schon jetzt die Zeit gekommen glauben. Es schadet aber nicht viel. Die Köpfe, die jetzt fallen, sind bis auf wenige, deren Verlust beklagenswert ist, nicht viel wert, und das

Gesindel amüsiert sich einstweilen auf seine Art. Dennoch, mein Herr Deutscher, sage ich Ihnen, daß sich mit diesem sehr wertvollen, feurigen und leicht zu behandelnden Material die Welt erobern läßt, wenn es in die richtige Hand kommt. Aus diesen lausigen, johlenden, abgerissenen Burschen läßt sich ein Heer von Helden aufstellen, wie seinesgleichen noch nicht den Boden gestampft hat. Dem ungeheuren, seiner Kraft unbewußten Leibe fehlt nur das Haupt, um ihn unüberwindlich zu machen."

„Gewißlich sitzt auch dieser Kopf auf sterblichen Schultern", entgegnete ich. „Und es ist gegenwärtig, wie Sie wissen, eine schlechte Zeit für Köpfe."

Wieder verzogen sich die Lippen des Mannes zu einem fast unmerklichen Lächeln.

„Ich habe guten Grund, zu hoffen, daß der Kopf, den ich meine, nicht in Samsons Korb fällt", sagte er.

Langsam gingen wir in die Richtung einer Seitengasse. Wildes, lang gezogenes Schreien und Jammern einer Frauenstimme, das aus einem alten Hause kam, ließ mich stehenbleiben. Als wir näher kamen, sahen wir im dunklen Flur ein junges Weib in Kindsnöten auf dem Ziegelpflaster liegen. Unter ihren Schmerzen drängte neues Leben dem Lichte zu. Nachbarinnen mühten sich um die Kreißende, und eine alte Frau hieß uns unwillig weitergehen.

„Die dicke Margot bekommt wieder ein Junges! Alle Jahre bringt sie ein Ferkel zur Welt!" schrie ein Gassenjunge und tanzte auf einem Fuße, entzückt, bei diesem Ereignis anwesend sein zu können

Der Offizier packte den Jungen am Arm, drehte ihn zu sich her, sah ihm mit einem furchtbaren Blick ins Gesicht und sagte:

„Weshalb freust du dich, Kretin? Etwa, weil dein Ersatzmann geboren wird? Er wird deinen Platz im Regiment einnehmen, wenn man dich nach der Schlacht im Lehm verscharrt!"

Ich sah den Burschen unter dem eisigen Blick meines Begleiters erblassen, als hätte er das Haupt der Medusa gesehen. Kreischend und mit den Armen um sich schlagend, lief er die Gasse hinunter.

Ich sah ihm nach.

Als ich mich umwandte, war der Offizier verschwunden.

Ich war nach diesem Tage nicht mehr oft auf die Straße gegangen. Nachts hörte ich mehrmals Pochen von Gewehrkolben an den Haustüren, das wilde Weinen von Frauen und die entsetzten Einwände plötzlich Verhafteter, die man aus den Betten geholt hatte.

Mein einsiedlerisches Verhalten trug mir merkbar das Mißtrauen der Hausbewohner ein. Dennoch war es mir die schwerste Überwindung, die Straßen zu betreten, in denen man fast nur betrunkenem Pöbel und zudringlichen Weibern begegnete. Man wurde angebettelt, auf jede Art behelligt, grundlos beschimpft und verdächtigt.

Aber an diesem Frühherbsttage herrschte eine so beklemmende Schwüle, daß mir der Aufenthalt in meinem hochgelegenen Zimmer ganz unleidlich wurde. Ich wählte mein unscheinbarstes Gewand, den braunen, bereits schadhaften Reiseanzug, einen vom Regen mitgenommenen einfachen Hut und einen derben Stock, um mich möglichst wenig von denen zu unterscheiden, die in den Straßen das große Wort führten. Das Haar trug ich nicht mehr frisiert und gepudert, sondern nach der neuen Mode auf die Schultern fallend.

Auch heute waren die Straßen voll von schreienden und teilweise bewaffneten Pöbelhaufen. Rekruten gingen, mit Schleifen und Bändern geschmückt, an die bedrohten Grenzen ab, und die Erregung der ersten Septembertage hatte sich noch gesteigert.

Besonders in der Nähe des Gefängnisses von La Force schien sich aller Abschaum von Saint-Antoine und anderen Vorstädten angesammelt zu haben. Je näher ich der kleinen Pforte des Gefängnisses kam, desto wilder schwoll das Toben, Singen und Schreien an. Zerlumpte Sanskulotten standen hier, mit Piken und rostigen Säbeln bewaffnet, in dichten Haufen beisammen und warteten augenscheinlich auf etwas Besonderes. Ein widerlich Verwachsener, dem über das linke Auge eine hahnenkammartige violette Geschwulst herunterhing, schlich, wie ich deutlich beobachten konnte, von einer Menschengruppe zur anderen und sprach überall ein paar Worte, die mit ohrenzerreißendem Geheul aufgenommen wurden. Absichtlich stellte ich mich in die Nähe eines solchen Zusammenlaufs, in dessen Mitte eine Furie mit fliegenden Haarsträhnen ein Schlächterbeil schwang, und mühte mich zu erlauschen, was das Volk so erregte. Die schiefe Mißgeburt stelzte auch, kaum daß ich hinzugekommen war, auf die Gruppe los und wisperte:

„Bürger, wenn ihr die Aristokratin, die binnen kurzem aus dieser Gefängnistüre kommen wird, noch einmal nach England entwischen laßt, wird sie euch den dicken Capet und die Österreicherin vor der Nase entführen. Nieder deshalb mit der Intendantin der österreichischen Hure! Nieder mit der Lamballe!“ Zustimmendes Geschrei verkündete, daß man mit ihm eines Sinnes und nicht gewillt war, die Prinzessin Lamballe, von der zur Zeit viel gesprochen wurde, entkommen zu lassen.

„Genug des Schwätzens, du mit deinem Veilchen auf dem Auge!“ rief ein klapperdürrer Mensch. „Wir wollen uns aus ihren Gedärmen Kokarden drehen, wenn sie uns unter die Hände gerät.“

„Mich laßt, mich!“ schrie heiser ein Wolfsgesicht mit ungeheuren Kiefern und niedriger Stirne. „Ihr seid alle nichts wert, bekommt es mit dem Mitleid, wenn sie das Lärvchen verzieht –“

„He, dein Herz ist wohl von Stein und hat eiserne Adern, Ruder-Mathieu?“ lachte eine schlampige Frauensperson und stieß den Mann in die Seite.

„Willst du Louis Capets Souvenir sehen, du Pflastertreterin?“ bellte der Kerl und reckte ein von blauroten Narbenringen umgebenes Handgelenk auf. „Ich habe sein Armband sechs Jahre lang getragen, hier und auf dem Hinterfuße – meinst du, so was macht Zuckerpüppchen aus den Menschen?“

Schnapsgeruch, Gestank von alten Kleidern, der Rauch schlechten Tabaks umwehten mich bei dem brüllenden Lachen, das sich erhob.

„Frauenmörder. Durch die Gnade des Königs dem Tode entronnen“, sagte leise eine Stimme an meinem Ohr. „Sehen Sie sich das Vieh an, die Stirne, die dicken Augenbogen, das Gebiß –“

„Was hast du zu flüstern, alter Fischkopf?“ Der Galeerensträfling schüttelte die Faust gegen den Menschen neben mir. Ein kleiner, gebückter Mann tauchte rasch in der Menge unter.

„Heraus mit der Lamballe! Die Intendantin wollen wir! Schlagt die Tür ein! Wir wollen sie uns genau besehen, hinten und vorne, gerade so wie ihre Liebhaber!“

„Die Richter da drinnen schlafen“, krähte die Mißgestalt mit dem Gesichtsauswuchs. „Wir wollen sie aufwecken!“

„Heraus mit ihr! Macht flinker, ihr Eselsköpfe da drinnen! Gebt sie uns!“

In dem Toben und Drängen der aufs höchste erhitzten Masse, inmitten von geschwungenen Säbeln, Messern und Lanzen stand ich und blickte wie gelähmt auf die Türe. Ich hatte Furcht; eine fressende Angst erfaßte mich, zerdrückte mich förmlich. Es war ein unbeschreiblich schreckliches Gefühl, ein Gefühl, auf dessen dunklem Grunde das Wissen verborgen war. Ich wußte, was unaufhaltsam kommen mußte, als hätte ich das alles schon erlebt. Ein bartloses, freches Gesicht tauchte in meinem Innern auf, eine fliehende Stirn mit Geschwüren besät, unter sandfarbigem Stoppelhaar. Ich sah mich um und blickte sogleich mitten in das Gesicht, das in meiner Vorstellungswelt bereits existierte. Aber ich wehrte mich dagegen, immer wieder gelang es mir, die aus meinem Innern kommende Gewißheit zurückzudrängen, ohne daß mich diese Kraftanstrengung des Willens von dem Bewußtsein befreit hätte, daß ich jeden Augenblick, Schlag auf Schlag, hätte sagen können, was nun geschehen würde. Wie Traum im Traume war dies alles und doch von schauderhafter Körperlichkeit.

Im Gefängnis mußten sie längst das Geheul der irrsinnigen Menge vernommen haben, denn mehrmals zeigten sich an den Fenstern des ersten Stockwerks forschende und spähende Gesichter. Aber bald folgten dem eigensinnigen Schreien der Masse Taten; Axthiebe krachten donnernd gegen die kleine, schwere Tür, eine staubige Scheibe splitterte unter den Steinwürfen. Hierauf öffnete sich oben ein Fenster, ein schläfriges Gesicht mit halbgeschlossenen Augen und Hängebacken erschien, lächelte und nickte dem Volke Gewährung zu, worauf sich das Schreien bis zum Wahnsinn verstärkte.

Nur einen Augenblick lang waren meine Augen an einem altersgrauen Relief an der Wand hängengeblieben, als ein orkanartiges Aufheulen von vielen tausend Stimmen über mich dahinging. Die Fenster von La Force zitterten. Die kleine Tür ging auf –

In dem steinernen Rahmen stand leichenblaß, hochaufgerichtet, ein verzerrtes Lächeln der Todesangst im schönen Gesichte, die kleinen Hände wie flehend erhoben, eine junge Frau –

„Aglaja!" schrie ich auf. Sie war es. Aglaja.

Meine Geliebte, entglitten ins Schattenreich, aufgeweckt aus tiefem Schlaf durch das Brüllen gereizter Tiere – – –

Da stand sie, bedroht von Verrückten, Mördern, von rostigen Waffen, Steinen, Knütteln – .

Ich schrie, schrie –

Ihre blendende Stirn öffnete sich in einem roten, klaffenden Riß, weit taten sich die Augen auf – aus dem hellen Brokat des Mieders ragte plötzlich ein schmieriger, hölzerner Lanzenschaft – Seide riß mit hohem Sausen – – ein kleiner, klagender Schrei – – wie ein Vogelruf.

Flammen fielen vom Himmel, zuckten aus der Erde auf, umhüllten mich.

Ich stieß und schleuderte Menschen auf Menschen, schmetterte meinen Stock in ein Gesicht, hieb meine Faust in ein schreiendes Maul, schluchzte, schrie – trat mit den Füßen, erfaßte den Griff eines Säbels, schlug zu, daß es spritzte, spie und brüllte lauter als die Tausende – –

Mein Blick sog sich fest an einem zuckenden, weißen, mit Blutrosen geschmückten Leib, an rauchenden, roten Lachen – ich sah, wie eine dunkle Hand an etwas Langem, Blaßrosigem zerrte, ein nackter schwarzer Fuß nach einer zitternden Frauenbrust trat – – –

Ein dröhnender Hieb traf meinen Kopf.

Ich fiel. Ich versuchte, mich auf den Knien aufzurichten. Teufelsfratzen wieherten rings um mich, in einem breiten Maul standen grünliche Stumpen. In der Höhlung zweier großer Hände, dicht vor meinem Gesicht, bewegte sich zuckend ein blutiges Stück Fleisch, glänzend rot, furchtbar anzusehen – ein pochendes Herz – Ich fiel auf mein Angesicht nieder. In einem überirdischen Brausen verging die Welt.

Das Gefängnis, in dem ich mich befand, war ein alter Kohlenkeller und empfing durch die nie gereinigten kleinen Fenster nur schwaches Licht. Die Gitterstangen vor den Scheiben waren dick mit Straßenkot überzogen, und der gelbliche Schein ließ den Hintergrund in völliger Dämmerung.

Es dauerte geraume Zeit, bis der dumpfe Schmerz in meinem Kopfe so weit nachließ, daß ich mich in diesem unterirdischen Raume umsehen konnte. Immer wieder befühlte ich tastend die schmerzende Geschwulst an meinem Hinterhaupt, die ein furchtbarer Hieb zurückgelassen hatte, und wiederholt versuchte ich, meinen zerrissenen und mit Straßenkot und Blut bedeckten Anzug notdürftig zu reinigen. Mein Aussehen war mir schon deshalb nicht gleichgültig, weil mehrere Damen anwesend waren, Man hatte ihnen den größten Teil der schmutzigen Holzpritschen eingeräumt, und einige der mitgefangenen Herren, die im Augenblick der Verhaftung einen Überrock besaßen, hatten sich dieses Kleidungsstückes entäußert, um auf solche Weise Decken und Bettzeug halbwegs zu ersetzen.

„Darf ich Sie um Ihren Namen bitten, mein Herr?“ wandte sich ein großgewachsener, tadellos gekleideter Herr in ponceaurotem Rock an mich. „Damit ich Sie vorstellen kann, wenn es Ihnen gefällig ist.“

Ich nannte mich und wurde hierauf vom Vicomte de la Tour d’Aury den übrigen Gefangenen in aller Form vorgestellt. Man sprach mir in liebenswürdiger Weise das Bedauern aus, meine so wünschenswerte Bekanntschaft bei so betrüblicher Gelegenheit machen zu müssen. Ich sei leider um etliche Jahre zu spät nach Paris gekommen, meinte eine sehr hübsche Dame mit Schönheitspflästerchen im weiß-rosigen Gesicht, und es sei mehr als beklagenswert, daß ich unter den jetzigen Verhältnissen eine vollkommen falsche Vorstellung von französischer Lebensart gewinnen müsse.

Ich erwiderte mit einer Verbeugung, daß es auf den Rahmen wohl nicht so sehr ankomme, in dem sich Menschen finden, und daß ich schon in den wenigen Augenblicken so vieler angenehmer Bekanntschaften überreichlich mit ritterlichen Aufmerksamkeiten von seiten meiner zufälligen Schicksalsgenossen überschüttet worden sei. Nach der Ursache meiner Festnahme gefragt, konnte ich es nicht vermeiden, die Ermordung der armen Prinzessin Lamballe in schonendster Form zu schildern. Die Damen brachen sogleich in Tränen aus, und mehrere Herren äußerten mit geballten Fäusten den glühenden Wunsch nach beispielloser Rache. Allen aber schien der plötzliche Tod der schönen Frau, auf deren Tatkraft sie große Hoffnungen gesetzt hatten, einen schweren Schlag zu bedeuten, der einen großen Teil ihrer heimlich gehegten Erwartungen zunichte machte. Nun richteten sich aller Wünsche auf eine furchtbare und blutige Vergeltung, indes ein, zwei Stockwerke höher sicherlich beschlossen wurde, die Köpfe, in denen solche Pläne gediehen, in Samsons Weidenkorb zu senden.

Die ungeheure seelische Erschütterung, in die mich die Ähnlichkeit der getöteten Prinzessin mit der immer wieder in die Schatten der Ewigkeit fliehenden, geliebten Frauengestalt versetzt hatte, machte in diesem Gefängnis einem Gefühl trostloser Leere Platz. Und heimlich blühte in mir wie bleicher Asphodelos das Verlangen auf, dem geliebten Bild, das mir in allerlei Gestalten sich näherte, um mich zerflatternd wieder allein zu lassen, in das unerforschte Reich nachzufolgen, in dem seine ewige Heimat war. Ohne jede Erregung dachte ich an die Wahrscheinlichkeit meines Endes. Der Zeiger auf meiner Taschenuhr, die ich mit zerbrochenem Glase in meiner Weste fand, maß mir die letzten Stunden meines Lebens im Kreise der Ziffern vor. Ich sah lange die arabischen Zahlen auf der weißen, mit einem Kranz fröhlicher Rosen geschmückten Scheibe des Zifferblatts an und dachte, daß bei einem der sechzig Striche oder zwischen zweien von ihnen ein schneidender, kurzer Schmerz meinen Hals durchfliegen und mein Denken erlöschen machen würde. Mit unerhörter Deutlichkeit sah ich mich als kopflosen Rumpf in diesem übel zugerichteten braunen Habit auf dem Brette liegen und zucken, mit zwei stoßweise springenden Blutfontänen an Stelle des Kopfes, und diesen in den Korb des Henkers kullern. So ruhig betrachtete ich dieses schaudervolle Eigenbild, als ginge mich die Sache eigentlich gar nichts an.

Die Sucht der Damen nach Unterhaltung auch im jetzigen Aufenthaltsort entriß mich bald diesem Versinken, und ich war genötigt, vielerlei Fragen zu beantworten, die sich auf mein früheres Leben, auf meine Familie und auf etwaige Abenteuer in Paris bezogen. Mit graziöser Leichtfertigkeit wurden Dinge berührt, von denen ich schon lange nicht mehr zu sprechen gewohnt und deren Schilderung mir peinlich war. Aber ich sah bald, daß das Interesse der Frauen nicht so eindringlich war, wie man der Fragestellung und dem anmutigen Eifer hätte entnehmen müssen. Alles, was hier getan und geredet wurde, hatte in Wahrheit nur den einzigen Zweck, die düsteren und hoffnungsleeren Tage, die vor dem traurigen Ende lagen, auf möglichst ablenkende und unterhaltende Art zu verbringen. Einige Herren bekleideten das Amt des *Maitre de plaisir* und boten sogleich, wenn jemand sich in nachdenkliches Schweigen hüllte, alles auf, um die ansteckende Betrübnis zu zerstreuen. Man tanzte Menuett und Gavotte, übte die fast verschollene Pavane, sang, arrangierte Pfänderspiele und Blindekuh, musizierte ein wenig und überbot sich in pikanten Anekdoten und Scherzfragen. Diese Art, über die langsam kriechende Zeit hinwegzukommen, sagte mir in meiner ernsten Stimmung wenig zu, doch fügte ich mich auch in dieses. Noch unangenehmer waren mir die Sehnsuchtsergüsse eines jungen Grafen, der mit vielen Seufzern des Bedauerns der Zeit gedachte, in der einer seiner vornehmen Verwandten in der Normandie zum Zeitvertreib mit der Kugelbüchse einen Dachdecker vom Schloßturm heruntergeschossen hatte. Ein anderer Herr, der eines Geistes mit ihm zu sein schien, rühmte die Herrlichkeit der Tage, in denen ein Mitglied seiner Familie von Ludwig dem Dreizehnten bei einem mehr als heiteren Gelage das Privilegium erhalten habe, jedesmal, wenn ihn nach der Jagd an den Füßen fröre, zwei Bauern an Ort und Stelle den Leib aufschneiden zu dürfen, um die kalten Füße darin zu wärmen.

Bei solchen Reden wußte ich nicht, was ich mehr bestaunen sollte: die Verblendung von Menschen, die ein Bestehen derartiger Zustände auch nur für möglich hielten, oder die unsagbare Geduld des Volkes, das solchen Oberen untertan geblieben war bis zum Äußersten, dem Wegnehmen des letzten Stückes Brot. Trotz meines Abscheus gegen die Bestien der Straße ward es mir neuerlich offenbar, daß sich in diesem Land unter entsetzlichen Krämpfen und nach Gesetzen, die nur Gott kannte, eine Notwendigkeit vollzog, die nichts anderes war als die Wirkung der Ursachen, um welche diese zwei Gedankenlosen noch trauerten. Die zarten Frauen in diesem Kerker, die Greise, unter denen sich der wegen seiner ungemeinen Wohltätigkeit bekannte Graf Merignot befand, taten mir größtenteils von ganzem Herzen leid. Aber unter ihnen waren auch solche, die für alle nicht adelig geborenen Menschen nichts übrig hatten als dünkelhafte Geringschätzung und freche Verachtung, die weder von den Wissenschaften noch von den Künsten, soweit sie nicht im Dienst ihrer schwelgerischen und galanten Bedürfnisse standen, irgend etwas hielten; ihr Schicksal war nicht ungerecht zu nennen. Und es ward mir seltsam feierlich und eigen zumute, als ich an der Wand, mit Rötel geschrieben, die Worte entdeckte: „Gezählt, gewogen und zu leicht befunden."

In den späten Nachmittagsstunden, wenn der Raum immer lichtloser, die Umrisse aller Dinge verschwommener wurden und nur in einer Ecke ein Kerzenstümpfchen brannte, verstummten allmählich Lachen und Sprechen. Mehrere, die miteinander vertraut zu sein schienen, besprachen flüsternd allerlei, was nicht für die Allgemeinheit bestimmt war. Das elende Essen in den unsauberen Schalen, die zwei Schließer auf einem Brett hereintrugen, war, insoweit es beachtet wurde, rasch hinuntergewürgt, und die leeren Gefäße wurden so, wie sie gekommen waren, wieder fortgeschafft. Danach streckten sich viele mit Seufzern auf den Pritschen oder auf dem Ziegelboden aus, um in die Freiheit der Träume zu flüchten, und wieder andere bewegten, Gebete wispernd, die Lippen und ließen die Perlen der mitgebrachten Rosenkränze durch die Finger gleiten.

Ich hatte mich, ermüdet und mit noch immer schmerzendem Kopf, abseits gesetzt und versuchte, durch Streichen mit den Fingerspitzen die Geschwulst zu verkleinern, die der Schlag hinterlassen hatte, von dessen Wucht ich gestürzt war. Da löste sich aus den im Zwielicht unkenntlich geballten Gruppen ein Mann, der in der Hand einen Schemel trug und sich flugs auf diesem zu mir setzte.

„Ich möchte, auf die Gefahr hin, Sie in etwaigen Meditationen zu stören, mit Ihrer gütigen Erlaubnis einige ernstere Fragen an Sie stellen, an deren Beantwortung mir sehr viel gelegen ist."

Mit leisem Unwillen suchte ich die Gesichtszüge des Störers zu erkennen. Aber ich konnte nur feststellen, daß er nicht mehr jung war und weißleuchtende, sehr schmale Hände um die Knie gefaltet hielt.

„Ich stehe gerne zu Ihren Diensten", sagte ich leise, um nicht die immer tiefer werdende Ruhe zu stören.

Der Unbekannte rückte mit seinem Schemel dicht neben mich und flüsterte, wie es mir schien, in einiger Aufgeregtheit:

„Alle, die wir hier sind, dürften, soweit menschliche Berechnung zutrifft, in einigen Tagen dem Tode verfallen und verschrieben sein. In der Gewißheit, daß unser ohnehin in die Vernichtung mündendes Leben nun rascher abgeschlossen wird, als es die Natur verlangt, liegt für mich nichts Erschreckendes. Eine andere Frage beunruhigt mich, mein Herr. Was geschieht, wenn die Lebensbahn, die vom Gehirn in die entferntesten und kleinsten Teile des Körpers führt, vom Beile durchgeschnitten wird?"

„Jeder Arzt kann es Ihnen sagen", gab ich ihm zur Antwort „Es tritt das ein, was wir Tod nennen."

„Was wir so nennen!" zischelte der Fremde nahe bei mir. „Aber haben Sie noch nie gehört, daß die abgetrennten Köpfe noch lebendig sind? Wissen Sie, daß sie die Augen bewegen, die Haare sträuben, die Wände des Korbes zernagen können? Daß sie in die Richtung des Rufers blicken, wenn ihr Name erschallt, und deutlich erkennbare Worte mit den Lippen formen, wenn man sie fragt? Wie? Kommen Sie mir, Hochgeschätzter, nicht etwa mit dem Frosch des Doktors Galvani. Hier handelt es sich um Denkfähigkeit, Bewußtsein – – –"

„Das Problem ist müßig in einem höheren Sinne", sagte ich, „selbst wenn wir annehmen, daß der abgeschnittene Kopf noch denkt und zu handeln versucht, so dauert dies infolge mangelnder Blutzufuhr nur wenige Sekunden. Dann ist eben doch der Stillstand da." Der Mann rutschte mit seinem Schemel noch näher.

„Gut, gut", sagte er aufgeregt. „Lassen wir das. Es ist in der Tat von geringer Wichtigkeit. Was aber ist der Tod? Ist es der Tod des Leibes und die Freiheit der Seele, oder sind Leib und Seele so sehr eins, daß eines mit dem andern stirbt? Können Sie mir eine tröstende Antwort geben?"

Wie eine flehentliche Bitte klangen die letzten Worte. Es war ganz stille geworden in unserem Kerker, und man hörte nichts als das Aufstampfen der Schildwache vor den Fenstern und ein feines, leises Pfeifen – den Atem der Schläfer.

„Da Ihnen an der Meinung eines Fremden etwas zu liegen scheint, will ich Ihnen antworten. Nun denn, mein geehrter Herr, ich glaube, daß nach dem Tode die Seele des Körpers ledig ist und in das ewige Leben, aus dem sie stammt, zurückkehrt", sagte ich mit gedämpfter Stimme.

Er schüttelte heftig den Kopf.

„Mit solchen Reden arbeiten die Priester aller Glaubensbekenntnisse. Niemand kann sich das vorstellen, was Sie da sagen. Was soll das heißen: in die Ewigkeit wiederkehren? Ohne den kunstvollen Apparat des Gehirns ist die Seele unfähig, sich zu äußern. Was wird aus ihr? Ein Luftwirbel, eine Rauchwolke, ein durchsichtiger Äther? Wo kommt sie her?“

„Sie kommt in ein neues Gefäß.“ Mir war es, als spräche jemand anderer aus mir. Nie hatte ich diesen Gedanken gedacht, und doch war er jetzt da, als hätte ich ihn von jeher in mir getragen.

Der andere lachte unwillig auf.

„In ein neues Gefäß, also einen neuen Leib! Hier steckt schon das Absurde. Die Zahl der Abgeschiedenen ist so groß, daß nicht einmal ein Tausendstel von ihnen eine neue Wohnung finden kann.“

Ich horchte auf die innere Stimme

„Wer das Bewußtsein seiner irdischen Existenz über den Tod hinaus bewahren kann, wird in einem Menschenleibe wiedergeboren. Das ist mein Glaube.“

.,Und wenn es gelänge – wie oft müßte Ihrer Ansicht nach eine solche Wiederkunft stattfinden?“

„So oft, bis die Seele geläutert ist“, antwortete ich bewegt.

„Und dann?“

„Dann ruht die Seele bewußt in Gott.“

Der Mann schlug mit der Faust auf seine Knie.

„Immer die alten Geschichten! Geläutert! Rein! Und der Haß? Die brennende Gier nach Rache, die Wut über das Ende hinaus, die Hoffnung, tausendfach vergelten zu können?“

„Dies alles sind Unreinheiten, die abfallen müssen“, sprach ich meiner inneren Stimme nach. „In der Läuterung des Fegefeuers –“

„Fegefeuer?“ schrie er auf. „Sie reden wie ein katholischer Priester. – Wo soll es denn sein, dieses famose Fegefeuer?“

„Hier, das Leben ist es. Das Leben in Menschengestalt oder –“

„Oder?!“

„Oder in einem Tierleib“, sagte ich und sah im Geiste, wie aus den häßlichen Kugelaugen des Papageis Tränen rannen.

„Aber das sind Theorien. Ich will Gewißheit –“, verlangte mein später Gesellschafter hartnäckig.

„Es gibt nur eine Gewißheit: die des Gefühls. Den Glauben also, mein Herr.“

Ich war es, der so sprach.

„Märchen, mein Herr, Märchen. Ich will es Ihnen sagen, was nach dem Tode ist: nichts ist. Und das ist das Entsetzliche, dieses Ausgelöschtsein. Nie gewesen sein! Grauenhaft ist es. Und daran brauche ich nicht zu glauben. Das weiß ich.“

„Es tut mir leid, daß ich Ihnen nicht mehr Trost bringen konnte“, sagte ich und war von heftigem Mitleid ergriffen.

„Es ist meine Schuld“, verteidigte er mich höflich. „Vor einigen Tagen sprach ich mit dem Abbé Gautier, bevor er hingerichtet wurde. Ein alter Mann mit weißem Haar, ein würdiger Priester. Er mühte sich um einen buckligen Quacksalber, der wegen gemeiner Verbrechen verurteilt war, und wies ihn an die unendliche, ewige Güte Gottes. Aber der Italiener mit dem Höcker wollte nichts hören und schrie immerzu: ‚Niente! – Finito – nulla. Nix immortalita – o Dio, Dio!“

„Warum rief er dann Gott an?“ fragte ich.

„Aus Gewohnheit wohl nur. Dieser brave Abbé Gautier sagte ungefähr dasselbe wie Sie. Ich beneide ihn und Sie. Schlafen Sie wohl!“

Er schlich mit seinem Schemel in eine dunkle Ecke. Ich hörte ihn tief aufseufzen.

Ein Schlüsselbund klirrte. Die eiserne Tür ging knarrend auf. Die Schläfer ächzten unwillig, drehten sich um, murmelten unverständliche Worte.

Ein Schließer, der eine große, trüb brennende Laterne trug, trat ein, von einem Kommissar mit dreifarbiger Schärpe gefolgt. Sorgfältig prüfte er noch einmal das Papier, das der Beamte ihm gereicht hatte, und rief dann halblaut:

„Bürger Dronte!“

Ich stand auf und sah, wie der Kommissar eine heftige Bewegung der Überraschung oder der Freude machte. Er nahm dem Aufseher die Laterne aus der Hand, bedeutete ihm durch eine Bewegung, an der Tür stehenzubleiben, und kam rasch auf mich zu.

„Ich bin der Kommissar Cordeau!“ sagte er hastig und leise.

Der Magister Hemmetschnur war es, den ich von Krottenriede mitgenommen.

„Ich kann nur eine Minute lang bleiben“, leierte er mit eintöniger, gleichgültiger Stimme hervor, während die Laterne in seiner Hand klirrte und zitterte. „Ich war in allen Gefängnissen, als ich Ihren Namen auf der Liste fand. Dies ist das letzte. Ich weiß alles. So viele der verfluchten Aristokraten ich auch in den Orkus gesendet habe, so möchte ich doch auf der Stelle wieder der armselige Hemmetschnur auf Krottenriede werden, könnte ich damit Ihr edles, mir so teures Leben retten. Bewegen Sie sich nicht, sprechen Sie nichts. In jedem Kerker sind Spione, auch hier. Ich habe mit dem Vorsitzenden Ihres Tribunals gesprochen. Die Anklage ist falsch. Es war Ihnen nicht darum zu tun, die Lamballe zu befreien, sondern Sie wollten als treuer Anhänger der Republik das unwissende Volk von einer voreiligen Tat abhalten, durch die das Entdecken und Erforschen der gefährlichen Pläne, an denen die Prinzessin beteiligt war, nun für immer unmöglich geworden sind. Man wird Ihnen glauben. Sie werden sogleich eine wichtige Funktion antreten, die Sie für immer schützt. Bewegen Sie nicht den Kopf. Sie müssen annehmen. Sonst sind Sie verloren. Wenn Sie mich nicht verstanden haben sollten, legen Sie Ihre Hände wie flehend ineinander. Sie tun es nicht? Sie haben also alles begriffen. Jetzt beginnt eine notwendige Komödie. Erschrecken sie nicht vor mir, der ich Ihnen die Hand küssen möchte.“ Und mit lauter Stimme fuhr er zu sprechen fort: „Sie weigern sich also? Sie wollen den Aufenthaltsort des entflohenen Verräters nicht angeben? Gut. Morgen werden Sie vor Ihren Richtern stehen. Vergessen Sie nicht, daß das Bündel der Liktoren auch ein Beil enthält.“ Scheinbar zornig stampfte er auf und winkte dem Schließer. „Bürger Gaspard! Du haftest mir für diesen gefährlichen Menschen!“

Der Schließer leuchtete mir ins Gesicht und grinste:

„Dieser Kopf sitzt lose! Ich verstehe mich auf die Sache, Bürger Kommissar!“

Der Magister schlug ihn lachend auf die Schultern, und beide verließen den Kerker. Die Tür fiel dröhnend zu, der Schlüssel rasselte.

„Francois!“ schalt einer im Schlafe. „Sieh nach, wer von den verfluchten Bauern über den inneren Hof fährt –“

Dann war es still. Die Finsternis tropfte wie Pech herab.

Vor mir im Dunkel sah ich das Antlitz Isa Bektschis. Den gütigen Blick auf mich gerichtet. Die schmale Narbe zwischen den Augenbogen leuchtete wie Morgenröte.

„Ich werde nicht lügen –“, sagte ich vor mich hin.

Ich sah nichts mehr als die schwarze Nacht und streckte mich auf dem dünnen Stroh des Bodens aus, um ein wenig zu ruhen.

Nach dem Frühstück, das uns der Schließer auf seinem Brett hereingebracht hatte, erschien ein Kommissar mit mehreren Soldaten und holte drei von uns, darunter mich, zur Gerichtssitzung.

Eine junge, hübsche Frau, die zumeist still weinend auf einer Pritsche gesessen hatte und von den Damen in meinem Gefängnis wenig beachtet worden war, wurde mit mir und einem großen, sehr hochmütig aussehenden Mann in dunkelblauem, goldgesticktem Rock und weißen Strümpfen abgeführt. Den Namen des Schicksalsgefährten hatte ich bei der Vorstellung gestern nicht verstanden. Aufgefallen war mir nur die Ehrerbietung, mit der die aristokratischen Gefangenen ihn behandelt hatten, und seine nachlässige, herablassende Art, mit der er bald an diesen, bald an jenen ein paar Worte richtete, während er mich kaum bemerkte Hinter diesen zweien, der Frau und dem Hochmütigen, ging ich, allein zwischen zwei Soldaten, die eigens zu meiner Bewachung kommandiert worden waren.

Man führte uns durch eine schmale, entsetzlich schmutzige Gasse, in der allerlei Unrat faulte, bis zu einem alten Hause, über dessen Torbogen die dreifarbige Fahne flatterte. Dann gelangten wir über einen Gang in ein niedriges, sehr großes Zimmer und mußten hinter einer frischgezimmerten, nach frischer Ölfarbe riechenden Schranke stehenbleiben.

Die innere Erhebung, in der ich den gestrigen Abend verbracht hatte, war von mir gewichen. Der Gedanke, daß dieser Tag einer meiner letzten sein sollte, lag schwer wie Blei auf mir und erfüllte mich mit einem dumpfen Schmerz. Selbst die leblosen Gegenstände um mich nahmen eine besondere und ungewohnt gespenstische Form an, und das Licht des frühen Morgens, das durch die schmutzigen Fenster schien, hatte einen geheimnisvoll rötlichen Schein.

Als uns ein Soldat bedeutete, daß wir uns setzen durften, bekam ich den Platz zwischen der jungen, von Zeit zu Zeit heftig aufschluchzenden Frau und dem Herrn im blauen Rock, der mit strenger und unnahbarer Miene vor sich hin blickte, ohne irgend jemanden zu beachten. Dann und wann zog er eine goldene Dose in Gestalt einer Birne aus der Tasche und schnupfte mit äußerst gezierter Bewegung. Vor uns stand erhöht ein schwerer Tisch mit geschnitzten Beinen, auf dem alles zum Schreiben Notwendige aufgestapelt war. An den Wänden räkelten sich bleiche, langhaarige Soldaten, teilweise mit Holzschuhen an den nackten Füßen, und bliesen übelduftenden Tabakrauch aus ihren Kalkpfeifen. Sie änderten nur lässig ihre bequeme Stellung, als ein polternder Trommelwirbel vor der Türe den Eintritt des Revolutionstribunals verkündete.

Wir wurden genötigt, aufzustehen und zu warten, bis sich die Richter an dem großen Tisch niedergelassen hatten. Ich sah mir die Männer an, die sich anmaßten, über die Dauer fremden Lebens zu entscheiden. Der erste am Tische links war ein Handwerker mit schlecht gereinigten, groben Händen, deren Abdruck auf dem Rande seiner roten Mütze zu erkennen war. In der Mitte zwischen ihm und einem beständig hüstelnden, offenbar kränklichen Menschen mit spitzem, graugelbem Gesicht, thronte ein schwarzhaariger, junger Mann von eigenartig frechem, aber nicht unhübschem Aussehen Seine unruhigen, dunklen Augen funkelten unter starken Brauen, und sein langes, sorgsam gesträhltes Haar hing unter dem quergesetzten Zweispitz bis auf die Schultern herab. Die in weißen Hosen und Stulpenstiefeln steckenden Beine streckte er weit unter den

Tisch, winkte einem Bekannten im dichtgefüllten Hintergrund des Saales zu und wühlte dann mit wichtigtuender Miene in einem Stoß von Akten, die vor ihm lagen. Dann sprach er einige halblaute Worte zu den Beisitzenden und zu dem mageren Schreiber am schmalen Ende des Tisches, stützte die Ellenbogen auf die Platte, legte das Kinn auf die verschränkten Hände und sah uns der Reihe nach mit einem Blicke an, der höchsten Respekt zu fordern schien.

Erst als im Hintergrunde völlige Ruhe eingetreten war, lehnte er sich in seinen Sessel zurück, daß die blau-weißrote Binde um seinen Leib sich spannte, nahm wie spielend einen Bogen vom Tisch und sagte mit singender und theatralischer Stimme:

„Bürgerin Anastasia Beaujonin!"

Lautes Murmeln, Räuspern und Ausspucken hinter uns verriet die nun einsetzende Spannung der Zuhörer.

Die junge Frau neben mir hatte bei Nennung ihres Namens einen kleinen Schrei ausgestoßen. Sie stand auf, brach in einen neuen Strom von Tränen aus und drückte ein winziges Taschentuch auf ihre Augen. Ich sah sie mitleidig an. Ihr hübsches Kleid, rosa und blau geblümt, war arg zerknittert und verunstaltet. Mehrmals fuhr sie mit der Hand glättend über die Falten. Sicherlich beschäftigte sie das Aussehen ihrer Person ebensosehr wie die Sorge um den Ausgang eines Verfahrens, das weder Zeugen noch Einspruch kannte und dessen absichtliche Kürze wenig Hoffnung bot.

Der Vorsitzende nahm eine bedeutende Haltung an, machte mit der rechten Hand eine schöne Gebärde und sprach mit einer Betonung, als wolle er deklamieren:

„Achten Sie wohl auf meine Worte, Bürgerin Beaujonin! Überlegen Sie Ihre Antworten, denn unsere Zeit ist knapp bemessen. Sie gehört nicht uns, sondern der Nation. Sie sind beschuldigt, den Baron Hautecorne durch drei Tage in der Bodenkammer Ihres Hauses verborgen gehalten zu haben, obwohl Sie wissen mußten, daß er zu den Proskribierten gehörte. Was haben Sie zu erwidern?"

„Oh, mein Gott", stammelte die Frau. „Ich liebte ihn so sehr– – – „

Der Richter lächelte.

Von hinten vernahm man eine derbe Weiberstimme:

„Sie ist tapfer, die Kleine, und spricht, wie ein Weib sprechen soll!“

„Schweigen Sie, Mutter Flanche!“ rief der Richter. „Sie dürfen hier keine Bemerkungen machen!“

„Zerbrich dir nichts, mein süßer Junge!“ kam es zurück. „Ich habe dich schon gekannt, als du noch Tempelsänger warst.“

Der Vorsitzende wollte auffahren, machte aber dann nur eine abwehrende Handbewegung und sagte, zur jungen Frau gewendet: „Also?“

Sie schluckte ein paarmal und richtete ihren scheuen, angstvollen Blick einen Augenblick lang auf mich, als wollte sie sich Mut bei mir holen. Dies schien den Richter zu ärgern, denn er nahm ein Petschaft und klopfte damit heftig auf den Tisch.

„Und weshalb liebten Sie den Bürger Hautecorne so sehr?“ fragte er höhnisch und zeigte seine weißen Zähne.

„Weil er so schön war – fast so schön wie Sie!“ sagte sie leise und sah ihn mit einem vollen Blick an.

Ein aus Zurufen, Gelächter und Füßetrampeln gemischter Beifallssturm brauste durch den Saal. Selbst die Beisitzer lächelten säuerlich, und der Vorsitzende strich mit selbstgefälliger Handbewegung eine Locke zurück, die ihm über die Stirn gefallen war.

„Laß die Kleine laufen – –“, schrie einer

„Sie braucht ihren Kopf, um ihn dir zu schenken“, lachte es.

„Gut gesagt, Rodolphe.“

„Sie weiß, wie man euch Männer behandeln muß.“

Als wieder Ruhe eingetreten war, sagte der Richter mit sanfter Stimme:

„Madame, ich habe Grund, zu glauben, daß Sie gar nicht wußten, welchem gefährlichen Feinde der Republik Ihre Hilfe zuteil wurde?“

„0h – nein“, schluchzte die Angeklagte, rasch ihren Vorteil erfassend. „Ich liebe die Republik – nie hätte ich – – –“

„Hat er wenigstens seine Sache gut gemacht, dein Baron?“ grölte einer aus der Zuhörerschaft.

Der Richter schlug wütend auf den Aktenstoß.

„He doch, Perrin, Verrou und Mastiche, seht einmal nach, wer da hinten meine Bekanntschaft machen will!“ schrie er, und sogleich stolperten drei Soldaten in den Hintergrund, die schweren Gewehre im Arm.

Es ward sofort still.

Der Richter neigte sich zu den Beisitzern. Sie flüsterten und nickten ihm zu.

„Madame“, sagte dann der Vorsitzende „Ich will es bis auf weiteres wagen, Sie in Freiheit zu setzen. Aber nehmen Sie sich in acht!“

„Oh –“, schrie die Frau auf und lachte übers ganze Gesicht.

„Warten Sie Madame. Ich will es auf mich nehmen. Ich trage vor der Nation die Verantwortung. Sie sehen, das Volk ist milde und Frauen gegenüber ritterlich, wenn dies möglich ist. Bevor Sie jedoch den Saal verlassen, werden Sie die Güte haben, Ihre zukünftige Adresse auf ein Stück Papier zu schreiben und mir zu übergeben!“

„Oh, du verdammtes Trüffelschwein“, lachte einer auf. Die Soldaten sprachen heftig auf ihn ein.

„Ich sage nichts mehr“, versicherte er. „Laßt meine Pfoten los!“

Wieder trat Ruhe ein.

Die Kleine lächelte anmutig, trippelte auf ihren Stöckelschuhen zum Tribünentisch und kritzelte einige Worte auf ein Stück Papier, das der Richter ihr hinhielt, las und einsteckte. Unterdrücktes Lachen im Auditorium begleitete diese Handlung.

„Sie können gehen, Madame, bleiben aber zur Verfügung des Tribunals!“

Die Frau blieb stehen, sah verlegen und ungewiß die Richter und dann die lachenden Zuschauer an, wandte sich plötzlich und lief rasch, weder nach rechts noch links blickend, mitten durch die verblüfft dreinschauenden Soldaten aus dem Zimmer.

Allsogleich nahm der Vorsitzende eine verdrießliche Amtsmiene an, raschelte mit Papier und sagte dann kurz und scharf:

„Bürger Melchior Dronte!“

Ich stand auf.

Alles in mir war ruhig, jede Furcht wich. Wieder war mir zumute, als betrachte ich nun ein ganz fremdes Schicksal, dessen weitere Entwicklung mir völlig klar war. Ohne jede Feindseligkeit sah ich den eitlen Menschen an, der sich als Richter über mich gesetzt hatte. Sein Blick wich sofort dem meinen aus und schweifte an mir vorbei. Um über diese Schwäche hinwegzutauschen, nahm er einige Blätter vom Tisch und tat so, als wäre ihm ein ständiger Einblick in den Akt not, der die Umstände meiner Ergreifung und die Anklage gegen mich enthielt.

Endlich hob er den Kopf und sprach: „Bei einer Äußerung des Volkswillens, die sich gegen die mit vollem Rechte verhaßte Bürgerin Lamballe – – –"

Ein vielstimmiger Wutausbruch erhob sich.

„Tod der Aristokratin! Nieder mit ihr!"

„Haltet doch das Maul!"

„Sie ist ja schon krepiert!"

„Tod der Lamballe!"

Der Richter wartete geduldig, bis der Lärm sich gelegt hatte, und fuhr dann fort:

„– Die verhaßte Bürgerin Lamballe, von der wichtige Aufschlüsse über eine Verschwörung in England gegen die Republik zu erhoffen waren, ist vom heiligen Zorn der Bürger zerschmettert worden. Sie, Bürger Dronte, haben den Versuch gemacht, sich dem Volke, das sein Urteil fällte und vollzog, hindernd in den Weg zu stellen. Welche Absichten verfolgten Sie mit Ihrer Handlungsweise?"

„Ich wollte die wehrlose Frau schützen", sagte ich und sah ihm dabei in die Augen. Er schüttelte unwillig den Kopf.

Gemurmel ward laut.

„Sie sind ein Freund der Freiheit?"

Ich überlegte einen Augenblick lang und beantwortete die Frage dann mit einem „Ja".

„Es war Ihnen bekannt, daß die Bürgerin Lamballe nach England geflohen und von dort nach Paris zurückgekehrt war?"

„Ja."

„In diesem Falle lag die Vermutung nahe, daß von ihr wertvolle Angaben über ihre hier befindlichen Mitverschworenen gemacht werden könnten. Nicht so?"

Ich schwieg.

Er blickte mich neuerlich mit leiser, mißbilligender Kopfbewegung und einem Zungenschnalzen an und sprach langsam und deutlich jedes Wort betonend:

„Ich weiß, was Sie sagen wollen, Bürger Dronte. In Ihrem Eifer, der Republik zu dienen und ein vorzeitiges Ende der Verräterin hintanzuhalten, suchten Sie das Volk mit Gewalt an der Urteilsvollstreckung zu hindern, wobei es Ihnen allerdings übel genug erging. Ist es so? Geben Sie mir Antwort!"

Er nickte mir fast unmerklich ein „Ja" zu und wartete.

Ich fühlte kurz und stark die Lockung, aus dem Schrecken dieser Justiz in die Freiheit zurückzukehren. Aber ein mächtiges, unüberwindliches sieghaftes Gefühl in mir ließ die freundlichen Bilder bevorstehender Freiheit, die sich infolge solcher Möglichkeit dem Geiste zeigten, schnell verblassen. Ich erkannte, wie eine heilige Notwendigkeit, daß ich hart und erbarmungslos gegen mich selbst sein müsse, wenn anders ich nicht zurückgeworfen werden sollte in Ebenen, aus denen ich zu höheren aufgestiegen war und deren Aura ich überwunden hatte.

„Ich habe die Prinzessin auf Grund von Empfindungen persönlicher Art zu retten versucht!"

Der Vorsitzende stieß einen Seufzer des Ärgers aus, wiegte den Kopf, trommelte auf den Tisch und erhob die Augen gegen die Decke. Die Beisitzer sahen mich gelangweilt an, und im Zuschauerraum sagte eine gähnende Stimme:

„Das sind Spitzfindigkeiten, Jeannot – verstehst du was davon?"

„Kurz und gut: Sie haben nicht die Absicht gehabt, die Frau als solche zu beschützen, sondern vielmehr der Republik einen Dienst zu erweisen. Wir haben keine Zeit, Bürger Dronte, und ich hoffe, daß Ihr aufrichtiges Zugeben dieser Tatsache den Fall erledigt!"

Ein kalter Hauch ging über mein Gesicht. Die Waage stand: Eine Lüge mußte die Schale sinken lassen – – –

„Ich habe bei meiner Tat nicht an die Republik gedacht!“

Nun war es ausgesprochen.

Große Unruhe entstand. Auch die Schläfrigsten unter den Zuhörern verstanden, erwachten zu gereizter Aufmerksamkeit. Das Gesicht des Vorsitzenden wurde rot vor Zorn. Er warf den Kopf zurück, daß die Haare flogen, und fauchte mich an:

„Das wagen Sie mir zu sagen?“

„Es ist die Wahrheit“, entgegnete ich.

Es war mir klar, daß der dankbare Magister hier seine Hand im Spiele gehabt haben mußte, und es betrübte mich, daß sein nicht ungefährliches Bemühen nun umsonst gewesen war. Aber ich mußte den Weg, den mir mein innerstes Gefühl als den rechten bezeichnete, zu Ende gehen, ohne Rücksicht auf Empfindungen, die dem Selbsterhaltungstrieb des Körpers entsprangen.

Das Verhalten des Vorsitzenden veränderte sich sofort. Eine tiefe senkrechte Falte erschien zwischen seinen Augenbrauen, und er biß sich zornig auf die Lippen, bevor er das Verhör fortsetzte.

„Sie sind ein Fremder. Zu welchem Zweck kamen Sie nach Paris?“

„Um die Revolution und ihre Ziele kennenzulernen.“

„In freundlicher oder gegnerischer Absicht?“

„Ich kam nicht in feindlicher Absicht.“

„Sie sind Baron. – Wie kann ein Aristokrat der Revolution anders als feindlich gegenüberstehen?“ mischte sich auf einmal der gallige Beisitzer ein.

„Liebt denn so einer das arme Volk –?“ brummte der mit der fleckigen roten Mütze. „Wie?“ wandte er sich an mich.

„Ich liebe alle Menschen.“

„Das sind Redensarten, wie sie jeder Pfaffe in der Tasche hat, der vor dem Tribunal steht“, fuhr mich der Richter an und nahm eine finstere

Pose ein, mit lauerndem Blick auf mich sehend. „Sie haben sich also den Braven, die auf die Lamballe eindrangen, in den Weg gestellt, und zwar nicht im Interesse des Staates, sondern um die Intendantin der Königin aus irgendwelchen anderen dunklen Beweggründen zu retten."

„Macht doch nicht so lange Geschichten!" murrte einer hinter mir.

„Einer von den Liebhabern der Hure ist es – weiter nichts!"

Schrille Pfiffe ertönten.

Wildes Füßegetrampel verriet, daß die Leute ein Ende wünschten.

Der Magere redete auf den Vorsitzenden ein. Dieser zuckte die Achseln und wandte sich dem anderen Beisitzer zu, der heftig mit dem Kopfe nickte, die rechte Hand erhob und sie mit der Schneide auf den Tisch fallen ließ. Es war klar verständlich, was er damit meinte.

Der Vorsitzende stand auf, streckte wie ein Theaterkönig die Rechte gegen mich aus, indes die Linke auf dem Herzen ruhte, und sprach mit hallender Stimme und rollenden R's:

„Bürger Dronte ist schuldig des Verrates gegen die Republik!"

Donnerndes Händeklatschen erscholl. Ich setzte mich nieder, völlig ruhig und des Endes gewiß.

Da wandte der Mann im dunkelblauen, goldgestickten Rock langsam sein strenges und steinernes Gesicht gegen mich, lächelte und sagte sehr laut und vernehmlich:

„Gestatten Sie mir, Baron, Ihnen meine aufrichtige Hochachtung auszudrücken!"

Lachen und Johlen folgte seinen Worten. Ein Apfelgehäuse flog an meinem Kopf vorbei und blieb vor dem Richtertisch liegen.

Der theatralische Vorsitzende schlug mit der Faust auf den Tisch und schrie: „Ruhe!"

Nach und nach hörte das Schimpfen, Lachen und Pfeifen auf.

„Bürger Carmignac!" ertönte die selbstgefällige Stimme.

Der Mann im blauen Rock stand auf.

„Ich bin Philipp Anton Maria Marquis von Carmignac, Pair von Frankreich, Geheimer Rat Seiner Majestät des Königs, Vorstand der bretonischen Adelskammer, Komtur des Ludwig-Ordens– – –“

Der Saal jubelte. Dieser hochgewachsene Mann und seine stolze Art versprachen ein Schauspiel. Die Betonung seines Ranges rief sogar einen gewissen Respekt hervor.

„Er sieht gut aus, der Marquis.“

„Aber sein Hals ist ebenso dünn wie der des Liebhabers der Lamballe“, lachte es dagegen. „Flutsch! Und die Sache ist abgemacht.“ Der Marquis nahm aus seiner kleinen Goldbirne eine Prise und klopfte sorgsam seine Brokatweste mit einem Spitzentüchlein von den Tabakstäubchen rein.

„Sie sind beschuldigt –“, begann der Vorsitzende.

„Vor allem“, sagte der Edelmann mit unnachahmlichem Hochmut, „wünsche ich die Erklärung abzugeben, daß ich gegen die mir zustehenden Privilegien mir ungesetzlicher Gewalt und von widerrechtlich bewaffneten Personen hierher gebracht wurde. Was nun dieses Gericht anbelangt, so stelle ich fest, daß es nicht aus königlichen Gerichtspersonen, sondern aus einem schlechten Schauspieler, einem Tischlermeister und einem entlaufenen Kirchendiener besteht, somit keinen Anlaß zur weiteren Beachtung bietet.“

Nach diesen Worten setzte der Marquis sich nieder, verächtlich in die Luft starrend.

Einige Sekunden lang blieb es still. Die Verblüffung war allgemein. Dann aber entstand ein so tosender Lärm, ein solches Wutgebrüll und Vorwärtsdrängen, daß die anwesenden Soldaten kaum imstande waren, die rasende Menge zurückzuhalten. Währenddessen hatten die Richter kurz beratschlagt, der Vorsitzende stand auf. Man sah, wie er durch eifriges Winken mit den Händen Ruhe gebot. Es dauerte lange genug, bis er sich verständlich machen konnte.

Er richtete einen wütend-höhnischen Blick auf den Grafen, der gleichmütig an ihm vorbeisah.

„Bürger Carmignac, ich fordere Sie auf, sich zu erheben, bevor ich Gewalt anwenden lasse, um dem Tribunal des Volkes die gebotene Ehrerbietung zu sichern.“

Der Marquis zuckte die Achseln und stand lässig auf.

„Ich wünsche keine Schmutzflecken auf meinen Rock zu bekommen", sagte er. „Aus diesem Grunde erhebe ich mich."

Der Schauspieler setzte sich nieder und schob das Kinn vor.

„Wenn ich Sie recht verstehe, Bürger Carmignac, so sind Sie vor der Revolution eingeschlafen und noch immer nicht erwacht, wie?"

Der Verspottete gab keine Antwort. Einige Menschen im Saale lachten auf.

„Sie haben den Versuch unternommen, den Schließer des Tempel zu bestechen, um dem dort verwahrten Bürger Capet Nachrichten über die Erfolge der Emigranten am österreichischen und preußischen Hofe zukommen zu lassen, und zwar mittels eines in einer Goldhülse verborgenen Zettelchens, das in einer von sechs Zitronen verborgen war. Ist es diese Hülse?"

Die Hand des Richters hielt ein winziges Goldbüchschen von länglicher Gestalt empor. Der Marquis maß ihn unter halbgeschlossenen Lidern.

„Da Sie hier Gericht spielen, müssen Sie sich auch der Mühe unterzuziehen, Ihre Anklagen zu beweisen."

Der Unwille im Saal wuchs merklich.

„Er soll von Samsons Kokette umarmt werden!" brüllte die Stimme eines der ärgsten Schreier.

Die Gerichtspersonen neigten die Köpfe zueinander, flüsterten, nickten, der Vorsitzende stand auf und sprach ohne Bewegung sein „Schuldig" aus.

Das Gericht erhob sich. Vier Soldaten traten zu uns und bedeuteten uns, aufzustehen. Unter ziemlicher Ruhe wurden wir aus dem Saal geführt. Das Volk war zufrieden.

Als wir aus der Türe traten, wo ein neuer Trupp ängstlicher, gut bewachter Menschen beiderlei Geschlechts dem Verhör entgegenwartete, fühlte ich etwas Kantiges in meiner rechten Hohlhand, wie ein Stück gefaltetes Papier, und schloß die Finger fest darum.

Wir gingen einen anderen Weg, als den, der uns aus dem Gefängnis hierher gebracht hatte, mußten unter einem aufgezogenen Fallgatter durch und fanden uns schließlich in einem geräumigen, trockenen und lichten Keller. Er war voll von Menschen.

Ich ging in die Nähe eines Fensters, faltete das Papier auseinander und las:

„Mein Herz weint um den besten und edelmütigsten Menschen; dennoch verneige ich mich vor einem Heroismus, der den Tod geringer achtet als den Verrat an sich selbst. Meine nun ohnmächtige Dankbarkeit wird Ihr Andenken für immer bewahren. Möge es ein Wiedersehen geben, das ihr neue Ziele gibt."

Es war die wohlbekannte Handschrift des Magisters.

Im trüben Morgenlicht konnten wir durch die zwar hochgelegenen, aber gesäuberten und hellen Fenster sehen, daß draußen feiner Regen fiel. Tropfen hingen funkelnd an den Eisenstangen des Gitters.

Dieser Kerker, freilich der letzte, in dem wir untergebracht waren, zeigte sich in jeder Beziehung freundlicher als das finstere Kohlengelaß, in dem wir unserer Aburteilung entgegengeharrt hatten. Ein krummbeiniger Kerkermeister mit gutmütigem Gesicht und einer natürlichen Begabung zu Scherzworten, brachte uns in Holzkannen Waschwasser und lieh uns reine, grobe Tücher zum Abtrocknen des Gesichts und der Hände. Jenen Gefangenen, die noch Geld bei sich trugen, besorgte er Schokolade zum Frühstück und Kuchenstücke. Die anderen erhielten eine Suppe aus eingebranntem Roggenmehl und eine große Schnitte Brot.

Da mich alles nichtig dünkte, was noch mit den Bedürfnissen des Leibes zusammenhing, begnügte ich mich mit einigen Löffeln Suppe. Auch in diesen letzten Stunden meines Lebens war es mir manchmal, als stünde ich ganz außerhalb der Geschehnisse und sähe von ferne, wie ein Beobachter, mich und meine Leidensgefährten. Dennoch hing dieses beobachtende Wesen, das mein Ich war, durch einen leitenden Faden mit dem Körper zusammen, der Morgenkühle, Hunger und jenes dumpfe, schnürende Gefühl in der Magengegend empfand, das schlimmen Ereignissen vorausgeht. Dieses seltsame Außer-mir-selbst-Stehen war so stark, daß mir meine eigenen Hände wie etwas Fremdes vorkamen, denn ich betrachtete sie genau und mit einer sonderbaren Rührung, als sähe ich etwas Bekanntes nach langer Zeit wieder. In all diese zwiespältigen Gefühle mischte sich noch eine Art von Bedauern über die Undankbarkeit, mit der die Seele sich gleichmütig anschickte, das Wohnhaus, in dem sie so lange gewesen war und durch dessen Sinne sie das Bild der wechselnden Umgebung aufgenommen hatte, für immer zu verlassen. Ich konnte, so sehr ich es auch versuchte, in dem bevorstehenden Abgang aus der gewohnten Form des irdischen Lebens nichts Großes oder Entscheidendes erblicken. Es war, als ob der Leib, obwohl seine Empfindungen alle fortbestanden, an denen der Seele keinen Anteil mehr habe.

Selbst die Szenen, die sich rings um mich abspielten, konnten mich nicht heftig bewegen, so sehr ich mir auch ihrer Traurigkeit bewußt war. Beständig regte sich etwas in mir, als müsse ich zu den armen Menschen sprechen und ihnen sagen, daß dies alles nur von untergeordneter Wichtigkeit sei und eigentlich nicht viel zu bedeuten habe. Aber es war mir auch völlig klar, daß sie mich keinesfalls verstanden hätten, und so schwieg ich und hielt mich abseits.

Um mich geschah vieles. Frauen weinten bitterlich, und ihre heißen Tränen, mit denen sie vom Leben Abschied nahmen, tropften in die tönernen Suppenschalen, aus denen sie aßen. Der Marquis de Carmignac saß in einer Ecke und ließ sich rasieren und sein Haar ordnen. Ein vertrockneter, wehmütig lächelnder Greis las einer kleinen Schar von Zuhörern aus den „Tröstungen der Philosophie“ von Boethius vor. Ein hübscher junger Mensch im Reitanzug lehnte mit verzückten Augen an einer Säule und summte immer wieder ein Liedchen, das ihm offenbar als Erinnerung teuer war. Er hörte erst auf, als ein Abbé, der mit mehreren älteren und jüngeren Damen flüsternd betete, auf ihn zutrat und höflich bat, die religiöse Sammlung der Sterbenden nicht zu stören. Mehrere saßen stumpf, verzweifelt und ganz in sich versunken auf den Strohsäcken der Betten, die hier aufgestellt waren.

Nach einiger Zeit trat ein junger, blaß aussehender Barbiergehilfe mit dem Kerkermeister ein, winkte seinem Genossen, der gerade mit vielen Verbeugungen das Trinkgeld des Marquis entgegennahm, und forderte mit zitternder Stimme die Anwesenden auf, sich der Reihe nach auf eine in die Mitte des Raums gestellte Bank zu setzen, um sich die Haare abschneiden zu lassen. Diese Aufforderung rief lautes Schluchzen und einen Anfall von Ohnmacht hervor, aber die Toilette, wie das Verfahren kurz genannt wurde, ging rasch vonstatten. Die langen Flechten der Damen, die sorgfältig abgeschnitten und in einen kleinen Korb gelegt wurden, erbat er sich sehr höflich als für sein Geschäft brauchbar und überreichte jeder Frau, die ihre Einwilligung gab, ein kleines Fläschchen mit Riechsalz als Gegengabe.

Auch meinen Nacken berührte frostig und klappernd das bewegliche Eisen der Schere, und ihre Klingen durchtrennten knirschend mein Haar. Kühl empfand ich den Mangel.

Ringsum wurde das Beten lauter und inbrünstiger.

Um acht Uhr rasselte ein dröhnender Trommelwirbel, und die Tür tat sich auf. Vor einer Schar Soldaten erschien ein Kommissar mit der Schärpe und las hart und gleichgültig Namen auf Namen von einer Liste ab. Alle Genannten erhoben sich sofort und stellten sich links an die Tür in einer Reihe.

„Bürger Melchior Dronte!“

Ich verneigte mich kurz vor denen, die offensichtlich zurückblieben, und stellte mich neben einen großen, starken Mann, der mit geringschätziger Miene, hämisch das Kinn verschiebend, die Eskorte musterte. An seinen Tressen und Aufschlägen, sowie an der Uniform erkannte ich ihn als einen Major vom Regiment Broglie.

„Stinktiere – Gesindel aus der Gosse!“ knurrte er vor sich hin und spuckte so heftig aus, daß ein kleiner, hungrig aussehender Soldat erschrocken einen Seitensprung tat.

Ein etwas schief gewachsener, grau gekleideter Mensch mit spöttischem Gesicht, der zu den Aufgerufenen gehörte, lachte leise vor sich hin.

„Dieses Fastnachtsspiel ist bald vorüber. Und es war nicht einmal sehr lustig.“

Wir wurden nun, etwa zwanzig an der Zahl, aus dem Keller geführt, gingen die Treppe hinauf und kamen auf einen Hof, der ganz von Soldaten umstellt war. Noch immer rieselte es dünn vom trüben Himmel. Einige Leiterwagen standen da, und man wies uns an, auf den quergenagelten Brettern Platz zu nehmen. Ein Junge von etwa fünfzehn Jahren stieg hinter uns auf und band uns mit starken Rebschnüren die Hände auf den Rücken, von einem berittenen Sergeanten beaufsichtigt. Ich sah, daß der junge Bursche jedem, an dem er seine Tätigkeit ausübte, etwas ins Ohr flüsterte. Und als an mich die Reihe kam, hörte ich von hinten, halb gehaucht, während warmer Atem meinen fröstelnden Nacken traf, die Worte: „Verzeihen Sie mir!“ Ich fühlte, wie unruhig und heiß die Hände waren, die meine Arme banden.

Unter vielem Geschrei, Hin- und Herlaufen und Auf- und Abgetrabe der Kavallerieeskorte waren endlich die Wagen mit ihrer Menschenfracht beladen. Neben den Kutscher schwang sich ein Soldat auf den Bock, und die große Tür des Hofes tat sich mit lautem Knarren auf. Unabsehbare Menschenmassen füllten die Straße draußen und bildeten zwei Reihen, zwischen denen unsere Fuhrwerke nun langsam zu rollen begannen.

Ganz ruhig schaute ich um mich. Vor mir, steif aufgerichtet und über das Volk hinwegschauend, saß der Marquis de Carmignac, neben ihm der Major vom Regiment Broglie, der mit seinem wütend gesenkten roten Kopf an einen gereizten Stier erinnerte. Auf der Bank neben mir kauerte ein etwa sechzigjähriger, offenbar geistesgestörter Mann mit weißen Bartstoppeln, runzeligem Gesicht und rollenden Augen, der unaufhörlich Beschwörungen vor sich hinsagte.

„O Astaroth, o Typhon, o ihr sieben feurigen Drachen, du, o Siegelbewahrer, eilet herbei mir zu helfen! Laßt Flammen auf sie fallen, laßt die Erde sich auftun bis zur untersten Hölle, um sie zu verschlingen, mich aber tragt in den Garten des weißen Ariel Arizoth Araman Arihel Adonai...“

Die Worte wurden unverständlich, und endlich brach er in ein triumphierendes Kichern aus und ward ruhig, offenbar fest überzeugt von der sicheren Wirkung seines Geisterspruchs.

Ich drehte mühsam den Kopf nach der hinteren Bank und erblickte ein alterndes Mädchen mit ziegelroten Flecken auf den Backenknochen, das, gekleidet in ein schwarzes Gewand, mit zum Himmel gerichteten Augen ohne Unterlaß betete. Neben dieser Nonne, die sich leuchtenden Auges auf den Märtyrertod vorbereitete, zitterte wie eine Gallerte ein weißbestäubter Bäcker, dessen verquollene Augen aus dem heißen Gesicht in Todesangst glotzten. Sein riesiger Bauch, der fast die Nesteln der Hose sprengte, wackelte bei jedem Schritt der Pferde hin und her.

Ich sah übermäßig deutlich, und nicht die geringste Kleinigkeit entging mir. Ich bemerkte am Rock des Marquis einen herabhängenden silbernen Knopf. Am Halse des Majors eine entzündete Pustel. Auf der Weste des neben mir sitzenden Mannes klebten die Reste von genossener Eierspeise, und die Medaillen am Rosenkranz der Nonne schlugen manchmal klingend an ein Brett des Wagens.

Mein armer, nunmehr der Veränderung anheimgestellter Körper tat alles, um die ruhige Heiterkeit des Geistes, der sich zur Ausreise anschickte, zu stören und mit unwichtigen Sorgen von seinem Wege in die Ewigkeit abzulenken. Ein natürliches Bedürfnis, zu dessen Befriedigung keine Zeit mehr gewesen war, stellte sich mit lästiger Qual ein. Ein alter Erkältungsschmerz, der mich lange nicht mehr gepeinigt hatte, war nachts in die rechte Hüfte eingeschossen und bereitete mir bei den Stößen des Wagens große Qualen. Und zu dem allen kam noch die Todesfurcht, die der Leib empfand. Sie äußerte sich in starken Magenschmerzen und brachte es zuletzt dahin, daß von meiner Stirne ein kalter Tropfen über mein Gesicht rann. Kalter Schweiß war es, Todesschweiß...

Aber ich stand über oder neben diesen Empfindungen, die trotz ihrer Stärke doch nicht mehr recht zum Bewußtsein vordringen konnten. Es war eine scharfe und unwiderrufliche Scheidung zwischen Leib und Seele eingetreten, und die Seele erkannte mit Freuden, daß kein irdisches Fühlen sie auf ihrem Weg begleiten würde.

Aus der Menge brauste in vollen Akkorden ein Lied auf, in das Tausende von Stimmen einfielen. Die wirklich hinreißende Melodie, deren Worte ich nicht verstehen konnte, bis auf „Vaterland", „Tyrannei" und ähnliches, wirkte stark und ergreifend auf mich ein. Sie war ein echtes und edelgeborenes, feuriges Kind der Zeit, und es war mir, als trage dieser rauschende Gesang etwas Verheißungsvolles in sich.

Aus den Fenstern der Vorstadthäuser sahen überall Leute heraus, fielen mit hellen, begeisterten Stimmen in das Lied ein und winkten mit ihren Tüchern. Die Pferde vor unserem Wagen, ein Schweißfuchs und ein Sommerrappe, wieherten auf, begannen zu tänzeln und nickten mit den Häuptern im Takt der gewaltigen Weise, die sich glühend und stürmend zum Himmel aufschwang. Selbst der Fuhrmann, ein finster blickender

Mensch, und der junge Soldat neben ihm sangen die Hymne, denn eine solche war es, mit lauter Stimme mit.

Der Weg war nicht allzu lange. Ich sah noch einmal mit den altgewordenen Augen, die so vieles umfaßt hatten während meines Daseins, um mich und genoß die buntscheckige Vielheit der Bilder, die sich mir zeigten. Ich sah den Schlächter, der ein dampfendes, abgebrühtes Schwein in einer Holzmulde hin- und herbewegte, und die Messingbecken eines Barbiers, die im Regenwind klapperten und voll kleiner Tropfen hingen. Ich nahm den mitleidigen Blick zweier dunkler, schöner Mädchenaugen unter einer blühweißen Haube mit, bemerkte einen schwarzen Hund, der mich an die arme Diana erinnerte, und roch den kräftigen, säuerlich-herben Geruch frischer Lohe, der aus einer Gerberwerkstatt kam. Eine stahlblaue Fliege mit Glasflügelchen setzte sich auf meine Knie und reiste so ein ganzes Stück ohne eigene Mühe. Ein Haufen lustig schreiender, an allem Menschentum unbeteiligter Spatzen warf sich wie eine braune Wolke über den rauchenden Berg von Pferdemist, der von einem der vorderen Wagen stammte, und eine uralte Platane, ganz mit Wasserperlen behängt, ließ uns grämlich und gleichgültig vorüberfahren.

Und dann blieben mit einem Ruck alle Wagen stehen.

Wir waren auf dem häßlichen Platze angelangt, auf dem ich vor nicht langer Zeit mit dem jungen Offizier über die französische Nation gesprochen hatte, und mein Blick fiel auf das hagere rotbraune Gerüst, das hoch über unseren Köpfen steil und in grauenhafter Einfachheit emporragte.

In diesem Augenblick zerriß die Nebelwand, und ein bleicher Sonnenstrahl fiel mit mattem Blinken auf das schräge Messer hoch droben unter dem Querholz.

„Wie bald wird dies alles vorüber sein!“ dachte ich und erinnerte mich an so viele Augenblicke der Ungeduld und des Nichterwartenkönnens, die weit hinter mir in alten Zeiten lagen.

Wir mußten absteigen, und man half uns dabei. Das Volk schrie nicht. Es herrschte nur jenes leise, tausendstimmige Murmeln, das die Spannung einer großen Menschenmasse verrät. Niemand rief uns Schimpfworte zu, und viele Augen blickten teilnahmsvoll. Ich hatte das Gefühl, daß das große Morden bei einer solchen allgemeinen Stimmung bald nachlassen und endlich ganz aufhören werde.

Meine Knie waren steif vom Sitzen und von der Morgenkühle. Die Not des Leibes setzte noch einmal krampfartig ein, und die rechte Hüfte schmerzte sehr beim Gehen.

Ich sah Menschen auf der Plattform erscheinen, sich bewegen. Das Messer fiel mit mattem Klatschen und wurde wieder aufgezogen. Es war rot. Irgend etwas schlug strampelnd und mit hohlem Dröhnen gegen die Bretter des Blutgerüstes.

Fast gewann die Angst des Leibes die Oberhand. Ein Gedanke drängte sich vor, gewann Raum: Irgend etwas zur Rettung zu unternehmen, zu schreien, zu bitten, die Menge zu durchbrechen, die Bande zu sprengen...

Da sah ich ihn...

Zusammengekauert wie eine Fledermaus. Der Fangerle. Auf dem Galgen einer Laterne saß er, greulich sein breites Maul verzerrend, die boshaften gelben Augen auf mich gerichtet, statt des großen Hutes eine rote, phrygische Mütze auf dem Schädel. Seine Augen waren wie zwei Wespen, die in den Höhlen seines Kopfes lebten und umherkrochen...

Ich schloß die Augen. Mein Wille behielt die Oberhand.

„Kehre zur Tiefe zurück!“ sprach ich vor mich hin.

Als ich noch einmal mit aller Kraft hinblickte, war die Erscheinung verschwunden, der Pfahl leer.

Ein Soldat ergriff mich fast schüchtern am Arm und schob mich mit sanfter Gewalt vorwärts. Ich sah, wie geronnenes, dickes Blut die Bretter des Gerüsts entlang träge abwärts quoll. Vor mir stieg der Marquis de Carmignac die glitschige, kleine Treppe hinauf. Zwei Männer mit nackten Armen faßten ihn an, schnallten ihn an das Brett, kippten es um. Der obere Teil des Holzes, das den Hals umfaßte, senkte sich. Wutsch...

Ein pfeifender Ton kam aus seinem kopflosen Halse. Die Füße mit den Schnallenschuhen, manierlich noch im Tode, klopften leise den Boden, sein Leib bewegte sich in den Riemen, als wolle er sich bequemer betten. Sie lösten das feuchte Leder, wälzten ihn abseits; die goldene Birne rollte über die Bretter, ein Deckelchen tat sich auf, brauner Schnupftabak staubte heraus. Rasch griff eine Hand nach dem blanken Ding.

Ich war der nächste, stieg die Treppe hinauf.

Eine Hand stützte mich freundlich, bewahrte mich in einem Augenblick des Gleitens vor dem Fall. Ich sah in ein ernstes, gutgeschnittenes Gesicht. Samson war es. Er machte eine höflich-einladende Handbewegung. Hinter ihm stand das rotborstige Scheusal.

Bilder kreisten.blitzschnell in meinem Hirn. Der Arm mit dem Richtschwert im Hexenzimmer von Krottenriede, die Dose mit dem singenden Vöglein, brennende Kerzen in einem schwarz ausgeschlagenen Zimmer, das Funkeln von Aglajas Totenkrone, das Tödlein mit Sanduhr und Hippe, wie es aus der alten Uhr sich neigte, der bayerische Haymon als Amicist – – –

Feste Hände packten mich am Arm. Gesichter glitten an mir vorbei. Ich stand am Brett. Warmer Blutgeruch stieg mir kitzelnd und zum Erbrechen reizend in die Nase. Dünne Riemen schlangen sich fesselnd um meinen Oberleib, die Beine. Ich fiel nach vorne – – es knarrte leise um mich, – schmerzend schlug mein Kehlkopf auf ein Halbrund auf.

Ich dachte: Nun wird das Messer schneidend durch den Hals fahren, Sägespäne werden mir die Augen füllen, den Mund – – –

Nasses Holz senkte sich auf meinen Nacken.

Isa Bektschi! Isa Bektschi!

Mit aller Kraft dachte ich an den Ewli. Ich zwang ihn zu mir.

Dicht vor dem meinen sah ich sein Antlitz – seinen Mund, als ob er mich küssen wollte – gütige, dunkle Augen, wie zwei schwarze Sonnen –. Ihr Blick umschloß mich mit unendlicher Liebe und Verheißung.

Ich dachte nichts mehr. Nur ihn sah ich – trank seine Blicke, sog sein Wesen in mich ein.

Da schossen blendende, goldene Strahlen aus seinen Augen, durchbohrten mich schneidend, verzehrten mich in Feuersglut – in goldenem Feuer.

Aber noch immer sah ich dies Angesicht, deutlich, scharf, sah es kleiner und kleiner werden – klein wie einen Punkt und dennoch erkennbar –.

Ich öffnete den Mund, empfand holzige, trockene Splitter, feuchte Brocken – – –

Dann Nacht – – Sausen – – Geräusch – – ein schmerzhaftes Zerreißen – – ein Faden schnellte entzwei – – –

Ich befand mich außerhalb meines Körpers. Mein Leib lag in seinem braunen, zerknitterten Anzug, ohne Rock, mit blutgetränktem Hemdrand auf dem Brett der Guillotine. Trotz der enggezogenen Riemen bäumte sich der Oberleib ein paarmal heftig auf. Blutbrunnen rauschten stoßweise aus den beiden großen Halsadern.

Der Kopf lag bleich, mit weitgeöffneten Augen im Korbe. Sein Gesicht lächelte.

Alle die Menschen, die um das Schafott standen, schauten schweigend drein. Das Brett wurde leer. Der Mann, der Astaroth und die feurigen Drachen angerufen hatte, wurde über die Stufen hinaufgezerrt. Er wehrte sich aus Leibeskräften, stieß mit den Füßen, schnappte mit den Zähnen. Er wollte nicht – – Dies alles war so gleichgültig für mich. Ich erhob mich und schwebte über die vielen Köpfe fort, glitt mühelos, und ohne Widerstand zu finden, durch Häusermauern und Fensterscheiben, von einer Kraft getrieben.

Ich hatte keine Augen und sah alles. Ich hörte. Aber ich fühlte nichts. Ich dachte auch nichts. Ich war das Bewußtsein an sich. Alles kam zu mir, wurde sofort erkannt. Schwingungen hundertfacher Art durchzitterten mich, ohne daß ich Lust oder Leid dabei empfunden hätte. Kälte war es, Wärme, ein Ton, Licht, Erscheinungen, für die es in der menschlichen Sprache keine Worte gibt, Empfindungen beim Begegnen mit Wesen, die den Menschen unsichtbar und unbekannt bleiben.

Ich war etwa so von Gestalt, wenn dies zu sagen möglich ist, wie jene glasartig-durchsichtigen Körper, die an menschlichen Augen bei längerem Schauen in ganz reine, blaue Himmelsfernen vorübergleiten. Dennoch war ich kein Körper. Ich war aber auch kein Nichts. Ich war eine Seele, wie deren viele im Weltenraum schwebten. Aber ich hatte Bewußtsein, ich war meines Ichs eingedenk und hatte ein Ziel.

Ich suchte ein neues Haus mit jenen Instrumenten der Sinne, die von außen empfingen und von innen Kommendes nach außen wiedergeben konnten: Gedanken, in Worte gekleidet. Einen Menschenleib suchte ich. In mir trug ich das winzige Abbild eines edlen, gottähnlichen Angesichts, dessen Widerschein ich beim Verlassen des zerstörten Leibes mit mir genommen hatte in die Unendlichkeit. Von diesem Bilde ging mein Bewußtsein aus, und die Fähigkeit des Erinnerns.

Der Wille nach Wiederverkörperung war der einzige Trieb, der mich beherrschte. Unerforschlichen, aus der Ewigkeit des Werdens und Vergehens geborenen Gesetzen untertan, strebte ich meinem Ziele zu, bar aller jener Gefühle, die man Ungeduld, Erwartung oder Hoffnung nennt. Es gab keine Zeit, es gab keine Entfernung und kein Hindernis.

Kräfte, denen ich mich von selbst und willig hingab, hoben mich, ließen mich niedersinken, verwehen, wandern und ruhen.

Ich war in meinem Bewußtsein unbewegt.

Alles bot sich mir dar, nichts war mir verborgen, nichts verhüllt, weder in Tiefen noch in Höhen. Der Wind wehte durch mich hindurch, der Regen fiel durch mich. Ich hatte nichts von allen Eigenschaften an mir, die Dinge im Raum besitzen. Ich war groß und klein, drinnen und draußen, fern und nah.

Ich sah Sonnenuntergänge in Meereseinöden, abgestürzte Bergwanderer in Eisspalten, blaue Blumen, die langsam welkten, Geister in Wasserstürzen, Wesen, die in Kristallen lebten, Sandstürme rot und gelb, gärenden Unrat, aus dem neue Geschöpfe seltsamster Art entsprangen, Zwerge, die Menschenaugen als Steine erschienen wären, Geflügelte, die auf den Winden ritten und einherbrausten, Schlafende in Betten, mit winzigen Kobolden besät wie mit Ungeziefer, Menschen, aus denen Böses wie Gifthauch strömte. An all diesem zog ich vorüber.

Es gab Tiere in Herden auf weiten Steppen, Tiere in der Luft, in Erdlöchern, im Wasser. Kleine, kriechende fliegende, laufende Tiere, Tiere aller Art, mit Haaren, Federn, Schuppen, Borsten und Platten bedeckt, lebende Tiere. Sie lockten mich, weil sie lebten. Sie zeugten Junge, brüteten sie aus, setzten sich tausendfach fort. Sie lockten mich stark, denn sie hatten lebende Körper, warme Leiber. Aber ich trug in mir das Menschenangesicht und folgte nicht jenen Seelen, die lauernd warteten, um im Augenblick der Befruchtung in die Eizelle zu schlüpfen.

Ich war nur bei Menschen. Zu ihnen trieb mich eine ungeheure Gewalt.

Es war gut, bei den Menschen zu sein. Ich heftete mich an sie, war bei ihnen, in ihnen, glitt durch sie hindurch und war bei anderen zu Gast. Ich lebte mit ihnen. Ich sah sie, wie man etwa eine Gegend sieht, die der verlassenen Heimat ähnlich schaut. Ich muß solche Vergleiche gebrauchen, obschon es in Wahrheit ganz anders ist.

Immer und immer wieder gingen sie daran, neues Leben zu erzeugen. Sie verbargen sich vor den anderen und wurden eins. Alle Wesen, die den Menschen unsichtbar bleiben, doch immer sie umgeben, wichen zurück vor dem Göttlichen, das von den Zeugenden ausging, so öde und arm diese sonst auch sein mochten, so fehlerhaft und schwach vielleicht; aber bei dieser Handlung entfesselten sie die Urkraft der Ewigkeit, waren mächtiger und größer als alle anderen Geschöpfe.

Überall hing ich inbrünstig an solchen Menschenpaaren. In den schwarzen Nomadenzelten der Steppe, in dämmerigen Schneehütten, in breiten Betten, auf Heuhaufen, hinter Bretterstapeln, im Gebüsch des Waldes, auf den Strohsäcken dumpfer Häuser, in Dachkammern und Prunkräumen. An unzähligen Orten, zu heimlichen Stunden des Tages und der Nacht. Das Gesetz war über mir. Ich fühlte mich angezogen und abgestoßen, ohne Kummer, Enttäuschung oder Ungeduld.

Einmal geschah es, schneller als der Blitz aufflammt.

Bei der Vereinigung zweier Zellen umschloß mich die Kraft neuen Lebens. Ich war in winzigster Vereinigung befangen, in heißem, rotem, rasend arbeitendem und pulsendem Sein geborgen. Ich fühlte Wärme, Dunkel, Feuchtigkeit, Ströme von Nahrung, Rauschen von schaffenden Kräften. Seliges Wachsen war in mir.

Säfte durchrannen mich, Donner der Entfaltung und das leise Knistern des Werdens waren um mich. Das Bewußtsein ward trübe. Schlaf umfing es, glücklicher, erquickender Schlaf. Als unkenntliche Schattenbilder, zerrissen und unbestimmbar, zogen Erlebnisse durch meine Träume, uralte, verschollene, immer mehr versinkende Erinnerungen.

Ich wuchs im Schlummer, streckte in wohligem Behagen, schmatzend vor Lust, Gliederchen aus, dehnte mich, bewegte mich leise im Schlaf. Feine und kostbare, in Knochenpanzern gewappnete Organe bildeten sich in mir, warmes Blut durchtobte mich in raschen, klopfenden Schläge, freundliche Enge preßte mich zärtlich, bewegte mich wiegend, wies mir in schraubender Zusammenziehung den Weg zum Licht.

Kristallene, kalte, klare Luft stürzte in meine Lungen.

Bunte, wirre Strahlen drangen in meine Augen, verworrene Laute in mein Ohr.

Alles geschah mir, was junges Leben beim Eintritt in diese Welt begleitet.

Ich war da. Ich war der Wiedergekommene, der Ewli.

Ich hieß: Sennon Vorauf.

Ich hatte einen Vater, eine Mutter und andere Menschen, die mich liebten. Ich lernte sprechen und gehen, ein Kind wie andere Kinder. Alles war mir neu, eine große Offenbarung.

Bis sich die Fähigkeit des Rückschauens in das frühere Leben einstellte.

Das begann mit Angstträumen im Kindesalter, die meinen guten Eltern viel Sorge bereiteten. Aber auch im Wachen war ich vor plötzlichem Versinken nicht sicher. Die Erinnerungen an die Zeit, in der ich Melchior Dronte geheißen hatte und eines Edelmannes Sohn in längst vergangenen Tagen gewesen war, stellten sich heftig, wirr und erschreckend ein und ängstigten mich sehr. Nur langsam gewann ich aus mir selbst die Kraft, die sich wiederholenden, jagenden und öfter zurückkommenden Traumbilder zu ordnen und allmählich zusammenzusetzen, so daß ich sie nach und nach als Bruchstücke eines ehemals Ganzen zu fassen vermochte, die ich als das Leben des Melchior Dronte, mein früheres Leben, zusammenfügte

Durch den Schrecken meiner Eltern erschüttert (sie saßen oft beide an meinem Bett und lauschten fassungslos meinen wilden Phantasien, wie sie meinten), zog ich mich schon im Knabenalter ganz auf mich selbst zurück und zeigte mich meiner Umgebung als ein seltsam frühreifes, stilles und nachdenkliches Kind, das am liebsten allein saß und mit offenen Augen vor sich hinstarrte.

Mein neues Leben war für solche Nachdenklichkeit geeignet Die Eltern, herzensgute und einfache Leute, hatten mich, einem Brauche des Landes folgend, nach dem einen der beiden Heiligen meines Geburtstages

„Sennon“ genannt und liebten mich über alles. Nach zehnjähriger, kinderloser Ehe war ich als heißersehntes Himmelsgeschenk zu ihnen gekommen. In meinen ersten Lebensjahren hatte ich sie, wie schon erwähnt, durch ungewöhnliches Betragen oft in große Angst und Sorge versetzt. So war ich einmal in schwere Krämpfe verfallen, als ich durch Zufall dabei sein mußte, wie ein paar Jungen einen schwarzen Hund mit Steinen bewarfen, so daß dieser aufheulend davonlief. Zu einer Tante, die mich zärtlich liebte, wollte ich um keinen Preis mehr gehen, so lange nicht, bis nicht der krächzende Papagei, den sie in ihrer Wohnung hatte, entfernt war. Mitunter hielt man solche dem Leser dieses Buches ohne weiteres verständliche Gefühlsäußerungen für Eigensinn und bestrafte mich gelinde. Die Geduld und der Mangel jeglichen Schuldbewußtseins, mit dem ich die sanften Strafen entgegennahm, machten es aber den Gutherzigen bald völlig unmöglich, in solcher Weise gegen mich vorzugehen.

Besonders meine Mutter, eine trotz ihres geringen Standes ungewöhnlich fein empfindende Frau, erkannte mit ihrem ausgebildeten Ahnungsvermögen besser als der Vater, daß es sich bei allen heftigen Gefühlsäußerungen ihres Kindes um ganz ungewöhnliche seelische Vorgänge handeln müsse, die jede plumpe Einwirkung ausschlossen. Ich erinnere mich deutlich an einen Sonntagnachmittag, an dem ich mit ihr in dem von tiefglühender Herbstsonne erfüllten Garten allein war. Sie hatte Blumen geschnitten, um sie in eine Vase zu stellen. Die Anordnung der kupferroten, blauen, weißen und feuergelben Georginen, die sie getroffen hatte, ergriff mich plötzlich ganz eigenartig, und ohne daß ich damals hätte erklären können, woher mir dies Worte kamen, sagte ich völlig traumverloren und leise vor mich hin: „Die Aglaja hat sie auch so gebunden –“. Da sah mich die Mutter mit einem ganz sonderbaren scheuen Blick an, strich mir mit der Hand über das Haar und sprach vor sich hin: „Die hast du wohl einmal sehr liebgehabt –.“ Wir redeten dann lange Zeit beide nichts, bis es ganz dunkel wurde. Dann seufzte die Mutter auf, drückte mich heftig an sich, und wir gingen ins Haus, um auf den Vater zu warten, der in einem großen optischen Unternehmen beschäftigt war.

Mit anderen Kindern hatte ich wenig Umgang, hielt mich auch im allgemeinen von ihnen fern, nicht etwa aus Hochmut oder Menschenscheu, sondern weil ich ihren Spielen keinen Geschmack abgewinnen konnte. Am liebsten war ich noch mit dem Sohne eines vielgereisten Arztes, der in unserer Nachbarschaft wohnte, mit dem mir gleichaltrigen Kaspar Hedrich beisammen, der wie ich ein stiller und einsamer Bub war. Mit ihm machte ich viele Wanderungen in die Umgebung der kleinen Stadt, die meine Heimat war, und ihm als dem einzigen erzählte ich manchmal von meinen Träumen, aber auch nur so lange, bis in meinem zwölften oder dreizehnten Jahr in mir die Erkenntnis aufdämmerte, welcher Art diese sich immer wieder erneuernden und sich ergänzenden Traumbilder waren. Von da an behielt ich sie bei mir und gab auch Kaspars heftigen Bitten, ihm mehr zu erzählen, kein Gehör. Jedenfalls war er der einzige, der mit großer Aufmerksamkeit und ohne jedes Zeichen von Unglauben bis dahin den verworrenen Geschichten gelauscht hatte, die sich oft gewaltsam aus mir hervordrängten, vielleicht nur in der unbewußten Sehnsucht, eine Erklärung dafür zu finden. Als sich diese endlich wie eine Offenbarung einstellte, hütete ich mein Geheimnis in der Erkenntnis, daß sie von andern kaum jemals richtig verstanden werden könne.

Mit dem Kaspar Hedrich nun geschah mir etwas, was mich damals mit großer Unruhe erfüllte; heute jedoch muß ich lächelnd und von Trost erfüllt an ein Ereignis denken, das mir die erste, teuerste, größte und wertvollste Bestätigung der besonderen Begnadigung war, der ich teilhaftig geworden bin.

Der Kaspar und ich hatten eine besondere Freude daran, an kalten Wintertagen auf dem zugefrorenen toten Arm des Flusses, der nach einem halbstündigen Marsch für uns zu erreichen war, mit Schlittschuhen zu laufen. Wir hielten diesen Ort unserer einsamen Vergnügungen vor den Eltern geheim, wohl wissend, daß sie uns einer Gefahr, die sowohl in der Abgelegenheit des Wassers als auch in der Unsicherheit der Eisverhältnisse lag, nie und nimmer uns auszusetzen erlaubt hätten. Sie meinten nicht anders, als daß wir wie die andern Jungen uns auf einem von den beiden belebten und gänzlich gefahrlosen, künstlich angelegten Eislaufplätzen des Städtchens vergnügten. Die Täuschung gelang uns um so mehr, als weder unsere tagsüber beschäftigten Väter noch meine in den Sorgen der Wirtschaft aufgehende Mutter (die des Kaspar war seit langem tot), jemals Zeit fanden, unseren Schlittschuhkünsten beizuwohnen.

An dem Tage nun, von dem ich erzählen will, kam der Kaspar mit den Schlittschuhen auf dem Arm zu uns, um mich abzuholen. Es war ein warmer Wind aufgesprungen, und von den Dächern tropfte es leise. Um so mehr, meinte mein Gespiele, müßten wir uns beeilen, um die vielleicht letzte Gelegenheit des scheidenden Winters auszunützen.

Ich hatte mich jedoch tags vorher erkältet und fieberte. Die besorgte Mutter, die während des Besuches ins Zimmer trat, erklärte, daß im Hinblick auf meinen Zustand Kaspar diesmal auf meine Gesellschaft verzichten müsse. Ich war der Mutter stets gehorsam und fügte mich. Der Kaspar war zwar enttäuscht, den Genossen entbehren zu sollen, verabschiedete sich dann aber artig und trat den gewohnten Weg zur einsamen Flußstelle allein an.

Nach etwa einer Stunde nahm die Mutter ein Kissen und veranlaßte mich liebevoll, mich auf die Bank am warmen Ofen zu setzen und an dieses Kissen zu lehnen. Sie selbst nahm eine Arbeit vor, riet mir, ein wenig zu schlummern, und ich hörte bald halb im Traume ihr Strickzeug leise klappern.

Auf einmal war es mir, als vernähme ich deutlich die Stimme meines Freundes, die wiederholt und in höchster Angst meinen Vornamen rief!

Ich wollte mich erheben, war aber wie gelähmt. Ich machte eine ungeheure Anstrengung. Da geschah es.

Auf einmal befand ich mich außerhalb meines Körpers. Ganz deutlich erblickte ich mich selbst, mit starren, weitgeöffneten Augen auf der Ofenbank sitzend, und die ahnungslose, in ihr Maschenzählen versunkene Mutter am Tisch. Im nächsten Augenblick schon befand ich mich, wie von einem sausenden Windstoß entführt, am Rande jenes Flußarms. Mit größter Schärfe sah ich die blattlosen Kopfweiden, das einförmig Grau des Eises, den vom warmen Wind zerfressenen Schnee, die Schlittschuhspuren auf der glatten Bahn, und mitten in der geborstenen Eisdecke des Wassers eine offene Stelle, aus der, angstvoll schreiend, der Kopf Kaspars ragte, und seine wildschlagenden Hände, die vergeblich nach einem Halt an den brechenden Eistafeln suchten.

Ohne jedes Besinnen schritt ich über das Eis bis hart an den Rand der Einbruchsstelle, reichte dem in höchster Not Befindlichen meine Hand und zog ihn ohne die geringste Mühe auf die feste Decke. Er sah mich, vor Frost mit den Zähnen schnatternd und doch vor Freude lachend, an und öffnete den Mund, um etwas zu sagen – – –

Da zog mich etwas mit entsetzlicher Gewalt von ihm, ein Angstgefühl ohnegleichen faßte mich, der Zwang des in Not befindlichen eigenen Leibes ward mir schmerzhaft bewußt – – –

Ich sah auf einmal anders, unklarer, mit körperlichen Augen. Vor mir stand die Mutter, rüttelte mich heftig am Arm und rief: „Um Gottes willen, Kind, wach auf! Wach auf!"

Ich saß auf der Ofenbank, so furchtbar erschrocken und atemlos, daß mir fast das Herz stillstand.

Die Mutter erzählte mir nun, daß sie mich beim zufälligen Aufblicken mit offenen, unbewegten Augen habe sitzen sehen. Sie habe mich gefragt, was mir sei, und als ich keine Antwort gab, sei sie besorgt zu mir hingegangen. Aber trotz anfänglichen sanften Anfassens und dann immer heftigeren Rüttelns sei ich, wie völlig tot, ohne Atem oder sonstiges Lebenszeichen dagesessen, bis ich nun endlich zu ihrer unsagbaren Freude aus der tiefen Ohnmacht zu mir gekommen sei.

Nach einer halben Stunde jedoch kam unser Nachbar, der Arzt, um sich bei mir zu bedanken, daß ich dem Kaspar mit so viel Mut und Entschlossenheit das Leben gerettet hätte. Der Kaspar war naß und ganz erfroren nach Hause gekommen und hatte erzählt, daß er auf dem Flußarm eingebrochen und vor Erschöpfung dem Tode nahe gewesen sei. In seiner Angst habe er, ohne zu bedenken, daß dies vergeblich sein müsse, mehrmals meinen Namen gerufen. Da sei ich, der wohl doch zum gewohnten Lieblingsplatz nachgekommen sei, plötzlich aus den Uferweiden getreten, sei schnurstracks zu ihm hin, hätte ihn mit einem Ruck von unbegreiflicher Kraft aus dem nassen und kalten Grabe gezogen und so gerettet. Als er sich aber bei mir habe bedanken wollen, sei ich auf einmal nicht mehr dagewesen und trotz alles Rufens und Suchens unauffindbar geblieben. Und da sei nun der Kaspar ganz durchfroren und steif nach Hause gerannt, wo er, mit heißem Tee gefüllt, unter drei Federbetten liege und schwitze.

Es kam nun zu einem mit beiderseitigem Erstaunen endigenden, freundschaftlichen gegenseitigen Widersprechen zwischen der Mutter und dem Doktor Hedrich, wobei die Mutter darauf hinwies, daß sie nicht einen Augenblick lang das Zimmer verlassen habe, wogegen der Arzt auf die bestimmte Art, mit der Kaspar sein Erlebnis berichtet hatte, hinwies. Als aber die Mutter im Anschluß an ihre Schilderung von dem unerklärlichen

Zustand sprach, in den ich allerdings zur Zeit, da der Unfall geschah, geraten sei, sah mich der Doktor mit einem eigentümlichen Blick an und sagte: „Ei, ei, wärst du am Ende gar –? Aber nein! Der Kaspar mag etwas Fieber heimgebracht haben, und da schwinden die Grenzen zwischen Traum und Erleben!“ Damit ging er, freundlich grüßend, aus der Stube. Aber dann tat er noch einmal den Kopf zur Türe herein, blickte mich an und sagte: „Dennoch danke ich dir, Sennon, und bitte dich von Herzen, auch fernerhin über meinen Kaspar zu wachen, denn du scheinst mir ein guter Wächter, ein Bektschi, wie die Türken sagen, zu sein!“

Dieses Wort, dessen Sinn mir damals noch nicht offenbar war, versetzte mich gleichwohl in die heftigste Erregung, und meine Mutter, die dies wohl dem steigenden Fieber zuschrieb, vermied es, dem heimkehrenden Vater von dem Vorfall zu erzählen, wohl hauptsächlich, um mir Fragen und damit neue Erschütterungen zu ersparen.

Erst geraume Zeit nach dieser rätselhaften Begebenheit teilte sie mir mit, daß eine bestimmte Erscheinung an meinem Körper sie damals mit unbeschreiblichem Entsetzen erfüllt habe. Die schmale Narbe, die ich als angeborenes Mal in Strichform zwischen den Augenbrauen, gerade über der Nasenwurzel trug, war ihr nämlich während jener Besinnungslosigkeit, aus der sie mich mit Gewalt erweckte, als ein in blendend hellblauem Lichte flimmernder Streifen erschienen, etwa anzusehen wie jene Funken, die der Kaspar und ich aus einer Leydnerflasche springen ließen, und dieser Glanz erlosch augenblicklich, als sie mich hart rüttelte, zuckte aber schwächer wieder auf, da ich zum Leben erwachte, und schwand dann allmählich. Es war ihr, sagte sie zu mir, als sei mit dem Erlöschen dieses magischen Lichtes der Tod eingetreten, und der Gedanke habe sie durchschossen, ob ihr erschrockenes Eingreifen mir nicht plötzlich verhängnisvoll geworden sei. Zum Glück sei ich dann ins Leben zurückgekehrt.

Späterhin vermieden wir es, über das Erlebnis noch weiter zu sprechen, und ich glaube, daß sie zu meinem Vater niemals davon geredet hat. Mich aber beschäftigte die wunderbare Fähigkeit, die sich mir geoffenbart hatte, so sehr, daß ich viele Nächte von den rückblickenden Träumen frei war. Dagegen weiß ich heute, da ich mir über alles völlig klargeworden bin, daß ich in jenen Nächten, ohne helles Bewußtsein allerdings, aber auch nicht gänzlich unbewußt, meinen Körper verließ und Wanderungen unternahm, deren Ergebnisse allerdings zu unwichtig sind, als daß sie hier erwähnenswert wären.

Jedenfalls aber brachte die Entdeckung dieser Kraft, über die ich verfügte, meine Gedanken auf andere und kühnere Bahnen als bisher, und sie war es, die mir auf dem beschwerlichen Pfade zur wahren Erkenntnis von größtem Nutzen war.

Meine und Kaspars Wege trennten sich bald insoweit, als er das Gymnasium weiter besuchte, indes ich auf Wunsch meines Vaters in die optische Werkstätte eintrat. Denn meine Eltern waren arm und rechneten damit, daß auch ich allmählich zu dem freilich mit Mühe, aber auch mit Liebe stets behaglich erhaltenen Hausstand einiges beitragen würde. Ich war mit ihrem Plane ganz und gar einverstanden und schied ohne Bedauern aus der Mittelschule.

Die feine, großes Geschick und späterhin nicht unbedeutende mathematische Kenntnisse erfordernde Arbeit an den optischen Instrumenten machte mir große Freude. Bald hatte ich Gelegenheit, mich in freien Stunden in die Wunderwelt des Mikroskops zu vertiefen, und unter Anleitung meines Vaters, dessen naturwissenschaftliche Bildung trotz seiner Bescheidenheit weit über ein gewöhnliches Maß hinausging, begann ich, allerlei Präparate herzustellen. Ich lernte, fast unsichtbare Zellkerne zu färben und deutlich sichtbar zu machen, befaßte mich mit den rätselhaften Formen und dem Verhalten allerkleinster Lebewesen, mit Algen, Moosen und Schimmelpilzen, und entdeckte täglich neue, wundervolle Beziehungen, die vielleicht wirklichen Gelehrten infolge ihrer methodischen, streng auf ein bestimmtes Ziel gerichteten Arbeitsweise unwichtig erschienen oder ihnen gar entgangen wären.

So war ich in meiner Arbeit und in der Geborgenheit meines häuslichen Lebens so glücklich, wie nur ein Mensch sein konnte. Freilich gab es kleine Widerwärtigkeiten mit jungen Altersgenossen, die es nicht begreifen wollten oder es gar für Mißachtung ansahen, daß ich mich ihren Vergnügungen am liebsten fernhielt und vor allen Dingen keinerlei Verlangen nach dem Umgang mit Mädchen zeigte, der das Leben meiner Kameraden nahezu ganz beherrschte und lenkte. Es gelang mir aber stets, ihnen in freundlicher Weise begreiflich zu machen, daß mir die Arbeit an meiner Ausbildung über alles gehe und daß später einmal wohl auch für mich die Zeit kommen werde, in der ich der Aufnahme in ihren lustigen und unbekümmerten Kreis gerne teilhaftig würde.

Allmählich geriet ich auf diese Art in den Ruf eines sonderbar gearteten und eigenbrötlerischen Menschen, erreichte aber doch, daß man sich nicht viel um mich kümmerte und mich meiner Wege gehen ließ. Meine Eltern, namentlich der Vater, hätten es gewiß lieber gesehen, wenn ich mich von den Kameraden nicht zu sehr abgesondert hätte. Aber dennoch ließen sie mir in solchen Dingen ganz freie Hand und umgaben mich mit unveränderter und zärtlicher Liebe. Ich litt wohl darunter, daß ich von Natur aus anders sein mußte als meine gleichaltrigen Gefährten. Aber gerade in jenen Jahren war der Einblick in die wilden Abenteuer meines abgelaufenen, durch ein neues Dasein abgelösten Erdenwallens als Melchior Dronte vollkommen deutlich, und das furchtbare Wissen um Dinge der Ewigkeit wirkte so mächtig auf mich ein, daß ich dringend der Einsamkeit bedurfte, um den schwer auf mir lastenden Eindrücken gewachsen zu sein und mit ihnen fertig zu werden.

Wie gerne hätte ich irgendeinen Menschen gehabt, mit dem ich über das bewußte Weiterleben nach der Zerstörung des Leibes hätte reden können! Es wäre für mich in der zermalmenden Fülle von Ausblicken eine große Erleichterung gewesen, verstanden zu werden. Aber mit wem hätte ich solche unerhörte, vielleicht einer erkrankten Einbildungskraft zuzuschreibenden Erlebnisse, die zwischen Schlaf und Wachen, Tod und Leben ihre Fäden spannen, besprechen sollen? Vielleicht, daß meine Mutter, soweit es ihr der Schrecken beim Anhören dieser Dinge erlaubt hätte, mit dem unergründlichen Ahnungsvermögen der Frauen gefühlsmäßig mir nähergekommen wäre. Aber Worte wären auch hier vergeblich gewesen. So blieb ich allein für mich und hatte die dunkle Qual zu ertragen, das in einer vergangenen Zeit Erlebte noch einmal, ja mehrmals und so lange in tiefer Nacht wieder zu begehen, bis alles in den kleinsten Einzelheiten als schärfste Erinnerung vor mir stand und sich in das nach und nach entstehende Gesamtbild einfügte.

Wie hätte ich an den Frauen und Mädchen der Stadt, die ich kannte, Gefallen finden können, da es nur eines gab, was den Frieden meiner Seele störte: die Sehnsucht nach jener Frau, die trügerisch und immer entschwindend in der Doppelgestalt Aglajas und Zephyrines mein früheres und auch mein jetziges Leben erfüllte?

Und die einzige Strafe, die mich für die Verfehlungen des Melchior Dronte traf, für meine Verfehlungen, war die peinigende Suche, das brennende Verlangen nach dem über alles geliebten Antlitz, das kurze Wiedersehen und das neuerliche Entgleiten dieses Wesens, zu dem es mich mit rasender Sehnsucht hintrieb.

An meinem achtzehnten Geburtstag geschah mir dies: Ich hatte, langem Drängen nachgebend, mit zwei Freunden, zu denen auch Kaspar gehörte, einen Sonntagsausflug verabredet, der eine kleine Bahnreise notwendig machte. Wir standen in der Frühe dieses Tages auf dem Bahnhof, um die Zusammenstellung des aus kleineren und älteren Wagen bestehenden Lokalzuges zu erwarten, als unter donnerndem Stampfen ein Fernzug mit gemäßigter Geschwindigkeit die Station durchfuhr.

Ich stand ganz vorne an der Rampe und sah daher deutlich die Gesichter, die aus den breiten Fensterrahmen des vornehmen Zuges auf uns heraussahen. Es waren zumeist Fremde, die von weither kamen und der großen Hafenstadt an der noch weit entfernten Meeresküste zueilten, um d ort Schiffe nach fremden Weltleilen, namentlich nach den Vereinigten Staaten, zu besteigen.

Da war es plötzlich, als ob ein heller Glanz entstünde, alles um mich in ein fast unerträgliches Licht tauchend. In einem weißen Kleide, bleich und schön, wie ich sie in der vorausgegangenen Nacht unter Kerzenflimmern im Sarge gesehen hatte, stand Aglaja im Fenster eines vorüberfahrenden Wagens. Ich erkannte sie im Augenblick. Goldrote Löckchen wehten im Winde um ihre Stirn, ihre schönen grauen Augen waren mit süßem Schrecken auf mich gerichtet, und die kleine Hand, die auf der Holzleiste des heruntergelassenen Fensters ruhte, löste sich plötzlich und preßte sich auf das Herz unter der jungen Brust. Ach, ich sah, daß es ihr nicht anders erging als mir, daß sie zutiefst fühlte, daß wir noch immer aneinander vorüberfliehen mußten, ohne uns eines am andern festhalten zu können, daß es uns noch nicht gestattet war, uns zu einem seligen Wesen, zu dem aus der Seele von Mann und Weib bestehenden Göttlichen, zu ergänzen. Gewiß fühlte sie nur, was ich wußte. Aber dieses Fühlen der Frau entsprach der Erkenntnis des Mannes und war so wertvoll und in diesem Falle gewiß ebenso schmerzhaft wie diese. Es war nur ein kurzer, qualdurchzitterter Augenblick, in dem ich mit leiblichen

Augen sehen durfte, was mir einst, an der Ewigkeit gemessen, nicht weniger flüchtig und vergänglich, nahe gewesen war. Und es ward mir klar, daß auch mein Weg zur Vollendung noch recht weit sei und daß noch viel Unreines von mir abfallen müsse, ehe ich in den ewigen Frieden eingehen dürfe als ein Vollendeter. Ich war nur ein Wiedergekommener.

Es dauerte sehr lange, bis ich mich von dem heftigen Schmerz, der mich bei dem neuerlichen Verlust traf, erholen und mein Gleichgewicht wiedergewinnen konnte.

Bald nach diesem Vorfall erkrankte zuerst mein Vater und starb, bis zu seinem letzten Atemzuge mit der Sorge um mein und der Mutter weiteres Leben beschäftigt. Die Mutter zog sich wenige Wochen darauf eine heftige Erkältung zu, die zu einer schweren Lungenentzündung wurde. Ich hielt bis zu ihrem letzten Atemzuge ihre Hand in der meinen und hatte den Trost, aus ihrem Munde kurz vor dem Tode jenen Ausspruch zu hören, der mir gut bekannt war:

„Gott sei Dank, wir werden uns wiedersehen!"

Dennoch weinte ich bittere Tränen, weil sie mich verlassen hatte.

Ich hatte längst eine gut bezahlte Stelle in der Anstalt erhalten, und für meine bescheidenen Bedürfnisse war überreichlich gesorgt.

In meiner freien Zeit schrieb ich nach reiflicher Überlegung die lange Geschichte meines Lebens als Melchior Dronte und diese kurze Schilderung des bisher so friedlichen Daseins, das ich unter dem Namen Sennon Vorauf führte, nieder und versah das Ganze mit einer Vorrede. Die beschriebenen Blätter verpacke und versiegle ich nun und werde sie mit dem Namen des Kaspar Hedrich versehen, der mittlerweile seine Studien vollendet hat und gleich seinem verstorbenen Vater Arzt geworden ist.

Er lebt in einer nahe gelegenen Stadt, und wenn die rechte Zeit gekommen ist, wird ihm diese hiermit vollendete Schrift vielleicht eine Erklärung meines Wesens geben, und es kann sein, daß sie ihm und anderen den Tod, den so viele mehr fürchten als alles, in einem anderen und weniger düsteren Lichte erscheinen lassen, als er sich ihnen bisher dargestellt haben mag.

Manche, in Worte schwer zu fassende Gedanken, von deren trostreicher Wahrheit ich mich überzeugt habe, kann ich niemandem vermachen. Jeder muß sie auf eigenen Wegen finden, zu deren Beginn ich jeden, der sich ernsthaft und hingebend um das Erforschen der Wahrheit müht, geführt zu haben glaube.

Es war an der Zeit, daß ich es tat. Denn großes Unglück steht den jetzt Lebenden bevor– – –

An das k. u. k. Plaz-Kommando

in

T i r a n a.

Gegen den der Scheinwerfer-Abteilung Nr. 128/B zugeteilten Infanteristen Sennon Vorauf wird wegen eigenmächtiger Entfernung von seinem Truppenkörper die Desertionsanzeige erstattet.

Wenzel Switschko, Oberleutnant.

Herrn wolgeborn Regamentsarzt Dr. Kaspar Hedrich
Feldpost 1128

Sehr geehrter Herr Regamentsarzt! Intem ich ihnen mitteile, daß unser Freint der Sennon Vorauf desatirt sein sol und ist die Anzeige gemacht beim Plazkommanto. Sehr geehrter Herr Regamentsarzt das ist nicht war das er ist desatirt sontern es war so. Ich und der Vorauf und der Korpral Maierl sind in der albanesischen Stadt Tiranna spaziern gegangen und der Vorauf war schon den ganzen Tag sehr spaßig und hat gesakt ganz auf einmal das ich erschrocken bin Gott sei Dank wir wern uns widersehn hat es gesakt. Und er war sehr liebreich zu uns und dem Maierl hat er seine silberne Uhr gegeben und mir einen Ring mit einem roten Stein. Dies behaltet zu meinen Andenken hat er gesakt und so sag ich noch Sennon was tust Du? Derweil sind wir zu eine Tekkeh gekommen von die Halweti-Derwische, diesses ist ein hölzernes Haus da stehen Särge von heilige Muhametaner-Derwische mit grinen Tuch darauf bei der Thire und mit einmal sakt der Vorauf: Man ruft mich, und geht hinein. Da sakt der Kopral, Vorauf, was fallt dir ein es ist strenge verboten in die heilichen Orte der Muhametaner zu betretten für die Soldaten aber er ist hinein, so haben wir gewartet und nach einer Weile ist so ein Derwisch herausgekommen mit einem schwarzen Turban und einen kleinen Bart ein schöner Mann und eine braune Kutte hat er gehabt dazu einen Rosenkranz mit gelbe Kugel um den Hals und dieser Derwisch hat uns freindlich zugeniggt, es war eigentimlich und wir haben ihn saludirt und widerum lang gewartet ist aber Niemand gekohmen so bin ich in das Haus wo die Derwische wohnen und der Herr Kopral Maierl ist derweil bei der Tekkeh geblieben aufpassen so ist dann einer von die Derwische mit einen grauen Bart mit mir, ist auch in die Tekkeh was nur eine Thir hat und gesucht nach den Sennon. Sodann ist er zurück und gesakt es ist keiner darin so haben wir einander angeschaut und sind heim und der Herr Kopral hat Meldung gemacht beim Komatanten Herr Oberleutnant Schwitschko und dann hat er bei mir um den Sennon geweint und heute ist es schon fünf Tage und kein Sennon zu finden und so weiß nur unser Herrgott wo das er ist, er war ein lieber Freind das wissen der Herr Regimentsarzt und man kann nicht wissen der Maierl sagt er war ein heiliger Mensch so viel Gutes hat er uns allen getan und noch seine Sachen verschenkt dieses wollte ich melten und wenn der Herr Regamentsarzt wolte kommen es ist ein ganzes Rätsel mit dem Sennon und es grießt Sie Gehorsamst.

Leopold R i e m e i s. Infanterist, Scheinwerfer 128/B.

Es geht gegen Mitternacht.

Unter meinen Fenstern läuft die Landstraße in die flache Gegend hinaus, endlos, grau. In den Pappeln saust der Wind. Es pickt an meine Scheiben. Geisterfingerchen, wie? Nein, es sind nur die alten Blätter, die so prächtig aushielten in den eiskalten Winterstürmen und die jetzt der feuchte Tauwind pflückt, eines nach dem andern. Herunter mit ihnen!

Sollte man es für möglich halten, daß ich, Doktor Kaspar Hedrich, der Mann der exakten Wissenschaft, der Verfasser des vielgelesenen Buches „Die sogenannten okkulten Phänomene. Eine Erledigung“, jetzt hier sitze ein, ein Geschlagener.

Muß ich nun widerrufen, oder was soll ich beginnen? Habe ich als Junge von vierzehn Jahren schärfer und besser gesehen als jetzt?

Ich muß zurückgehen. Ich muß mich losmachen von den dicken Papierblättern, die mein Jugendfreund Sennon Vorauf mit seiner seltsamen, verschnörkelten Schrift, mit einer blaßblauen Tinte so merkwürdig aussehend gemacht hat, als wäre das Ganze ein Bündel Briefe oder Tagebuchblätter aus dem achtzehnten Jahrhundert. Tat er dies absichtlich? Es entspräche gar nicht seiner geraden und aufrichtigen Art. Wenn je ein Mensch ehrlich gegen sich und andere war, wenn einer der Wahrheit mit Leidenschaft anhing, dann war es Sennon Vorauf. Dafür will ich meine Hand ins Feuer legen.

Nach dem entsetzlichen Kriege, nach allem Unglück, das Dummheit und Haß über mein Land gebracht haben, bin ich heimgekehrt. Und das erste, was ich vorfinde, ist dieser dicke, nun entsiegelte und gelesene Pack engbeschriebener Seiten, der bei mir abgegeben wurde, während ich bei den Malariakranken in Alessio oder Lesch, wie es die Schiptaren nennen, einen giftigen und traurigen Sommer verbrachte und durch einen Soldatenbrief nach Tirana gerufen wurde, um nach dem Sennon zu suchen.

Aber ich muß zurück, muß die Dinge von Anbeginn an betrachten Vielleicht blickt mir Sennon über die Schulter oder sieht, selbst unsichtbar, zum Fenster herein. Wer kann es wissen?

Wir waren viel beisammen in der Kindheit. In seinen Schriften erwähnt er ja die rätselhafte Begebenheit, die sich auf dem Flußeise zutrug und bei der er mir das Leben rettete. Auch mein Vater, der lange im Orient gelebt hatte, glaubte es. Er hat es mir selbst gesagt. Nur ich, ich redete mir später ein, daß ein rasch einsetzendes Erkältungsfieber mir, nachdem ich mich selbst aus dem Wasserloch geborgen, den Gespielen vorgegaukelt habe.

Und was war später? Ich ging einst sehr früh am Morgen zu Sennon, um ihn nach meiner Gewohnheit abzuholen. Er liege noch im Bett, sagte seine Mutter zu mir, ich solle nur hineingehen und ihn aufwecken. Ich trat ein. Sennon lag mit starren und offenen Augen im Bett auf dem

Rücken. Seine Brust hob und senkte sich nicht. Ich sah, schon damals ärztlicher Beobachtung zugetan und sie unbewußt übend, daß die Atmung ausgesetzt hatte. Ich ward unruhig und legte die Hand auf die Brust des Freundes. Das Herz stand still.

Furcht erfaßte mich. Sollte ich Frau Vorauf mit der entsetzlichen Nachricht in Verzweiflung stürzen, daß ihr Sohn, an dem sie mit einer ungewöhnlich zarten Liebe hing, tot im Bette liege? Dicke Tränen tropften aus meinen Augen, und ich konnte den Blick nicht von dem ruhigen und stillen Angesicht meines liebsten Gespielen wenden. Da war es mir, als sähe ich in das feine rote Mal, das Sennon wie ein indisches Kastenabzeichen zwischen den geschwungenen Brauen trug, leuchtenden Nebel einströmen, der aus der Luft zu kommen und sich erst in seiner Nähe zu verdichten schien. Aber dies dauerte nur sehr kurz, und während ich noch fassungslos vor Staunen am Bette stand, kam Leben in den entrückten Blick meines Freundes, die Augen bewegten sich, sein gewohntes liebes Lächeln (nie habe ich einen Menschen so bezaubernd lächeln gesehen wie ihn), spielte um seine Lippen und wie erwachend sagte er: „Du bist es, Kaspar?“

Nach Bubenart teilte ich ihm sogleich meine soeben gemachten Wahrnehmungen mit und fügte hinzu, daß ich drauf und dran gewesen sei, entweder die Mutter hereinzurufen oder ihn durch Schütteln und Begießen mit kaltem Wasser ins Leben zurückzurufen. Da sah er mich ernst an und bat mich für den Fall, daß ich ihn jemals wieder in solchem Zustand antreffen sollte, ihn nicht gewaltsam ins Leben zu rufen und diesbezügliche Versuche anderer zu verhindern.

„Es ist schlimmer als das, was man Sterben nennt, wenn an dem dünnen Band zwischen Seele und Leib gerissen wird. Es ist ein Schmerz, dem nichts zu vergleichen ist“, sagte er ernst und nickte vor sich hin.

Ich war unbegreifliche Reden bei ihm gewohnt. Er murmelte oft Namen vor sich hin, deren Bedeutung mir ganz unverständlich war, nannte Personen, mit denen er unmöglich in Berührung gekommen sein konnte. Aber ich war ein Junge, grübelte nicht viel über solche Dinge nach und dachte mir höchstens: „Heut spinnt er wieder, der Sennon!“ Dies fiel mir um so leichter, als viele unserer Mitschüler Sennon, bei aller Zuneigung, für ein wenig gestört hielten. Aber dennoch hatten sie ihn alle gern, und mir ist kein Fall bekannt, daß ihn jemand geneckt, mit ihm gestritten oder ihm, wie es Kinder so gerne tun, seine Eigentümlichkeiten vorgehalten hätte. Daß er Liebe und Rücksicht verdiente, das erkannten wohl auch die Rohesten. Denn er war der gütigste und hilfreichste Mensch schon in seiner Jugend. Jeder Anlaß, anderen Gutes zu tun, war ihm willkommen. Und war es nur der kleine Kummer über eine etwa erhaltene schlechte Note – Sennon ruhte nicht, bis er den Betrübten mit seinem liebreichen Trost wieder fröhlich gemacht hatte. Ich selbst hing sehr an ihm, und wenn er mich in seiner sanften Art tadelte, wirkte dies mehr auf mich, als wenn es von meinem eigenen, guten Vater gekommen wäre.

Ja, jetzt in dieser Frühlingsmitternacht, in der der Wind über mein Dach geht und unsichtbare Füße die Straße entlangzuwandern scheinen, immer weiter, einem unerreichbaren Ziele zu, taucht alles wieder auf, was im Strudel der jungen Jahre und in der verlorenen, entsetzlichen, unfruchtbaren Zeit dieses wahnsinnigen Krieges auf den Grund der Seele gesunken ist. Ich erinnerte mich an den Sommertag, an dem ich zu meinem Staunen sah, wie die Singvögel in der Au sich auf Kopf und Schultern des ruhenden Sennon niederließen und ein kleines Wiesel seine Hände beschnupperte. Ein Wiesel! Das scheueste aller Tiere! Und wie alles zerstob, als ich hinzutrat. Ich weiß auch noch, wie Sennon eine kranke Säuferin, die Pomeranzen-Marie, die, von einer schweren Übelkeit erfaßt, mit blauem Gesicht zu Boden stürzte, aufhob, ihr mit der Hand leise über die Stirn strich, worauf sie ihn anlächelte und völlig erholt ihren Weg fortsetzte. Ich war dabei, wie spritzendes Blut, das aus einem Sichelschnitt sprang, stehenblieb, als er hinzutrat, und wie die Flammen auf des Schreiners Kielber Dach zusammenschrumpften, zuckten und erloschen, als Sennon erschien und die Hand ausstreckte. Ich habe es mit meinen eigenen Augen gesehen Wie konnte ich dies alles so gering achten, daß ich es vergaß? Wie leid, wie unsäglich leid ist mir um die Jahre, die ich so stumpf neben ihm verbrachte Meine ganze exakte Wissenschaft gäbe ich.

Nein, mit gefühlvollem Bedauern um Versäumtes kann ich der Sache nicht näherkommen.

Ich war töricht – wie alle jungen Leute. Als ich in den Ferien nach Hause kam, fand ich den Umgang mit dem Arbeiter in der optischen Werkstätte von Deier und Frisch nicht angemessen. Ich ging lieber mit dem Baron Anclever von der Bezirkshauptmannschaft und dem Dragonerleutnant Leritsch.

Ich kann es nicht ändern. Es war so.

Aber dann kam ich zur Vernunft. Die Vorlesungen des Professors Schedler über psychische Phänomene waren es, die mich aus der albernen Lebensführung rissen, in die ich geraten war. Ich begann in Tiefen zu blicken, in dämmernde Abgründe, in die zu tauchen ein höherer Anreiz war, als kleinen Tänzerinnen nachzulaufen, Schaumwein zu trinken und mit Schwachköpfen Beratungen über Halsbinden, Hosenschnitt und Rennberichte zu pflegen. Ich warf sie aus meinem Innenleben, wie man nichtsnutzes Gerümpel aus einem Raum entfernt, in dem man sich einrichten will. Aber ich vergaß dabei auch Sennon.

Ach, was habe ich verloren! Ich lege meine Wange auf das letzte Blatt der Schrift, auf dem seine Hand abschiednehmend geruht hat. Ich rufe seinen Namen und sehe auf die schwarzen Fensterscheiben in der unsinnigen Hoffnung, es möge sein liebes, ernstes und doch so froh machendes Gesicht hinter dem Glas erscheinen, statt der Finsternis da draußen. Alles, nach dem ich mich jetzt so unsäglich sehne, war mir nahe, so nahe! Ich brauchte ja nur die Hand auszustrecken, nur zu fragen. Niemand gibt mir jetzt Antwort, und mein ganzes Wissen läßt mich im Stich. Oder soll ich mich mit der unbestimmten Ausflucht trösten, daß es sich bei Sennon Vorauf um eine sogenannte „Bewußtseinsspaltung" gehandelt habe und daß der Ewli des Melchior Dronte nichts anders sein könne als eine sinnbildliche Belebung des Unterbewußtseins, jenes zweiten Ich des Vorauf?

Nein, mich selbst kann ich nicht mit der Handwerkssprache der Wissenschaft beruhigen. Denn ich bin irre an allem – – –

Als ich im Laufe des Krieges in das von uns besetzte Albanien kam und von Lesch nach Tirana ging, um in dieser kühlen, von eiskalten, schießenden Bergwassern durchronnenen Stadt am Fuße der ungeheuren Bergwand des Berat ein Heim für meine armen Malariarekonvaleszenten einzurichten, sah ich Sennon Vorauf zum letzten Male.

Es war gerade an diesem Tage von Durazzo her über Bazar Schjak eine Scheinwerferabteilung in Tirana eingerückt. Unter den Mannschaften, die ihre Quartiere aufsuchten, erkannte ich Sennon.

Ich ging sofort auf ihn zu und sprach ihn an. Wie Sonnenschein aus Jugendland ging sein Lächeln über mich hin. Er war braungebrannt und aufrecht, sah aber sonst völlig unverändert aus. Ich bemerkte in seinem männlichschönen, ebenmäßigen Gesicht keine Falte. Diese Glätte schien mir sehr merkwürdig und ungewohnt. Denn in die Gesichter aller andern, die in diesem entsetzlichen Lande Krieg führen mußten, hatten Elend, Hunger, Anstrengungen und Schrecken aller Art tiefe Risse gezogen, und jeder sah müde und gealtert aus.

Wir begrüßten einander herzlich und sprachen von alten Tagen. Aber die Zeit war knapp. Ich hatte Besprechungen und viele Sorgen wegen der Baracken, zu deren Errichtung so ziemlich alles fehlte, was notwendig war. Unsere Schiffe wurden torpediert, auf dem Landwege war nichts herbeizuschaffen. Alles mußte den Lovcen hinaufgeschleppt, über den Skutarisee geflößt und von Skutari aus auf unbeschreiblichen Wegen über Land gebracht werden. Jede Kleinigkeit. Und Bretter waren keine Kleinigkeit. Ich verhandelte mit Menschen, deren Gehirn aus Vorschriften und Gebührentabellen bestand. Es war trostlos; ich kam mir vor wie mit Kleister und altem Kanzleistaub überzogen. Das alles störte mich. Ich versprach Sennon, ihn bald aufzusuchen. Er lächelte und gab mir die Hand. Oh, er wußte so sicher – – –!

Am Nachmittag kam ein Mann seiner Abteilung zu mir, Leopold Riemeis hieß er, und ließ sich untersuchen. Er hatte das Papatatschi-Fieber überstanden, war aber noch sehr schwach. Ich fragte ihn unwillkürlich nach seinem Kameraden Sennon Vorauf. Sein Gesicht strahlte. Ja, der Vorauf, der Sennon! Der habe ihm das Leben gerettet. Ein Kollege, dachte ich und lächelte. Hat natürlich auch, so wie ich damals, einen Fiebertraum für Wahrheit genommen. Aber neugierig war ich doch, gab dem Riemeis eine Zigarette und ließ ihn erzählen.

Der Riemeis war ein Steirer, ein Bauernsohn. Schwerfällig im Ausdruck, aber man verstand ihn ganz gut. Die Sache war so gewesen: In einem kleinen Ort, in Kakaritschi, hatte ihn, den Riemeis, das Fieber niedergeworfen. Aber schon höllisch. Er verbrannte bei lebendigem Leibe, seine Haut war voll von Geschwüren, und an anderen Tagen wäre er vor Frost am liebsten ins Lagerfeuer gekrochen. Und kein Medikament mehr da. Der Oberarzt, den sie mithatten, schüttelte den Kopf. In acht Tagen war Riemeis ein häutiges Gerippe, und nicht einmal Chinin war mehr vorhanden, war längst schon aufgefressen. „Gehts, Leute“, redete der Oberarzt den Zug an. „Wenn einer von euch Chinin bei sich hat, soll er es hergeben für den Riemeis, vielleicht geht dann das Fieber zurück, sonst müssen wir ihn in ein paar Tagen eingraben.“ Sie hätten es gerne hergegeben, aber wenn keines mehr da ist, ist eben keines da. Mein Gott, und es standen schon an allen Wegen des verfluchten Landes Kreuze, unter denen unsere armen Soldaten lagen – in der fremden, vergifteten Erde. „Na also, Riemeis–“, sagte der Arzt und klopfte ihm auf die Schulter. „Da kann man halt nichts machen.“ Und ging. Der Riemeis hatte zwar an diesem Tag einen glühenden Kopf, aber er verstand den Doktor recht gut „Da kann man halt nichts machen.“

Neben dem Bette des Riemeis saß Sennon. Es war in der Nacht. „Sennon, ein Wasser, ich bitt dich!“ stöhnte der Kranke. Aber Sennon gab keine Antwort. Er saß mit weit offenen Augen da und hörte nicht. Angstvoll sah ihn Riemeis an. Und da geschah es. Von der Stirne des Sennon fiel etwas Glitzerndes und schlug auf den Lehmboden auf. Und da bewegte sich nun Sennon, schaute um sich, lächelte den Kameraden an, bückte sich und hob eine runde Flasche auf, in der kleine, weiße Pastillen waren. Chinin-Pastillen. Sehr viele. Aus dem Depot in Cattaro.

Merkwürdig sind unsere Bauern. Dem Oberarzt sagten sie nichts davon, aber die Köpfe steckten sie zusammen und wispelten. „Mein Großvater hat erzählt –“. Sie fragten Sennon nicht aus. Davor hatten sie Scheu. Aber sie umgaben ihn mit Liebe und Verehrung, nahmen ihm alles ab, taten alle Arbeit für ihn, lauschten auf jedes seiner Worte. Und sie begriffen es gut, daß gerade auf seinem Herzen das ganze Leid der Geringen lag, die in dieses Morden getrieben wurden, ohne daß man sie auch nur einer Frage für wert befunden hätte. Dies soll keine Anklage sein. Unser Land war in Gefahr. Auch die Gewalthaber drüben fragten ja keinen. – Wie hätten sie sonst wohl Krieg führen sollen? Wie Rache nehmen können an uns, weil wir tüchtiger und fleißiger waren? Aber wozu sprech ich von diesen Dingen! Lange wird es dauern, bis die Menschheit wieder gerecht zu urteilen vermag. Also der Sennon Vorauf.

Er trug das Weh der Erde, die ganze Not der ungezählten Menschen, und sein Herz weinte Tag und Nacht. Wenn er auch lächelte. Sie verstanden ihn gar gut, seine Kameraden, und es wäre niemandem anzuraten gewesen, Vorauf nahezutreten. Auch einem General nicht. Die Leute waren wild geworden durch ihr schreckliches Handwerk. Aber es gab keine Gelegenheit. Nie hat es einen braveren, pflichttreueren Menschen gegeben als den Vorauf. Aber alle meinten, auf Menschen zu schießen – nein, dazu hätte ihn niemand bringen können. So sagte der Riemeis.

Ach, ich mußte fort, den Grund für die Baracken abstecken. Ich bat Riemeis, Sennon vielmals von mir zu grüßen. Ich käme morgen. Ja, morgen! Schon am Abend mußte ich nach Elbassan abgehen.

Dann kam der Brief von Riemeis an mich und eine Abschrift der Desertionsanzeige.

Aber es vergingen vierzehn Tage, bevor ich nach Tirana fahren konnte. Volle vierzehn Tage. Ich hoffte, daß man den Vorauf doch noch gefunden hätte.

Zuerst besuchte ich den Kommandanten von Voraufs Abteilung, der die Anzeige erstattet hatte, Oberleutnant Wenzel Switschko. Ich fand einen dicken, beschränkten, selbstgefälligen Menschen mit Kommißansichten, für den der Fall klar war. Der Vorauf, ein sogenannter „Intelligenztrottel", war desertiert, und die Tekkeh, in die er verschwunden war, hatte sicherlich einen zweiten Ausgang. Man kennt schon den Schwindel. Aber, wehe, wenn er eingebracht werden würde! Na ja.

Ich verzichtete und ging zu den Leuten.

Riemeis empfing mich mit Tränen in den Augen. Auch Korporal Maierl, ein gutmütiger Riese, Grobschmied seines Zeichens, mußte einigemal schlucken, bevor er sprechen konnte. Sie erzählten im wesentlichen das, was in dem Brief des Riemeis an mich stand. Wir gingen zur Tekkeh der Halweti-Derwische. In den uralten Zypressen gurrten schieferblaue Tauben. Ein rauschendes schmales Wasser stürzte an dem Holzhaus vorüber, und hoch droben leuchteten schneeweiß über rosa blühenden Mandelbäumen und zartgrünen Korkeichen die beschneiten Kämme des Beratgebirges. In der offenen Vorhalle der Tekkeh standen große Särge mit Giebeldächern, mit smaragdgrünen Tüchern behangen. Auf jedem lag der Turban des zur Ruhe Eingegangenen.

Ich schritt um das Haus. Nein, es hatte keinen zweiten Ausgang. Nirgendwo. Ich blickte noch einmal auf die flachen, roten, von andächtigen Füßen ausgehöhlten Ziegel des Eingangs, über die Sennon zum letzten Male geschritten war.

Am Nachmittag nahm ich mir einen Dolmetscher mit, einen jungen und schlauen Spaniolen, und besuchte den Schech der Halweti, Achmed. Ich wurde sogleich vorgelassen und trank mit ihm und einem jungen, ernst blickenden Derwisch Kaffee auf einem buntüberzogenen Tablett in einem hellen Zimmer. Der Spaniole sagte dem Schech, was ich ihm vorsprach.

Nein, der Sotnie (Herr) sei umsonst gekommen. Man wisse wohl, daß ein Soldat der Austria in die Tekkeh eingetreten und nicht mehr herausgekommen sein müsse. Dies müsse jedoch ein Irrtum sein, denn die Tekkeh habe nur diese eine Tür.

Ja, schön. Aber wie die Sache zu erklären sei? Wer der Derwisch in der braunen Kutte, mit dem Turban der Halweti und der Bernsteinkette gewesen sein könne?

Ach, hätte ich damals nur das Leben des Melchior Dronte gekannt! Hätte ich etwas von Isa Bektschi gewußt! Aber zu dieser Zeit lagen die Blätter mit Voraufs Niederschrift in meinem Hause tausend und abertausend Meilen weit von Schipnie entfernt, an der Landstraße mit den Pappeln, versiegelt und verpackt, nicht einmal dem Monde sichtbar, wenn er nachts durchs Fenster meines Zimmers blickte.

Ja, der Derwisch? Keiner von ihnen sei es gewesen. Zudem war die Tür der Tekkeh stets versperrt – mit drei alten Schlössern, von denen jedes nahezu zwei Pfund wog; sehr alte Schlösser aus den Tagen des Sultans.

Aber irgendeine Erklärung – eine Erklärung müsse es doch geben? Wie kamen Vorauf und der Mönch durch die verschlossene Tür?

Der Schech mit dem weißen Bart und der junge Derwisch sahen einander an, streiften mich und den Dolmetsch mit einem Blick, in dem höfliche Geringschätzung lag; ja – ich verstand mich auf solche Blicke, seit ich Mohammedaner näher kennengelernt hatte, und dann sprachen sie rasch und leise miteinander. Ich verstand nur die Worte „syrr“ und „Dejischtirme!“

Der alte Mann verneigte sich vor mir. Es tue ihm sehr leid, mir nicht dienen zu können. Man wisse leider nichts Weiteres.

Nein, man wisse leider nichts, stimmte der Derwisch bei. Der Dolmetscher übersetzte.

Man sah uns liebenswürdig fragend an. Die Augen sagten: „Dürften wir nun wieder um Alleinsein bitten, meine Herren Neugierigen?“

Ich stand auf. Es war nichts weiter zu erfahren. Das sah ich wohl. Die Derwische waren sehr höflich. Der Schech berührte mit der Hand den Teppich, bevor er sie an Stirn und Mund führte.

„Was haben sie miteinander gesprochen?" fragte ich den Spaniolen, als wir im blendenden Sonnenlicht unter den Zypressen standen und das Lachen und Gurgeln der wilden Tauben über uns war. Der Dolmetsch zuckte verlegen die Achseln.

„Sie nicht redeten wie Schiptar, albanisch, Sotnie", sagte er. „Sie leise sprechen sehr. Ich verstanden nicht. Es war Osmanli, turc, mon capitaine, you understand – –."

„Was bedeuten die Worte ‘syrr’ und ‘Dejischtirme’, – wie?" fragte ich. Ich hatte sie gut im Gedächtnis behalten.

Der Dolmetsch schüttelte den Kopf, dann sagte er:

„Syrr! Es ist Geheimnis, ja, und ‘Dejischtirme’, dies man sagt in Deutsch: eine Umtausch."

„Ja, und was kann das bedeuten?"

„Le mystére – der Geheimnis von das Transformation – – einen Verwandlung bei lebendes Leib – vous comprenez?"

„Märchen! Märchen!"

Ja, hier war die Zeit stehengeblieben. In den Kaffeehäusern saßen Erzähler, und wenn es dunkel wurde, gingen die Türken nur zu zweien und dreien aus, so sehr fürchteten sie sich vor Dschinnen, Afriten und Gulen.

Aber ich, der Doktor Kaspar Hedrich – – –

Transformation. Also der gute Sennon Vorauf. Was hatte er gesagt? Was stand doch in dem Brief des Riemeis?

„Man ruft mich!"

Dann ging ich in meiner Not noch einmal zum Kommando.

„Frecher Schwindel!" schrie Oberleutnant Switschko. Desertiert ist der Kerl. Er war mit den Türken im Bandel. Ich habe es selbst gesehen, wie sie sich vor ihm bis auf die Erde verneigt haben, und die Weiber sind mit kranken Kindern zu ihm gekommen. Gar nicht dulden hätt' ich die

G'schicht sollen von Anfang an. Kommen Sie mit in die Menasch, Herr Regimentsarzt?"

Nein, ich kam nicht mit. Ich wollte auch Riemeis nicht mehr sehen und Korporal Maierl nicht. Ich war sehr traurig. Ach, diese kostbaren Blätter vor mir! Warum mußten diese Blätter so spät in meine Hand fallen? Aber er hatte es so gewollt, der Sennon, der – ja, der Ewli.

Ganz allein sitze ich hier, und es ist Mitternacht. Das alles ist längst vorbei, das Leben ist kurz, und Versäumtes kehrt nicht wieder.

Welche Wanderungen stehen mir bevor, welche Wege?

„Syrr", seufzt der Wind in den Pappeln. „Syrr!" – Geheimnis!

Ende.

Paul Busson

- Ein rätselhafter 'Dichter' -

Paul Bussons Geburtshaus steht in Innsbruck, wo er am 9. Juli 1873 geboren wurde. Das Haus trägt einen auffallenden Namen:

'Der Wilde Mann'.

Busson war das erste von insgesamt 10 Kindern, die seine Mutter zur Welt brachte.

Die Schule war ihm eine Qual. Ein typisches Kennzeichen für hochbegabte Kinder, die von ihren Lehrern unterdrückt werden. Im Jahre 1892 macht er in Graz sein Abitur und studiert Medizin. Er führt ein sehr abenteuerliches Leben. Als Leutnant zieht er mit seinem Regiment nach Galizien, lebt dann ab 1900 in Wien, wird Mitarbeiter des 'Neuen Wiener Tagblatts' und des 'Simplicissimus'. Mit seinem Pferd unternimmt er einen Ritt durch Bosnien, Serbien und Bulgarien, sendet von dort aus seine Berichte nach Wien. Er ist unterwegs im Balkan und in Italien, in Albanien, Schweden und Dänemark.

Als 1914 der 1. Weltkrieg ausbricht, reist er als Kriegsberichterstatter an verschiedene Kriegsschauplätze.

Zwischendurch findet er Zeit, die schöne, gebildete Wienerin Hedwig Peinlich zu heiraten.

Das ist am 18. Februar 1915.

Seine großen schriftstellerischen Aktivitäten beginnen so richtig nach Kriegsende.

Busson schreibt zahlreiche Geschichten und Romane mit mystischem Einschlag. Den Hang zur Mystik hat er von seinen Vorfahren geerbt.

1921 vollendet er ein wahrhaft großes Werk, das alles andere überragt, was er bisher geschrieben hat:

'Die Wiedergeburt des Melchior Dronte'.

Es ist der Roman einer Seelenwanderung.

Aber - was in diesem Werk ist Fiktion, Phantasie, Geschichte - was erlebt und was aus einem tieferen, verborgenen Wissen gespeist? Die Grenzen zerfließen ...

Wie Gustav Meyrink hat Paul Busson sich offensichtlich nicht nur mit okkulten und geheimen esoterischen Lehren befaßt, sondern tief in seinem Innern sprudelte eine Quelle, die er anzapfen konnte.

Es war ‘das Andere´, ‘das Unsichtbare´, das alle Menschen begleitet. Nur: Die einen erinnern sich und haben Einblick, die andern ahnen immerhin etwas davon - und wieder andere haben überhaupt keinen Zugang zu dem verborgenen Wissen aus möglichen alten Leben in sich ...

Paul Busson läßt keine Zweifel offen: Er glaubte nicht an die Wiedergeburt, an die Seelenwanderung, er wußte um sie ...

Parallelen zu Gustav Meyrink zeigen sich auch anderswo: Im ‘Melchior Dronte´ beschreibt Paul Busson eine Szene in der er die Inschrift auf dem Grabstein von More erwähnt:

‘Ich sterbe nicht ganz’.

In der ärgsten Bedrängnis, in die er seinen ‘Romanheld’ Melchior Dronte bringt, als dieser in die Wirren der Französischen Revolution und unter das Fallbeil der Guillotine gerät, erinnert sich dieser an jene Grabinschrift: ‘Ich sterbe nicht ganz ...’

Dann - nach dem Fall des Beiles - ‘erlebt´ Melchior Dronte die Trennung von Körper und Seele, und die Freiheit dieser Seele, die sich schließlich einen neuen Körper sucht.

Auf Gustav Meyrinks efeuumrankten Grabstein in Starnberg steht: ‘VIVO’ - ‘Ich lebe’.

Eine seltsame Inschrift?

Nicht, wenn man weiß, was Gustav Meyrink offenbar wußte - und was auch Paul Busson geläufig war: Manche Seelen erinnern sich eben oder haben einen Reifegrad in ihrem Bewußtsein erreicht, der ihnen dieses Wissen aus höherer Ebene vermittelt.

Paul Busson wußte um seinen ‘Tod’, um die Beendigung seines diesmaligen Erdenlebens schon, als andere dies nicht mal ahnten ...

Er lebte glücklich in dem alten, schloßartigen Bau seines wunderschönen Jagdgutes in Neunzen, im Waldviertel. Zusammen mit seiner geliebten Frau. Er sah blendend aus, dieser stattliche Mann, braungebrannt, jugendlich, und doch trug er den Tod schon in sich: Seine alte Herzkrankheit machte sich wieder bemerkbar. Er wußte um sein schnelles Ende. Er starb am 5. Juli 1924 in Wien.

Paul Busson hat kein großes, aber allein durch seinen 'Melchior Dronte' ein unvergessenes, großartiges Werk hinterlassen.

Allein dieses Buch - zu Beginn dieses Jahrhunderts geschrieben - erreichte 1921 die für damalige Zeiten enorme Auflagenhöhe von 27.000 Exemplaren.

Am Ende dieses Jahrhunderts hat der 'Melchior Dronte' nichts von seinem Reiz, seiner Anziehungskraft und seinem Wert verloren. Im Gegenteil: Der Inhalt des Buches ist aktueller denn je und die Menschen dieser Generation sind in einem Bewußtsein, das es ihnen ermöglicht, die tieferen Zusammenhänge zu begreifen.

Wie sein Melchior, der als Sennon Vorauf wiedergeboren wurde, hat Paul Busson sein Wissen, seine Geheimnisse mitgenommen in die 'andere Welt' - und vielleicht ist er schon wieder zurückgekehrt; eventuell mit voller Erinnerung oder mit Teilen seines Bewußtseins in einem anderen, in einem neuen Körper?

**'Ich sterbe nicht ganz.
VIVO - Ich lebe . . . '**

Jürgen Grasmück

Bibliographie

‘Bibliographisches Lexikon der utopisch - phantastischen Literatur’
(Corian - Verlag)

Zondergeld: ‘Lexikon der phantastischen Literatur’
(Insel Verlag)

Frans Smit: ‘Gustav Meyrink’
(Verlag Langen Müller)

Privatarchiv von Jürgen Grasmück

Innen-Illustrationen

1. Melchior Dronte und Aglaja im Garten; er setzt ihr einen geflochtenen Beerenkranz aufs Haupt.

2. Mit der Postkutsche auf dem Weg in die Stadt, bevor Melchior Soldat wird.

3. Melchior sieht den Ewli in einer Waldlichtung sitzen. Ein Reh und ein Falke sind bei ihm.

4. Zurück in der Heimat. Melchior besucht Aglajas Grab und begegnet dort dem Fangerle.

5. Besuch beim Magier.

6. Melchior gerät nach dem Auftragen der Hexensalbe auf Schloß Krottenriede in einen unheimlichen Hexentanz.

7. Kaspar Hedrich, Melchiors Freund, bricht im Eis ein und wird durch den Astralkörper Melchiors gerettet.

MYSTERIUM DES ÜBERSINNLICHEN

Jürgen Grasmück (Hrsg.)

DIMENSION XY

Sensationelle Erlebnisse zwischen Diesseits und Jenseits

Die Welt, die wir sehen, ist eine Wirklichkeit. Die Welt, die wir nicht sehen – eine andere. Und manchmal vermischen sich diese beiden Realitäten, und es geschehen Dinge, die es »eigentlich« nicht geben dürfte – nach unserem bisherigen Wissens- und Forschungsstand. Doch die Natur schert sich wenig darum, was wir wissen und was nicht.

Sie läßt einfach geschehen, und so ereignen sich in der Zwielichtzone des Lebens Vorgänge, die uns staunen lassen, die uns verwirren oder faszinieren.

geb., 128 Seiten, Format: 13,5 x 21,5 cm
DM 24,80 / SFR 22,80 / ÖS 180,00
ISBN 3-931723-05-4

Lorna Todd

IM LICHTREICH DER ENGEL UND NATURGEISTER

Kontakt und Kommunikation mit unseren unsichtbaren Helfern

Sie sind immer und überall gegenwärtig: Unsichtbare Helfer und Wesen aus dem Naturreich. Lorna Todd steht seit Kindheitstagen mit ihnen in Verbindung. Für sie ist das nichts Besonderes. Sie sagt: „Es ist in der Tat etwas ganz natürliches, sie zu sehen, sie zu spüren, mit ihnen zu sprechen. Und mit ein wenig Übung kann das jeder!"

Lassen Sie sich auf eine Reise ein in ein wunderbares Abenteuer, und alle Engel, Baum-, Blumen-, Tier- und Mineraldevas aus dem Reich der Naturgeister werden in Ihren Alltag einziehen.

geb., 128 Seiten, Format: 13,5 x 21,5 cm
DM 26,80 / SFR 25,00 / ÖS 196,00
ISBN 3-931723-07-0

Jürgen Grasmück / Maria Anna Schmitt

ELFENWELTEN - MANDALAS

32 Mandalas zum Ausmalen mit Weisheiten zum Träumen und Glücklichsein

Malbuch, kart., Format: 24 x 26,5 cm
DM 19,80 / SFR 19,00 / ÖS 145,00
ISBN 3-931723-03-8

Angela Niels / Maria Anna Schmitt

SCHUTZENGEL-MANDALAS

32 himmlische Mandalas, die den Alltag verzaubern

Malbuch, kart., Format: 24 x 26,5 cm
DM 19,80 / SFR 19,00 / ÖS 145,00
ISBN 3-931723-02-X

Maria Anna Schmitt / Jürgen Grasmück

MANDALAS AUS 1001 NACHT

32 märchenhafte Mandalas aus der Traumwelt des Orients

Malbuch, kart., Format: 24 x 26,5 cm
DM 19,80 / SFR 19,00 / ÖS 145,00
ISBN 3-931723-04 -6

Andrea Schacht / Maria Anna Schmitt

FEEN UND NATURGEISTER

Elfen- und Feengeschichten mit Bildern zum Ausmalen

Geb., 64 Seiten, 18 s/w-Abbildungen
Format: 23,5 x 26,5 cm
DM 24,80 / SFR 23,00 / ÖS 181,00
ISBN 3-931723-09-7

Barbara Trapp-Hüngerle

TAGE WIE PERLEN

Botschaften und Weisheiten
aus der geistigen Welt

Wesen aus der unsichtbaren Welt schenken uns ihre Liebe und ihren Frieden und machen uns Mut. Barbara Trapp-Hüngerle empfängt täglich Botschaften aus einer Dimension liebender Wesen, die es gut mit uns meinen. Sie hat diese Botschaften für einen jeden von uns aufgeschrieben, damit Liebe, Harmonie und Glück in unseren Alltag einziehen.

Weisheiten aus hoher geistiger Ebene werden zu Perlen eines jeden Tages und zeigen uns, wie unsere Probleme aufzulösen sind. Wir lernen Probleme aus einer höheren Sicht zu sehen.

geb., 112 Seiten,
Format: 10,2 x 15,5 cm
DM 19,80 / SFR 19,00 / ÖS 145,00
ISBN 3-931723-08-9

Jürgen Grasmück / Angela Niels

MEINE SCHUTZENGEL

Himmlische Helfer, die immer für mich da sind.
Liebevolle Hilfe für den Alltag

Engel lieben Kinder, und Kinder lieben Engel. Und erst recht diese fröhlichen, heiteren Wesen, wie sie die mediale Malerin Angela Niels so bezaubernd aus dem himmlischen Bereich in Szene gesetzt hat.
Ein engelhaftes Vergnügen für tausend Gelegenheiten, geeignet zum Autogenen Training, zur Meditation – oder auch nur, um Rat bei den Engeln zu holen für einen glücklichen und harmonischen Alltag.

Für Kinder ab 6 Jahren und für das Kind im Erwachsenen bis ...

55 Karten, Format: 9 x 8,5 cm,
mit 10seitigem Schutzengelbrief-Leporello
DM 29,80 / SFR 27,80 / ÖS 221,00
ISBN 3-931723-01-1